Astrología horaria y retornos solares

Cómo desentrañar la lectura de cartas astrológicas, la adivinación, las doce casas, el retorno del Sol y los planetas en tránsitos

© Copyright 2025

Todos los derechos reservados. Ninguna parte de este libro puede ser reproducida de ninguna forma sin el permiso escrito del autor. Los revisores pueden citar breves pasajes en las reseñas.

Descargo de responsabilidad: Ninguna parte de esta publicación puede ser reproducida o transmitida de ninguna forma o por ningún medio, mecánico o electrónico, incluyendo fotocopias o grabaciones, o por ningún sistema de almacenamiento y recuperación de información, o transmitida por correo electrónico sin permiso escrito del editor.

Si bien se ha hecho todo lo posible por verificar la información proporcionada en esta publicación, ni el autor ni el editor asumen responsabilidad alguna por los errores, omisiones o interpretaciones contrarias al tema aquí tratado.

Este libro es solo para fines de entretenimiento. Las opiniones expresadas son únicamente las del autor y no deben tomarse como instrucciones u órdenes de expertos. El lector es responsable de sus propias acciones.

La adhesión a todas las leyes y regulaciones aplicables, incluyendo las leyes internacionales, federales, estatales y locales que rigen la concesión de licencias profesionales, las prácticas comerciales, la publicidad y todos los demás aspectos de la realización de negocios en los EE. UU., Canadá, Reino Unido o cualquier otra jurisdicción es responsabilidad exclusiva del comprador o del lector.

Ni el autor ni el editor asumen responsabilidad alguna en nombre del comprador o lector de estos materiales. Cualquier desaire percibido de cualquier individuo u organización es puramente involuntario.

Su regalo gratuito

¡Gracias por descargar este libro! Si desea aprender más acerca de varios temas de espiritualidad, entonces únase a la comunidad de Mari Silva y obtenga el MP3 de meditación guiada para despertar su tercer ojo. Este MP3 de meditación guiada está diseñado para abrir y fortalecer el tercer ojo para que pueda experimentar un estado superior de conciencia.

https://livetolearn.lpages.co/mari-silva-third-eye-meditation-mp3-spanish/

¡O escanee el código QR!

Índice

PRIMERA PARTE: ASTROLOGÍA HORARIA 1
  INTRODUCCIÓN 3
  CAPÍTULO 1: ASTROLOGÍA HORARIA Y ADIVINACIÓN 5
  CAPÍTULO 2: CONCEPTOS BÁSICOS SOBRE LOS SIGNOS DEL ZODÍACO 13
  CAPÍTULO 3: LOS DECANATOS, UNA CAPA EXTRA DE SIGNIFICADO 34
  CAPÍTULO 4: 12 CASAS ASTROLÓGICAS Y 2 EJES 44
  CAPÍTULO 5: CARACTERÍSTICAS PRINCIPALES DE LOS PLANETAS 56
  CAPÍTULO 6: DIGNIDADES Y GOZOS PLANETARIOS 72
  CAPÍTULO 7: ASPECTOS PLANETARIOS PRINCIPALES 84
  CAPÍTULO 8: ASPECTOS PLANETARIOS MENORES 94
  CAPÍTULO 9: TRÁNSITOS PLANETARIOS 105
  CAPÍTULO 10: CÓMO LEER CUALQUIER CARTA HORARIA 114
  GLOSARIO DE TÉRMINOS Y GLIFOS 124
  CONCLUSIÓN 131
SEGUNDA PARTE: RETORNOS SOLARES 133
  INTRODUCCIÓN 135
  CAPÍTULO 1: ENTENDER LOS RETORNOS SOLARES 137
  CAPÍTULO 2: PLANETAS, PUNTOS CARDINALES Y MÁS 144

CAPÍTULO 3: CUANDO LOS PLANETAS SE MUEVEN RETRÓGRADAMENTE 162
CAPÍTULO 4: CASAS Y SIGNOS DEL ZODÍACO 101 170
CAPÍTULO 5: SU ASCENDENTE DE REVOLUCIÓN SOLAR 181
CAPÍTULO 6: LOS PLANETAS EN LAS CASAS 197
CAPÍTULO 7: LOS PLANETAS EN LOS SIGNOS 215
CAPÍTULO 8: LOS PRINCIPALES ASPECTOS DEL RETORNO SOLAR I 227
CAPÍTULO 9: ASPECTOS MENORES DEL RETORNO SOLAR II 248
CAPÍTULO 10: INTERPRETAR UNA CARTA SOLAR 260
CONCLUSIÓN 267
GLOSARIO DE TÉRMINOS Y SÍMBOLOS ASTROLÓGICOS 269
EXTRA: SUS GRÁFICOS DE RETORNO SOLAR 271
VEA MÁS LIBROS ESCRITOS POR MARI SILVA 274
SU REGALO GRATUITO 275
REFERENCIAS 276
FUENTES DE IMÁGENES 283

Primera Parte: Astrología horaria

Una guía esencial sobre la lectura de cartas astrológicas, la adivinación, las doce casas, los tránsitos planetarios, Venus, Marte, Júpiter, Mercurio, el Sol y la Luna

Introducción

Como rama de la astrología antigua, la astrología horaria ha formado parte de la vida de las personas durante miles de años. Como aprenderá en este libro, la astrología horaria es un arte único. Se basa en los mismos principios que otros métodos para discernir respuestas basadas en la posición y la interacción de los cuerpos celestes, pero es ligeramente diferente. A diferencia de los enfoques tradicionales de la astrología, como la astrología natal, la versión horaria es mucho más directa. Basta con conocer la posición de los planetas, las estrellas, el sol y la luna en el momento de formular una pregunta concreta para crear e interpretar una carta horaria.

Por supuesto, al igual que en el resto de la astrología, los signos zodiacales son una parte fundamental de la interpretación de su carta astral. El capítulo dedicado a los caracteres los explora en profundidad, explicando a fondo sus características e importancia. Para utilizar con precisión la astrología horaria para la adivinación, debe prestar atención a los decanos, que proporcionan información adicional asociada a su consulta. Dado que cada casa astrológica está regida por un signo zodiacal específico, el libro cuenta con un capítulo en el que se exploran las casas individuales y los 2 ejes, que se explican en profundidad más adelante.

Aprenderá los aspectos fundamentales de los planetas. Fortalecido por este conocimiento, comprenderá cómo estos cuerpos celestes proporcionan respuestas precisas en astrología horaria. Los capítulos siguientes están dedicados a las características planetarias denominadas "dignidades" y "gozos" y a los aspectos planetarios mayores y menores.

Revelan una visión más profunda de cómo se asocia cada planeta con la búsqueda de información. Los aspectos planetarios mayores y menores encarnan un sistema único de energías, la fuente de la respuesta al consultante (aquel que consulta a un astrólogo). Cada aspecto planetario tiene un papel y un impacto distintivos en las cartas astrales. Los cinco aspectos planetarios principales (la conjunción, el sextil, la cuadratura, el trígono y la oposición) tienen el papel más fundamental en la interpretación de las cartas horarias. Aunque los aspectos planetarios menores son menos demostrativos que sus homólogos mayores, deben tenerse en cuenta al realizar la adivinación horaria.

La forma en que un planeta se desplaza por el cielo ofrece una imagen más clara de la respuesta que busca el consultante. El penúltimo capítulo define el concepto de tránsitos planetarios y explica en qué se diferencia de los aspectos. Explora la información que ofrecen los tránsitos en comparación con los aspectos. El último capítulo le enseña a leer una carta horaria. Ofrece una explicación para principiantes sobre cómo se crean las cartas horarias, con instrucciones prácticas paso a paso y ejemplos de lo que hay que tener en cuenta al realizar una lectura horaria.

Si está listo para embarcarse en el viaje único y gratificante de aprender adivinación astrológica, ¡siga leyendo!

Capítulo 1: Astrología Horaria y Adivinación

La astrología es una ciencia antigua que estudia la influencia de los cuerpos celestes en la vida de las personas. Comenzó hace miles de años cuando los astrólogos y astrónomos se dieron cuenta de que muchos de los acontecimientos de la Tierra están determinados por la posición de los planetas, el sol, la luna y las estrellas. Más tarde, se reveló que la posición de los cuerpos celestes cuando nace una persona podía moldear su vida al influir en su personalidad, sus relaciones y otros aspectos de la vida. Al identificar los signos astrológicos que regían los planetas cuando nació una persona, los astrólogos podían obtener respuestas más claras sobre el consultante. Otros factores, como las casas astrológicas y los ángulos, afectan a los resultados. Estos factores forman un elaborado perfil que determina las perspectivas vitales de una persona.

Los acontecimientos de la Tierra están determinados por la posición de los planetas, el sol, la luna y las estrellas [1]

Diversas culturas del pasado utilizaron diferentes prácticas astrológicas. Algunas han evolucionado, mientras que otras han permanecido inalteradas. Hoy en día, puede practicar muchas formas de astrología. Por ejemplo, puede indagar en las profecías a través de prácticas occidentales modernas, como la astrología mundana, la astrología interrogatoria, la siempre popular astrología natal y la astrología horaria.

Este primer capítulo le introduce en la astrología horaria. Conocerá su historia y su posición en el vasto mar de las prácticas adivinatorias. Se le proporcionarán explicaciones y ejemplos de cómo funciona esta antigua forma adivinatoria en teoría - y en la práctica.

Historia y usos de la astrología horaria

Los orígenes de la astrología horaria se remontan a la antigua Sumeria. Al describir el arte de captar el momento en la carta horaria, los sumerios utilizaban la palabra "*kairos*". Para ellos, este término marcaba el momento en que la Tierra y los cuerpos celestes se congelaban juntos, revelando respuestas relacionadas con una preocupación concreta. La cuestión era planteada por sus astrólogos, que podían discernir las respuestas mirando al cielo.

La astrología horaria fue popularizada en el siglo XVII por el astrólogo inglés William Lilly, que creó varias publicaciones sobre este arte. Como muchos astrólogos de la época, Lilly dominaba la medicina, la herbología, la arquitectura y la magia. Puso la astrología al alcance de las masas a través de su obra y sus publicaciones. En los tiempos modernos, la gente confía en la astrología natal porque conoce su hora de nacimiento y puede permitirse pagar a los astrólogos por las cartas natales. Sin embargo, esto distaba mucho de ser así en el siglo XVII. Así que, para las personas que no podían permitirse pagar complicadas cartas natales, las cartas horarias representaban una solución más adecuada. Podían recibir orientación para resolver sus problemas y obtener respuestas a preguntas candentes sin gastar demasiado dinero. Lilly popularizó la práctica de leer los astros basándose en sus posiciones actuales. Este paso fue decisivo para la supervivencia de la adivinación astrológica.

Lilly adquirió conocimientos y experiencia a través del trabajo de otros astrólogos que vivieron y ejercieron antes en la historia. Estudió los trabajos de Guido Bonatti, un astrólogo italiano que vivió antes del año 1300 de nuestra era. Bonatti pasó gran parte de su vida examinando los sistemas astrológicos creados por las antiguas civilizaciones griega, romana, sumeria, egipcia y árabe. Bonatti recopiló la información más esencial de estos sistemas, sintetizándola en un sistema que estableció los cimientos de la astrología moderna. Lilly tradujo las obras de Bonattis (escritas en latín) y otros textos relacionados con la astrología del griego, el sánscrito y las lenguas del Próximo Oriente con connotaciones crípticas.

William Lilly aprendió de los astrólogos y hechiceros que practicaban este arte en la Edad Media. En aquella época, la astrología estaba prohibida debido a su asociación con los sistemas de creencias paganas precristianas. A pesar de ello, la gente visitaba a magos y astrólogos para buscar orientación en asuntos prácticos. Al revelar esto, Lilly pudo señalar una cualidad única de la astrología horaria: la conexión entre la espiritualidad y la información aplicable. A diferencia de otras astrologías, la astrología horaria utiliza información sobre el objeto celeste para proporcionar información que la gente pueda utilizar en su vida actual. Recuerda a la gente que los cuerpos celestes no sólo se afectan mutuamente en los cielos, sino que también influyen en la vida en la Tierra.

La astrología horaria contemporánea es eficaz para responder a las preocupaciones cotidianas de la gente. Aunque hoy en día muchos no se oponen a pagar por cartas natales detalladas, pueden crear su propia carta sin necesidad de estudiar complejas asociaciones planetarias y vínculos entre los signos zodiacales y las casas.

Otra razón por la que la gente prefiere utilizar cartas horarias en lugar de cartas natales es que no quieren saber cómo los planetas determinarán su destino. Digamos que quiere saber si debe solicitar un trabajo que le interesa. En este caso, no le importará descubrir cómo sus rasgos de personalidad únicos le llevaron a encontrar ese trabajo. Sólo quiere saber si presentar su candidatura es una buena idea.

Además, no todo el mundo quiere informarse sobre los amplios puntos fuertes y débiles determinados por la posición y los movimientos de los objetos celestes en el momento de su nacimiento. La astrología horaria proporciona respuestas precisas sin información adicional. Debe conocer la hora exacta de su nacimiento para obtener respuestas a sucesos similares en una carta astral. A diferencia de la fecha y el lugar de su nacimiento, la hora de nacimiento no siempre se registra, incluso en los tiempos modernos. Por eso, si no conoce su hora exacta de nacimiento, la astrología horaria es una de las mejores formas de buscar respuestas en las estrellas.

Cómo se utiliza la astrología horaria y por qué

La astrología horaria explora respuestas a preguntas basadas en la situación actual del consultante. Las preguntas deben estar relacionadas con el presente para revelar respuestas de la misma naturaleza. No pueden estar relacionadas con el pasado o el futuro porque eso va más allá del ámbito de la astrología horaria. Así pues, en lugar de plantearse preguntas como "¿Tendré éxito en el trabajo que me ofrecen?". Deberá preguntarse: "¿Debo aceptar esta oferta de trabajo?". Del mismo modo, no se preguntará: "¿Fue una decisión acertada la de mudarme por un trabajo?". En su lugar, pregunte: "¿Debería mudarme para estar más cerca de mi nuevo trabajo?".

La interpretación de una carta astrológica horaria es similar a la de una carta astral. Una vez formulada la pregunta, puede crear una carta basada en la posición actual de los cuerpos celestes relevantes e interpretar sus posiciones para revelar la respuesta.

La carta horaria no le revelará información sobre situaciones que ya haya explorado mediante la búsqueda consciente de información. A diferencia de otras formas de adivinación, las cartas astrales no le darán respuestas de vidas anteriores o de la vida posterior a ésta. Tampoco le ofrecerán explicaciones sobre la muerte. Puede obtener respuestas sobre determinadas situaciones, pero las preguntas deben ser abiertas. Hacer preguntas que requieran un sí o un no como respuesta conlleva el riesgo de obtener resultados falsos.

Sus respuestas están determinadas por las complejas relaciones entre las posiciones planetarias. No debe limitar sus preguntas a respuestas de una sola palabra. Aunque su consulta dé como resultado una respuesta sencilla, buscar información afectada por varias posiciones planetarias siempre es mejor. Se aconseja a los novatos que busquen profecías para otras personas. Lleva tiempo dominar la formulación de las preguntas adecuadas, por no hablar de la creación y lectura de una carta horaria. Si un practicante está decidido a buscar preguntas sobre el futuro, debe limitar su búsqueda a un máximo de tres meses por delante. Las posiciones planetarias no pueden determinar nada más allá en el momento de la consulta. Una vez creadas para una pregunta concreta, las cartas horarias son válidas durante tres meses. No debería volver a hacer la misma pregunta dentro de este periodo; es probable que obtenga resultados diferentes. Si lo hace, es probable que sus resultados sean falsos. Anotar la hora *de la consulta* le ayudará a evitar este error.

La conexión entre la astrología horaria y la adivinación

La astrología horaria es un antiguo sistema de adivinación que se basa en los mismos principios que muchos otros métodos de predicción del futuro. Por supuesto, existen varias diferencias fundamentales entre la astrología horaria y otras formas de adivinación. La diferencia más notable es que la primera es un método pasivo. Usted participa activamente en la adivinación cuando utiliza las cartas del Tarot, las runas y otras formas de adivinación oracular. Usted elige una carta, runa u otra herramienta y se compromete con ellas a través de la intuición. Con el esfuerzo combinado de su intuición y las herramientas elegidas, puede obtener respuestas a sus preguntas. Por el contrario, la astrología horaria requiere un enfoque pasivo porque esencialmente está mirando a los planetas para que le revelen las respuestas.

Aun así, existen algunas similitudes entre la astrología horaria y otras formas de adivinación. En primer lugar, debe explorar el concepto de adivinación para comprenderlas. Cuando realiza un acto de adivinación, está llevando a cabo un acto aparentemente aleatorio. Sin embargo, en este universo, nada es casual. Sus experiencias y su entorno le dicen mucho más de lo que es consciente sobre los acontecimientos que ha puesto en marcha con sus acciones. Cada persona tiene una historia secreta de su vida, que forma parte de una compleja red energética. Emprender un acto aleatorio requiere la participación de todas las fuerzas presentes en este campo energético. Como sugirió el psicoanalista austriaco Sigmund Freud, las personas sólo son conscientes de una pequeña parte de sus emociones y pensamientos. El resto está oculto en el subconsciente, los efectos de sus pensamientos y sentimientos sobre su entorno y sus resultados. Las prácticas proféticas utilizan estas fuerzas para revelar la información que busca el practicante creando una conexión entre el subconsciente y el campo de energía que le rodea.

Por ejemplo, usted está sentado en un restaurante con sus amigos y quiere saber qué le ha llevado hasta allí. La respuesta obvia podría ser tan simple como que uno de sus amigos quiere celebrar su ascenso y le ha invitado al restaurante. Usted decide indagar más en la respuesta (aún consciente). Con un poco de introspección, puede revelar que su reciente traslado a esa ciudad es la razón por la que se encuentra en el restaurante en ese momento concreto.

Cuando busque respuestas a través de la adivinación, debe comprender que no todas las soluciones residen en las fuerzas secretas del universo. Es posible que no conozca la respuesta, pero puede resultar obvia si dedica un poco de tiempo a identificarla. Por ejemplo, sacar una carta de una baraja no significa necesariamente que se sintiera atraído por ella porque su subconsciente le dijera que revela respuestas críticas. Podría haberla elegido porque sabía que tenía un borde doblado - simplemente no era consciente de este conocimiento.

La astrología horaria funciona igual que otras formas de profecía. Extrae información del sistema energético observando los cuerpos celestes en una configuración determinada. Esta configuración está asociada a sentimientos y pensamientos y le revela conocimientos a los que de otro modo no habría tenido acceso. Utilizando el mismo ejemplo de la escena del restaurante, la verdadera respuesta a su pregunta se encuentra en las configuraciones planetarias en el momento en que formula la pregunta. Es como hacer una foto de los planetas cuando le viene a la mente el pensamiento de preguntarse por qué está en el restaurante y congelar en el tiempo las fuerzas del universo relacionadas. Dado que estas fuerzas son fluidas y están en constante movimiento, crear una fotografía es una forma de hacerlas accesibles a la mente consciente.

Su carta astral revela talentos, potencial e indicaciones que toman la forma de acciones y pensamientos. Son los resultados de un complejo proceso energético que la astrología (y los métodos de adivinación basados en ella) trata de explorar. La astrología horaria se centra en crear una imagen más clara. A diferencia de la carta astral, que puede cambiar a lo largo de su vida, una carta horaria está congelada en ese momento. Dado que la información que obtiene se basa en un momento concreto, los símbolos astrológicos son mucho menos fluidos.

La astrología horaria se basa en los mismos principios que muchas otras formas de astrología. Uno de los aspectos más influyentes de esta práctica adivinatoria es la posición y las características de la luna. En una carta horaria, como consultante, usted está representado por el regente del signo que reside en la cúspide de la primera casa. Las reglas planetarias de las casas y otros aspectos determinados por las cúspides de la casa actual influyen de forma crucial en la creación e interpretación de las cartas horarias.

Por lo general, cuando lee una carta del horóscopo, primero asigna su pregunta a una casa específica de la carta. Por ejemplo, si busca un animal perdido, asignará esta pregunta a la sexta casa, que rige sobre los animales más pequeños que una cabra. En la carta, verá que la cúspide de esta casa reside en un signo concreto. Un planeta específico regirá el signo en ese momento. El lugar del planeta contendrá la respuesta, simbolizando la localización del animal perdido. Asimismo, las características del planeta, determinadas por el horóscopo, le dirán si el animal perdido está herido, enfermo o en peligro. Así pues, la respuesta a una pregunta sencilla proporciona resultados complejos determinados por múltiples factores. La intención de su consulta, las intenciones de otras personas relacionadas con la consulta y las opciones asociadas a las preguntas afectan a sus respuestas.

Astrología horaria en el trabajo

He aquí un ejemplo de cómo funciona en la práctica la astrología horaria:

Charley explicó: "Estaba con gripe, pero ya estaba haciendo planes para una cena que debía celebrar para mis amigos la semana siguiente, pensando que mis síntomas remitirían para entonces. Pregunté si debía celebrar la fiesta un día concreto. Sin embargo, mi historial reveló una recopilación imprevista. Me advertía de que no era prudente planear una fiesta porque, según la posición planetaria actual, me esperaba un periodo de recuperación mucho más largo de lo previsto. Normalmente no me apresuro a ir al médico con síntomas gripales, pero la advertencia me hizo pensármelo dos veces antes de cuidar mi salud. Así que pedí cita. Tras algunas pruebas, el médico reveló que padecía una infección bacteriana grave que requería tratamiento inmediato. Me decepcionó tener que cancelar mi cena, pero mis amigos fueron comprensivos. Y yo estaba agradecido por la revelación que me salvó de complicaciones de salud más graves".

Como sugiere el siguiente testimonio, las cartas horarias pueden revelar respuestas a preguntas relacionadas con objetos perdidos:

"Una mañana de invierno salí corriendo y no encontraba mi par de guantes favoritos. Eran un regalo de cumpleaños de un querido amigo, y también me gustaba ponérmelos. Los estuve buscando en mi bolso, en el abrigo y en el armario, pensando que los había puesto en cualquiera de esos lugares. Como tenía prisa, tuve que conformarme con otro par antes de salir. Cuando

volví a casa, decidí buscar de nuevo los guantes, esta vez con un poco de ayuda adivinatoria. Pensando que ya había buscado en todas las demás partes de la casa, pregunté si debía buscar los guantes en el garaje. Basándome en la carta planetaria en el momento de la consulta, la respuesta fue un claro sí. Después de entrar en el garaje, encontré los guantes. Estaban en la estantería junto a la pala de nieve que utilicé la última vez que me puse los guantes. Me los quité para que no se ensuciaran mientras limpiaba el camino delante de mi casa", explicó Lewis.

La astrología horaria puede responder a preguntas sobre asuntos financieros, siempre que se refieran a usted personalmente:

"Cuando se produjo la pandemia mundial, el mercado de valores cayó en picado. Como tenía unos ahorros considerables, un amigo me sugirió que los invirtiera en acciones. Con los precios de las acciones cayendo en picado, me pareció una buena inversión. Cuando el mercado empezara a recuperarse, podría vender mis acciones por un precio mucho más alto. Sin embargo, me sentía escéptico a la hora de invertir mi dinero, ya que no estaba seguro de cómo le iría a la economía más adelante. Tras consultar la carta del horóscopo, supe que invertir en acciones no era una buena idea, ya que el mercado seguiría bajando. Decidí no invertir, y resultó ser una buena decisión: la crisis energética hizo que los precios de las acciones bajaran aún más". Maxine.

Además de responder a sus preguntas, las cartas horarias pueden aportarle claridad sobre determinadas situaciones:

"Hace poco tuve una entrevista de trabajo para un puesto que había codiciado durante mucho tiempo. A medida que pasaba el tiempo, me di cuenta de que no volvería a recibir una llamada del reclutador. Me planteé solicitar otros puestos, pero dudaba, ya que aún tenía la esperanza de conseguir el trabajo que deseaba. Tras consultar la carta horaria, me enteré de que, si bien el reclutador consideraba que yo encajaba bien en el puesto, el empleador no, por lo que le dio el puesto a otra persona. Sin embargo, la carta también mostraba que la persona que consiguió el empleo lo dejaría pronto. Aproximadamente un mes después, recibí una llamada del reclutador preguntándome si seguía interesada en el puesto". Carla.

Capítulo 2: Conceptos básicos sobre los signos del zodíaco

Probablemente esté familiarizado con los signos del zodiaco y los haya utilizado para comprender su personalidad y su compatibilidad con alguien o no. Sin embargo, los signos astrológicos son significativamente importantes en la astrología horaria, aunque de forma diferente. Cada signo del zodiaco aporta una energía diferente para responder a sus preguntas.

Rueda de los signos del zodiaco [2]

En general, los signos del zodiaco son las doce constelaciones de la astrología, llamadas "signos solares" porque el sol pasa por cada una de ellas durante una época concreta del año. Su signo está determinado por la posición del sol en el signo zodiacal el día en que nació, lo que influye en su personalidad y su vida. Puede dar información detallada sobre su personalidad, como sus rasgos negativos y positivos, estado de ánimo, relaciones, retos, etc.

En astrología horaria, un signo zodiacal de su carta puede insinuar una respuesta a su pregunta. Por ejemplo, si pierde su teléfono móvil y le sale Géminis, el teléfono podría estar en su oficina o en un lugar cercano a ella. Como Géminis es el signo de la comunicación, su presencia puede insinuar una respuesta sobre la comunicación o la socialización.

Tres tipos de señales

1. Cardenal
2. Fijo
3. Mutable

Este capítulo trata cada uno de ellos en detalle para que pueda comprender cómo se relacionan los signos del zodiaco con su lectura de astrología horaria.

Signos cardinales

Los primeros tipos son los "signos cardinales", formados por Capricornio, Libra, Cáncer y Aries. Estos signos simbolizan la iniciación, la innovación, la transformación, el cambio y las nuevas experiencias, asociadas a los cambios de estación. Capricornio está relacionado con el invierno, Libra representa los cambios del otoño, Cáncer refleja el calor del verano y Aries está vinculado a la primavera. Si en su lectura horaria aparece un signo cardinal, significa que es el mejor momento para pasar a la acción y hacer que las cosas sucedan.

Aries

Glifo

El glifo de Aries representa los cuernos del carnero que influyen en la energía del signo y en su actitud de tomar las riendas. El carnero se abre paso y mueve todo lo que encuentra en su camino para alcanzar sus objetivos. Al igual que el carnero, Aries es símbolo de fuerza y empuje. Las personas nacidas bajo este signo son propensas a las emociones explosivas y fuertes, como la agresividad y perder los estribos. Los carneros representaban los nuevos comienzos en las culturas antiguas.

Palabras clave

Aries insinúa una respuesta relacionada con cualquiera de estos rasgos en una lectura horaria.

- Impulso
- Impaciencia
- Valentía
- Rectitud
- Determinación
- Confianza
- Pasar a la acción
- Asumir riesgos
- Audacia
- Pasión
- Buscando atención
- Resolución
- Agresión
- Liderazgo
- Creatividad
- Energía positiva
- Confianza en sí mismo
- Egoísmo
- Ira
- Competitividad

Las preguntas horarias podrían preguntarle por un objeto perdido. Si obtiene Aries en su lectura, encontrará lo que busca en cualquiera de estos lugares.

- En una colina o en una zona arenosa
- Lugares poco frecuentados
- Enlucido en el hogar
- Techos
- Cubiertas de tejados

Elemento

El elemento de Aries es el fuego, que impulsa la personalidad fogosa, impulsiva, directa, enérgica y curiosa del signo. El fuego que arde en el interior de un Aries le empuja a luchar y a liderar, proporcionándole respuestas relacionadas con peleas, discusiones, liderazgo y ascensos.

Modalidad

Como signo cardinal, Aries tiene una personalidad que toma las riendas y prefiere liderar antes que seguir. En cuanto a tomar la iniciativa, un signo de modalidad puede mostrarle el camino.

Planeta y casa regentes

Marte es el planeta de Aries. Marte es el Dios de la Guerra en la mitología romana, lo que lo hace ideal para este signo competitivo dispuesto a ganar a toda costa. Impulsa su agresividad, su impulso y su fuego interior. Marte representa los problemas en sus relaciones, como los conflictos y los desacuerdos. Aries pertenece a la primera casa de la astrología y proporciona respuestas asociadas a la autoestima, la apariencia, la identidad, la vitalidad y el yo. Indica el deseo de crear una unión en las relaciones.

Polaridad

Aries tiene una polaridad positiva. Los signos positivos tienen una energía exterior y una capacidad de autoexpresión impecable. Son compatibles con los signos de polaridad negativa, ya que los opuestos se atraen.

Cáncer

Glifo

El símbolo de cáncer es el cangrejo. Refleja su personalidad autoprotectora. El glifo también puede parecerse a unos pechos, simbolizando su naturaleza maternal y nutritiva. Suelen dar respuestas relacionadas con el sentido práctico, la espiritualidad y la empatía.

Palabras clave

- Imaginación
- Intuición
- Simpatía
- Precaución
- Astucia
- Protección
- Aferramiento
- Hipersensibilidad
- Incapacidad para dejarse llevar
- Lealtad
- Atención
- Mal humor
- Venganza

Encontrar un objeto perdido:

- Cocinas
- Cerca del agua o estanques
- Cisternas
- Baños
- Lavaderos
- Trasteros

Elemento

Cáncer es un signo de agua y refleja el lado maternal y emocional del signo. Las personas nacidas bajo un elemento de agua son individuos cálidos y de buen corazón. Estos rasgos les hacen ser cariñosos, empáticos y apegados a sus parejas. Un signo de agua en su lectura del horóscopo indica un resultado positivo cuando se pregunta por las relaciones.

Modalidad

El cáncer cardinal disfruta creando vínculos afectivos, dando pistas a preguntas sobre las emociones o las relaciones familiares. Se centra en el subconsciente y la creatividad.

Planeta regente y casas

Cáncer es un signo lunar. Al igual que la Luna incide en el océano, Cáncer tiene flujos y reflujos o altibajos de emociones, y su estado de ánimo cambia rápidamente. En cuestiones de relaciones, una Luna bien situada es señal de que su relación con su media naranja se desarrollará.

Cáncer está regido por la cuarta casa en astrología, que simboliza los cimientos, la familia y el hogar. Se asocia con respuestas sobre la crianza y la seguridad emocional.

Polaridad

Cáncer tiene una polaridad negativa. Su energía es más receptiva e introvertida, lo que influye en la personalidad imaginativa, intuitiva e hipersensible del signo.

Libra

Glifo

El símbolo de Libra es la balanza. Simbolizan el amor de Libra por el equilibrio, la armonía, la igualdad y la justicia. El glifo puede representar el sol poniente, reflejado en la personalidad pacífica, tranquila y relajada del signo. Libra ofrece respuestas relacionadas con la igualdad y la justicia.

Palabras clave

- Arte
- Compromiso
- Respetar
- Indecisión

- Simpatía
- Diplomacia
- Equidad
- Amabilidad
- Alojamiento
- Justicia
- Social
- Autoindulgencia
- Coqueteo
- Credulidad
- Cambie
- Indecisión
- Paz
- Idealismo
- Encanto
- Romance

Encontrar un objeto perdido:
- Armarios
- Casitas
- Cámaras
- Pisos superiores
- Graneros
- Molinos de viento

Elemento

Los signos de aire son mariposas sociales a las que les gusta la libertad y la aventura. A menudo viven en su propio mundo, pero son individuos inteligentes e intelectuales. Ansiosos y con frecuencia demasiado pensativos, siempre se obsesionan con el pasado y con lo que podría haber sido. Insinúan respuestas relacionadas con el intelecto, la socialización y el pensamiento excesivo.

Modalidad

Libra es el signo del amor y el romance, y su modalidad cardinal les impulsa a iniciar relaciones. Suelen ofrecer respuestas relacionadas con las relaciones, el amor y el romanticismo.

Planeta y casa regentes

Venus es el planeta regente de Libra. Venus es la diosa del amor y la belleza en la mitología romana, rasgos asociados a Libra, que es atractivo por dentro y por fuera. El planeta influye en su amor por la armonía, la honestidad, el compromiso y las relaciones. Al estar asociado al amor, Venus, en una lectura de horóscopo, indica enamoramiento, lo que es un signo positivo si se pregunta cómo se desarrollará su relación con alguien.

Libra pertenece a la séptima casa del zodíaco. Es la casa de las asociaciones, pero no sólo románticas; también pueden ser amistades y asociaciones empresariales. Si Venus se encuentra en su séptima casa en una lectura horaria, la persona por la que pregunta está interesada en usted.

Polaridad

La polaridad positiva de Libra influye en la capacidad de este signo social para expresarse con facilidad.

Capricornio

Glifo

El glifo es una ilustración de una cabra marina con cuernos y representa la capacidad del signo para elevarse por encima de las emociones fuertes, crecer e ir tras sus objetivos. Indica respuestas relacionadas con sentimientos intensos y con hacer realidad los sueños.

Palabras clave

- Humor
- Paciencia
- Ambición
- Disciplina
- Practicidad
- Cuidado

- Rencor
- Pesimismo
- Sensibilidad
- Reflexión interior
- Autocrítica

Encontrar un objeto perdido:
- Campos estériles
- Almacenes de madera
- Establos de vacas
- Cerca de los umbrales
- Lugares oscuros
- Lugares bajos

Elemento

Los Capricornio son signos de Tierra, lo que influye en su personalidad trabajadora y ambiciosa. Tienen una personalidad que toma las riendas, por lo que suelen insinuar respuestas relacionadas con el liderazgo y la consecución de objetivos.

Modalidad

Los Capricornio cardinales son buscavidas que suelen planificar el futuro. Este signo puede dar respuesta a preguntas relacionadas con objetivos a largo plazo.

Planeta y casa regentes

El planeta regente de Capricornio es Saturno. Simboliza la determinación, la responsabilidad y el carácter trabajador del signo. Este planeta insinúa respuestas asociadas a las limitaciones y al aprendizaje de lecciones. Saturno es un símbolo para los hombres mayores y maduros en una lectura horaria.

Capricornio pertenece a la décima casa del zodíaco. Este signo responde a la reputación, el estatus, los objetivos y la carrera profesional.

Polaridad

Los Capricornio tienen una polaridad negativa, y su energía suele ser tranquila e introvertida.

Signos fijos

Los segundos tipos son los "signos fijos", Acuario, Escorpio, Leo y Tauro. Como su nombre indica, estos signos se fijan en sus objetivos y tradiciones. Son individuos responsables que siempre terminan un proyecto que empiezan. Las personas nacidas bajo signos fijos son seguras, fiables, leales y devotas. Prefieren una vida rutinaria y tienen dificultades con los cambios y las interrupciones.

Tauro

Glifo

El símbolo de Tauro es el toro; su glifo es la cabeza del animal con cuernos curvados. Los toros se asocian con el poder, la virilidad, la tenacidad, la terquedad y la fuerza. Al igual que sus animales, las personas nacidas bajo este signo son persistentes, trabajadoras y nunca retroceden ante los retos. Este signo le dará respuestas sobre poder, trabajo duro y tenacidad.

Palabras clave
- Fiabilidad
- Paciencia
- Seguridad
- Determinación
- Persistencia
- Codicia
- Resentimiento
- Inflexibilidad
- Autoindulgencia

Encontrar un objeto perdido:
- Establos
- Cobertizos
- Dependencias agrícolas
- Bodegas

- Habitaciones bajas

Elemento

El elemento de Tauro es la Tierra. Estos individuos están arraigados a sus creencias, opiniones y pensamientos. Representa el sentido práctico y la sensibilidad en una lectura horaria.

Modalidad

Los Tauro fijos son materialistas, pero trabajan duro para poder permitirse el lujoso estilo de vida del que disfrutan.

Planeta y casa regentes

El planeta regente de Tauro es Venus, el planeta del sexo, la belleza y el dinero. Venus influye en la naturaleza sensual del signo. Comen la mejor comida, se visten con la ropa más lujosa y disfrutan mimándose. Este signo puede dar respuestas relacionadas con el compromiso y la lealtad.

Tauro pertenece a la segunda casa, asociada a las finanzas, los valores y las posesiones. Puede orientarle en cuestiones relacionadas con el dinero o las decisiones financieras.

Polaridad

Tauro tiene una polaridad negativa.

Leo

Glifo

El símbolo de Leo es el león, que influye en su personalidad audaz, leal, segura y juguetona. Su glifo es la cola, la melena y la cabeza de un león. El círculo representa el sol, lo que significa su fuerte personalidad y presencia. Creativos, dominantes y seguros de sí mismos, los Leo pueden insinuar respuestas relacionadas con una alta autoestima y capacidad de liderazgo.

Palabras clave

- Fidelidad
- Amabilidad
- Confianza en sí mismo
- Apertura de mente

- Entusiasmo
- Generosidad
- Creatividad
- Intolerancia
- Paternalista
- Ego
- Mandón

Encontrar un objeto perdido:
- Chimeneas
- Lugares
- Edificio
- Parques
- Bosques

Elemento

Leo es un signo de fuego, lo que se manifiesta en sus personalidades cálidas. Están en contacto con su lado emocional, pero prefieren ocultar sus debilidades y en su lugar mostrar sus fortalezas al mundo. Como el fuego, arden con pasión.

Modalidad

Los Leo fijos tienen personalidades muy poderosas, por lo que prefieren liderar antes que seguir.

Planetas y casas regentes

El planeta regente de Leo es el Sol. Es imposible no fijarse en un Leo en un grupo de personas, ya que brillan con luz propia, al igual que su planeta regente. Están llenos de energía y nunca dejan de dar. El Sol simboliza la confianza y el desarrollo de una relación en una lectura de horóscopo.

Leo pertenece a la quinta casa, asociada al placer. Fomenta la autoexpresión, la alegría y las aficiones. Leo puede proporcionar respuestas relacionadas con la diversión y el disfrute.

Polaridad

Leo tiene polaridad negativa. Su energía es como el sol que brilla en cada parte de su ser.

Escorpio

Glifo

Escorpio está simbolizado por un escorpión. Las personas nacidas bajo este signo son observadoras y tranquilas, pero no reaccionarán bien si se les amenaza. Su glifo es la letra "M" con una cola, símbolo de la naturaleza destructiva y creativa de Escorpio.

Palabras clave

- Magnetismo
- Emoción
- Pasión
- Potencia
- Intuición
- Emoción
- Fuerza
- Determinación
- Secretismo
- Obsesiones
- Compulsión
- Resentimiento
- Celos
- Coraje
- Confianza

Encontrar un objeto perdido:

- Lugares atrevidos
- Ruinas
- Baños
- Cocinas
- Fregaderos
- Canalones
- Zonas enlodadas

Elemento

Escorpio es un signo de agua. Como los mares y océanos, Escorpio es misterioso y reservado. Les cuesta abrirse y usted puede ahogarse si intenta nadar en sus profundas aguas. Escorpio simboliza la esperanza y el futuro de una relación en una lectura horaria.

Modalidad

Los Escorpio fijos tienen emociones intensas y sus sentimientos pueden estancarse debido a su incapacidad para abrirse y expresarse. En una lectura, insinúan respuestas sobre la intimidad, el secretismo y la falta de autoexpresión.

Planetas y casas regentes

Plutón, el planeta más alejado del sol, rige Escorpio. Se asocia con la oscuridad, representando la personalidad oscura de Escorpio. Representa el renacimiento, la muerte, el subconsciente y la intensidad. Escorpio puede proporcionar respuestas relacionadas con la intimidad y el lado turbio de las personalidades. Insinúa que una relación puede tener futuro en una lectura horaria.

Escorpio pertenece a la octava casa, asociada a los procesos psicológicos.

Polaridad

Escorpio tiene una polaridad negativa.

Acuario

Glifo

El símbolo de Acuario es un aguador que vierte agua de una jarra. Esta imagen representa el flujo del conocimiento para saciar la sed. El glifo simboliza dos rayos, lo que representa la perspectiva ilimitada del signo; estos individuos crean sus propias reglas y se niegan a vivir una vida dictada por los demás. Acuario insinúa respuestas relacionadas con destacar, ser diferente y vivir la vida según sus propios términos.

Palabras clave

- Intelecto
- Independencia
- Inventiva

- Originalidad
- Lealtad
- Honestidad
- Amabilidad
- Destacamento
- Falta de emoción
- Imprevisibilidad
- Creatividad
- Idealismo
- Inteligencia

Encontrar un objeto perdido:
- La parte superior de una habitación
- Tejados
- Áticos
- Lugares altos
- Colinas
- Lugares desiguales

Elemento

Acuario es un signo de aire. Están llenos de ideas poco convencionales y no rehúyen compartirlas con el mundo. Aunque son individuos inteligentes, tienen la cabeza en las nubes. Disfrutan con las nuevas experiencias, conociendo gente nueva y visitando lugares nuevos.

Modalidad

Los Acuario fijos son individuos inteligentes que valoran su intelecto. Son extravagantes y poco convencionales, pero se mantienen firmes en sus convicciones y creencias.

Planeta y casa regentes

Urano rige Acuario y simboliza la individualidad, la conciencia y la innovación. Las personas nacidas bajo este signo representan estas cualidades. Urano les anima a pensar de forma diferente y a desarrollar nuevas ideas. Tener a Urano es una mala noticia, ya que representa el divorcio, la separación y la división en cuestiones de relaciones.

Acuario pertenece a la undécima casa, que representa las esperanzas, los sueños y los amigos. A menudo se la denomina la casa del futuro. Acuario se asocia con respuestas relacionadas con ideas para mejorar el futuro y el mundo.

Polaridad

Acuario es polaridad positiva.

Signos mutables

El tercer tipo son los "signos mutables", que son Piscis, Sagitario, Virgo y Géminis. Son lo contrario de los signos fijos porque buscan el caos y el cambio. Les encanta probar cosas nuevas y nunca dicen "no" a las nuevas experiencias. Las personas nacidas bajo este signo son espontáneas y ansían la variedad en sus vidas.

Géminis

Glifo

El símbolo de Géminis son los gemelos. Su glifo son dos líneas unidas, que representan la neutralidad y la dualidad. Las personas nacidas bajo este signo son comunicativas, sociales, inquietas y disfrutan divirtiéndose. Géminis da respuestas relacionadas con la comunicación.

Palabras clave
- Habilidades de comunicación
- Juventud
- Elocuencia
- Intelecto
- Ingenio
- Inquisición
- Incoherencia
- Superficialidad

Encontrar un objeto perdido:
- Habitaciones con paneles
- Lugares altos

- Cofres
- Equipos de comunicación
- Oficinas
- Zonas cercanas a las oficinas

Elemento

Géminis es un signo de aire. Disfrutan relacionándose con los demás y ampliando su red social. Siempre tienen información que compartir y participan en cotilleos ociosos. Tener este signo en su respuesta significa socializar y hacer nuevos amigos.

Modalidad

Géminis mutable es un experto en recopilar y difundir información.

Planeta y casa regentes

El planeta regente de Géminis es Mercurio. Mercurio era el mensajero de los dioses en la mitología romana, lo que resulta ideal para este signo al que le gusta cotillear y compartir información. Influye en las personas nacidas bajo este signo para que piensen y aprendan. La aparición de Géminis en una respuesta alude al intelecto y a compartir información.

Géminis pertenece a la tercera casa, asociada con el intelecto y la comunicación. Influye en Géminis para pensar y desarrollar ideas.

Virgo

Glifo

El símbolo de Virgo es una doncella virgen. El glifo es la letra "M", con la última parte retorcida hacia dentro, representando la modestia y la introspección.

Palabras clave

- Inteligencia
- Practicidad
- Modestia
- Análisis
- Diligencia
- Fiabilidad

- Alboroto
- Preocupación
- Perfección
- Dureza
- Exceso de críticas

Encontrar un objeto perdido:
- Zonas de almacenamiento
- Estudios
- Armarios
- Casas lecheras
- Graneros
- Cajones

Elemento

Virgo es un signo de Tierra. Son individuos sensatos que se toman su tiempo antes de decidir. A menudo obtendrá de un Virgo respuestas relacionadas con el sentido práctico y la planificación.

Modalidad

El Virgo mutable es un individuo hábil. Se les asocia con la flexibilidad y la capacidad de cambio.

Planetas y casas regentes

El planeta regente de Virgo es Mercurio, el planeta de los viajes, la tecnología y la comunicación. Influye en la naturaleza productiva, razonable y lógica de Virgo. El signo insinúa respuestas relacionadas con la lógica y la razón.

Virgo pertenece a la sexta casa, que representa la rutina, la salud, la responsabilidad, el deber y el servicio.

Polaridad

Virgo tiene polaridad negativa.

Sagitario

Glifo

Sagitario está simbolizado por un centauro, que representa la personalidad paradójica y dual de este signo. Su glifo es una flecha que significa la capacidad de Sagitario para dar en el blanco sin falta.

Palabras clave

- Filosofía
- Intelecto
- Rectitud
- Honestidad
- Sentido del humor
- Libertad
- Optimismo
- Inquietud
- Superficialidad
- Irresponsabilidad
- Descuido

Encontrar un objeto perdido:

- Colinas
- Establos
- Cerca de radiadores o fuego
- Habitaciones superiores
- Terrenos elevados

Elemento

Sagitario es un signo de fuego. Son impulsivos y los primeros en pasar a la acción. Son personas apasionadas y asertivas que se orientan hacia los objetivos y toman decisiones rápidas. A menudo es el signo que proporciona respuestas relacionadas con tomar las riendas y alcanzar objetivos.

Modalidad

Los Sagitario mutables son individuos entusiastas. La flexibilidad es clave con este signo, y se dejan llevar por la corriente.

Planeta y casa regentes

Júpiter rige Sagitario y simboliza la buena fortuna, el conocimiento y la espiritualidad. Influye en el espíritu aventurero del signo y en su deseo de ver mundo. Se asocia con respuestas relacionadas con la positividad y la espontaneidad. Sagitario pertenece a la novena casa, asociada a diversas cualidades como la aventura, la sabiduría y el conocimiento. Cuando Sagitario aparece en su lectura, puede significar salir de su zona de confort y probar cosas nuevas.

Polaridad

Sagitario tiene una polaridad Positiva.

Piscis

Glifo

Piscis está representado por peces, y su glifo es de dos peces mirando en direcciones diferentes. Representa la capacidad del signo para vivir tanto en el mundo real como en el propio.

Palabras clave

- Simpatía
- Intuición
- Desinterés
- Amabilidad
- Compasión
- Sensibilidad
- Imaginación
- Credulidad
- Vaguedad
- Secreto
- Idealismo
- Escapismo

- Sueños
- Creatividad

Palabras clave cuando pierde un objeto:
- Estanque de peces
- Ríos
- Zonas húmedas
- Pozos cercanos
- Cocina
- Cuarto de baño

Elemento

Piscis es un signo de agua. Estas personas son profundas, emocionales y sensibles. Como el océano, tienen un aire de misterio y guardan sus secretos cerca del corazón. Se les asocia con respuestas sobre la imaginación, la intimidad y los sueños.

Modalidad

Los Piscis mutables son soñadores con una visión de sí mismos y del futuro.

Planeta y casa regentes

El planeta regente de Piscis es Neptuno, el dios de los mares en la mitología romana. Este planeta simboliza la espiritualidad, la imaginación y los sueños. Se asocia con respuestas sobre la fantasía, los sueños y las emociones profundas. Insinúa respuestas relacionadas con el autoengaño, el engaño y la confusión en las relaciones.

Piscis pertenece a la duodécima y última casa del zodíaco. Representa la reclusión y el misticismo.

Polaridad

Piscis tiene polaridad negativa.

Cuanto más aprenda sobre los signos del zodiaco y sus características, más comprenderá la astrología horaria y encontrará respuestas a sus preguntas. Todo lo que representa cada signo puede relacionarse con una respuesta en una lectura horaria.

Capítulo 3: Los decanatos, una capa extra de significado

Los decanos, llamados "caras" o "decanatos", son factores astrológicos únicos en la astrología horaria. Por lo tanto, deben tenerse en cuenta durante la adivinación horaria. Los 360 grados de la rueda zodiacal se dividen en 36 segmentos, cada uno de los cuales corresponde a un decanato o segmento, dividiendo cada signo zodiacal en tres partes. Cada decanato ocupa 10 grados en la rueda zodiacal y añade un significado único a los rasgos, situaciones y resultados determinados por un signo zodiacal en particular.

Cada decano ocupa 10 grados en la rueda zodiacal [8]

Cómo identificar los decanatos en una carta horaria

A lo largo de la historia de esta práctica, la gente ha identificado los decanos en las cartas astrológicas de muchas maneras. El enfoque más popular asociado a la adivinación horaria es el método de la triplicidad. Divide cada signo en tercios y les asigna cuerpos celestes. La asociación se realiza basándose en los rasgos de otros signos con la misma triplicidad. Según esto, los 10 primeros grados de cada signo zodiacal pertenecen a las características fundamentales del signo. Los segundos 10 grados están vinculados al signo siguiente de la rueda zodiacal con el mismo elemento o triplicidad. Los últimos 10 grados están asociados a un tercer signo con la misma triplicidad.

He aquí una lista de los decanos de la carta astrológica basada en este método:

Aries
- 1er decano - 0-9 grados
- 2º decano - 10-19 grados
- 3er decano - 20-29 grados

Tauro
- 1er decano - 0-9 grados
- 2º decano - 10-19 grados
- 3er decano - 20-29 grados

Géminis
- 1er decano - 0-9 grados
- 2º decano - 10-19 grados
- 3er decano - 20-29 grados

Cáncer
- 1er decano - 0-9 grados
- 2º decano - 10-19 grados
- 3er decano - 20-29 grados

Leo
- 1er decano - 0-9 grados
- 2º decano - 10-19 grados
- 3er decano - 20-29 grados

Virgo
- 1er decano - 0-9 grados
- 2º decano - 10-19 grados
- 3er decano - 20-29 grados

Libra
- 1er decano - 0-9 grados
- 2º decano - 10-19 grados
- 3er decano - 20-29 grados

Escorpio
- 1er decano - 0-9 grados
- 2º decano - 10-19 grados
- 3er decano - 20-29 grados

Sagitario
- 1er decano - 0-9 grados
- 2º decano - 10-19 grados
- 3er decano - 20-29 grados

Capricornio
- 1er decano - 0-9 grados
- 2º decano - 10-19 grados
- 3er decano - 20-29 grados

Acuario
- 1er decano - 0-9 grados
- 2º decano - 10-19 grados
- 3er decano - 20-29 grados

Piscis
- 1er decano - 0-9 grados
- 2º decano - 10-19 grados
- 3er decano - 20-29 grados

Interpretación de los decanos de los signos del zodíaco

Aries

Decano 1 - Regido por Marte, las caras de Aries son las acciones impulsivas, las ambiciones, la pasión y las búsquedas implacables. En adivinación, podría significar que desarrollará ideas innovadoras, afrontará sus retos sin miedo y hablará sin rodeos de sus deseos. Encarna la característica típica de Aries: el signo orientado a la acción que nunca baja el ritmo. Debe aprender a adoptar un enfoque más suave ante la vida. De lo contrario, siempre dejará que sus emociones negativas le guíen en lugar de ser el líder que desea ser.

Decano 2 - Regido por el Sol, este decano indica un estilo de vida más sensual y fluido. Esta cara tiene la confianza audaz de los signos de Aries y el optimismo natural que conduce a búsquedas apasionadas. A pesar de ello, en el fondo seguirá sintiéndose inquieta. Siente que puede conseguir más. En adivinación, este decano representa las búsquedas creativas y el deseo de llamar la atención de quienes le rodean.

Decano 3 - Bajo el reinado de Venus, la tercera cara de Aries indica independencia, comportamiento mandón y mucha buena suerte. Si este decanato aparece en su carta horaria, indica que probablemente esté ocupado en algo que le inspire. O puede que opte por viajar y dedicarse a actividades nómadas.

Tauro

Decano 1 - Regida por Mercurio, la primera cara de Tauro gira en torno a la estética. Como típico Tauro, mientras esté regido por este signo, usted será encantador, sociable y estará dispuesto a decir lo que piensa, aunque puede resultar ligeramente materialista. Cuando esta cara aparece en la carta horaria, usted se esforzará por ser predecible y mostrará lealtad en sus relaciones. Sus sentidos están agudizados, lo que le permite encontrar la forma más inteligente de resolver sus problemas.

Decano 2 - Encabezado por la Luna, este decano refleja la necesidad de perfección. Comunicará sus deseos a grupos más grandes y será muy detallista. En la adivinación horaria, esta cara de Tauro indica que puede parecer demasiado rígido o calculador a los ojos de los demás durante su consulta. Ser más servicial le ayudaría a evitar problemas.

Decano 3 - Regido por Saturno, este decano destaca por sus afanes prácticos y fiables. Estará decidido a demostrar su lealtad y seriedad en sus relaciones. Afortunadamente, tendrá éxito, pero probablemente ya lo sepa. Por algo está siguiendo el mismo camino que le llevó al éxito en el pasado. Es posible que gane dinero o consiga otros logros.

Géminis

Decano 1 - Bajo el reinado de Mercurio, este decano refleja un periodo de pensamiento rápido y comportamiento extravagante y sociable. Estará flexible y dispuesto a hablar de cualquier cosa, aunque incapaz de centrarse en un tema durante mucho tiempo. Mostrando características de un signo típico de Géminis, éste es el momento de disfrutar de lo que el mundo le ofrece. Sin embargo, no se sorprenda si su comportamiento provoca conflictos con aquellos que prefieren una vida más tranquila.

Decano 2 - Regida por el planeta Venus, la segunda cara de Géminis es más expresiva y encantadora. En la adivinación horaria, puede indicar que buscará llamar la atención expresando sus opiniones. Se esforzará por absorber tantos conocimientos como sean necesarios para conseguir sus objetivos. Esta cara denota un comportamiento más reacio a los conflictos, aunque deberá tener cuidado con quién entabla relaciones.

Decano 3 - Regida por Urano, esta cara muestra un comportamiento de mente abierta. Denota la oportunidad de aplicar sus habilidades de pensamiento fuera de lo común. Será optimista, creativo, aventurero y estará dispuesto a ayudar a los demás, aunque lo único que pueda hacer sea escuchar sus problemas. Puede sentirse rebelde, sobre todo si su independencia o su estatus social se ven amenazados.

Cáncer

Decano 1 - Regido por la Luna, la primera cara de Cáncer denota comportamientos emocionales e intuitivos. En la adivinación horaria, este decano significa que estará conectado con su intuición, lo que le impulsará a tomar buenas decisiones y evitar conflictos. Cuidará su talento, sus relaciones y a los que le rodean. Puede indicar un periodo emocional. Dependiendo de la naturaleza de las emociones, su vida puede cambiar en cualquier dirección.

Decano 2 - Bajo el reinado de Plutón, el segundo decanato de Cáncer es mucho más práctico y sugiere la necesidad de consideraciones profundas. Es posible que en el próximo periodo se muestre más terco y sentimental de lo habitual. Sin embargo, esas mismas cualidades le permiten cuidar de sí mismo y de los demás. Preste atención a los aspectos negativos de este decanato, incluidos los comportamientos posesivos y melancólicos, y cámbielos en cuanto los note.

Decano 3 - Encabezado por Neptuno, este decano trata sobre la fantasía y la conexión con sus deseos subconscientes. Puede que esté albergando ilusiones románticas o soñadoras, y ahora es el momento de actuar en consecuencia. En la adivinación horaria, esta cara puede significar que perdonará a alguien que le ha hecho daño. Puede que profundice en su espiritualidad para encontrar la paz y dejar atrás sus heridas.

Leo

Decano 1 - Regido por Saturno, este decano presagia un periodo brillante y juguetón. Sin embargo, puede indicar que será orgulloso y que necesitará mantener su ego bajo control. Dará mucha importancia a su aspecto y a su reputación. Aun así, en una carta horaria, este decanato se considera un buen signo, ya que denota lealtad hacia sus seres queridos y sensibilidad hacia sus necesidades.

Decano 2 - Regida por Júpiter, la segunda cara de Leo es un signo de cosas positivas por venir. Disfrutará de su libertad, se rebelará contra las normas y estará dispuesto a divertirse como nunca. Buscará llamar la atención acercándose a los demás, intentando entretenerlos y conectar con ellos. Puede que acompañe a alguien en sus viajes y le ofrezca grandes ideas o actuaciones que seguro disfrutará.

Decano 3 - Bajo el dominio de Marte, la última cara de Leo es más atrevida y agresiva que la anterior. Este decano representa el comportamiento obstinado, la pasión y la amabilidad hacia los demás en la astrología horaria. Seguirá adelante con cualquier misión porque siempre será optimista sobre el resultado. Dependiendo de la naturaleza de su investigación, es posible que se vea impulsado por objetivos mayores que le obliguen a adoptar una posición de liderazgo.

Virgo

Decano 1 - Regido por la magnificencia del Sol, el primer decanato de Virgo representa la verdadera naturaleza de este signo. Es la cara de un signo detallista, ambicioso y siempre práctico. En la adivinación horaria, indica un periodo obsesionado con la superación personal. Tendrá problemas con las críticas y las situaciones complicadas. Aun así, será fiable y siempre estará dispuesto a ayudar a los necesitados.

Decano 2 - Regida por Saturno, esta cara muestra un lado más estirado y materialista de Virgo. Indica una feroz determinación para seguir adelante con los planes y centrarse en el panorama general. A pesar de estar afinado en sus tareas, aún tendrá tiempo para complacer a los que le rodean, sobre todo porque sabe que pueden acercarle a sus objetivos y colmarle con los elogios por los que se esfuerza.

Decano 3 - Bajo el reinado de Venus, la última cara de Virgo es más caprichosa y artística. Indica que mostrará comportamientos maduros y que será generoso, afectuoso y cariñoso con los que le rodean. A diferencia de las caras anteriores de este signo, ésta busca llamar la atención. Puede significar que será más tímido a la hora de disfrutar de la sensualidad. No tendrá problemas para expresar su creatividad mejorando su estética.

Libra

Decano 1 - Regido por Venus, este decano indica su necesidad de hacer una declaración en la vida. Buscará el lujo, el amor y la belleza. Todo lo que obtenga, lo guardará celosamente, aunque no desea entrar en conflictos. Buscará el equilibrio ayudando a los demás a alcanzar los mismos objetivos. Tenga cuidado, ya que es posible que le cueste mantener los pies en la tierra, sobre todo en un entorno desestructurado.

Decano 2 - Bajo el dominio de Urano, la segunda cara de Libra tiene que ver con la lucha contra el statu quo. Denota querer ser original en la astrología horaria. Este decanato indica que estará decidido a crear ideas únicas y a destacar entre la multitud. A diferencia del signo Libra típico, esta cara es más rebelde. Se centra más en el panorama general que en llevarse bien con los demás.

Decano 3 - Regido por Mercurio, este decano sugiere un periodo de socialización. Buscará equilibrar su vida, mediar en los conflictos y entretener a los demás. Será usted un espíritu libre, feliz de hacer nuevas amistades, pero también un poco vanidoso. Probablemente mantendrá su mente ocupada, y si no encuentra compañía que le ayude a mantenerse ocupado, un buen libro le servirá igualmente.

Escorpio

Decano 1 - Regido por Plutón, este decano presenta una mentalidad fiable y leal. Estará comprometido con sus objetivos y con los demás.

Durante este tiempo, es poco probable que cambie de opinión. Dejará poco margen para la mala interpretación de sus pensamientos y emociones. Sin embargo, es posible que tenga periodos de oscuras cavilaciones que le impidan conectar con la gente. Estos momentos serán más de transformación interior que otra cosa.

Decano 2 - Regido por Neptuno, la segunda cara de Escorpio es un signo desinteresado pero temperamental e impaciente. En lectura horaria, este decanato indica periodos de ensoñación y que se tomará todo a la ligera. Puede sugerir que se está volviendo sensible a las influencias energéticas y menos centrado. Aunque tener la cabeza en las nubes puede no beneficiar a sus objetivos a largo plazo, puede aprovechar este momento para ceder a sus impulsos artísticos.

Decano 3 - Bajo el dominio de Luna, ésta es la cara más intuitiva y sensible del signo de Escorpio y la más popular. Se le verá como una persona cariñosa, siempre dispuesta a estar ahí para los que lo necesiten. Sentirá una gran empatía por los sentimientos de los demás, pero será lo bastante astuta como para protegerse a sí misma y a sus seres queridos de verse arrastrado por los problemas ajenos.

Sagitario

Decano 1 - Regido por Júpiter, este decano muestra el signo típico de Sagitario. Muestra optimismo y un espíritu independiente y aventurero. La adivinación horaria indica que, aunque sin compromiso, tendrá suerte en muchos ámbitos de la vida. Se esforzará por apreciar su independencia manteniendo la mente abierta y la curiosidad por las nuevas ideas para salir adelante por su cuenta. Es posible que busque nuevas aventuras y conocimientos.

Decano 2 - Encabezada por Marte, la segunda cara del signo de Sagitario es mucho más disciplinada, leal y fiable que su predecesora. Sin embargo, indica que usted estará orientado a la acción y es probable que adopte un enfoque más agresivo. Esto último puede parecer controlador. Afortunadamente, sabrá compensarlo con humor. Buscará nuevas formas de expresarse y tendrá éxito en las competiciones.

Decano 3 - Regido por el Sol, el último decanato de este signo es el más libre. Según el contexto de su consulta, puede indicar que conocerá a gente nueva, tomará una decisión impulsiva o creará nuevas experiencias. Es posible que se centre en su apariencia y su estatus social y que busque encandilar a todos los que conozca. Su capacidad para expresarse de forma creativa le ayudará con esto último.

Capricornio

Decano 1 - Regido por Saturno, este decano pone de relieve las características de Capricornio de manual: pensamiento anticuado y glamuroso, ocasionalmente mezclado con impaciencia. Buscará un estatus distinguido y no dejará que ninguna tarea agotadora, meta desafiante o sus objetivos le detengan. Sin embargo, usted pondrá sus propias reglas, lo que puede resultar irrespetuoso. Su aspiración a tener una vida estructurada puede ser su mayor arma para obtener el éxito.

Decano 2 - Al estar regida por Venus, la segunda cara del signo de Capricornio es mucho más amistosa que la primera. Denota que usted será agradable, entusiasta y enérgico, aunque un poco demasiado orgulloso de sí mismo. Probablemente buscará pasatiempos sensuales y hedonistas y disfrutará de la belleza de la vida encontrando el equilibrio en todo. Trabajará duro, pero también descansará mucho.

Decano 3 - Encabezado por el planeta Mercurio, este decano es misterioso a la vez que curioso, vibrante e infinitamente reflexivo. Este periodo indica que usted será curioso, servicial y tierno de corazón. La gente acudirá a usted con sus problemas sin riesgo a ser juzgada, y a usted sólo le importará la verdad, no las razones por las que alguien se desvió del camino.

Acuario

Decano 1 - Bajo el dominio de Urano, la primera cara del signo de Acuario indica rebeldía y hacer movimientos radicales pero innovadores. Usted se entrega a búsquedas artísticas; algunas pueden incluso hacerle parecer excéntrico. Sin embargo, pronto otros seguirán su ejemplo y le apoyarán plenamente. Tendrá una visión para hacer del mundo un lugar mejor. Puede que luche contra las restricciones y reclame su independencia.

Decano 2 - Regido por Mercurio, la segunda cara de este signo es bastante versátil. A veces indica que será inquieto y buscará su propia estimulación intelectual. Otras veces, simboliza a una mariposa social que disfruta comunicándose con los demás y se siente satisfecha con las conversaciones interminables. Puede que se le ocurran grandes ideas para vender a cualquiera o consejos que la gente escuchará.

Decano 3 - Regido por Venus, este decano es la cara más afectuosa de Acuario. Indica un periodo de buen juicio y aspiraciones de autonomía y equilibrio. Su lado romántico florecerá y no tendrá problemas para relacionarse con personas de ideas afines. A diferencia de los dos decenios anteriores del signo, en éste se trata más de seguir tendencias que de crearlas. Aun así, dará prioridad a las partes bellas de la vida.

Piscis

Decano 1 - Regido por Neptuno, la primera cara del signo de Piscis denota un comportamiento amistoso, amable y devoto. Es probable que sea creativo y utilice su imaginación al máximo. Albergará aspiraciones tiernas y románticas y se preocupará por situaciones hipotéticas. El decanato le advierte que se ocupe en actividades creativas para evitar romantizar en exceso a las personas y las experiencias, lo que le permitirá entregarse a la creatividad sin dejar de estar anclado en la realidad.

Decano 2 - Encabezado por la Luna, este decano simboliza la independencia y los aspectos genuinos del signo Piscis. Le espera un periodo emocional con giros imprevisibles. Mantendrá protegido su espacio personal y permanecerá recluido por el momento. A pesar de ello, mantendrá su bienestar y el de sus seres queridos. Tendrá la oportunidad de escuchar y preocuparse por los demás.

Decano 3 - Bajo el dominio de Plutón, la última cara del duodécimo signo es la encarnación de la empatía y de una capacidad de escucha excepcional. Sin embargo, sus pensamientos y emociones seguirán siendo reservados y misteriosos. Es probable que cause una buena impresión persistiendo en sus objetivos y asumiendo tareas desafiantes. Este decanato puede simbolizar un necesario tiempo a solas.

Capítulo 4: 12 casas astrológicas y 2 ejes

Dado que cada casa astrológica está regida por un signo zodiacal específico, este capítulo le ayudará a explorarlas. La ilustración de la rueda zodiacal con las casas astrológicas, el eje IC-MC (Imum Coeli - Medium Coeli) y el eje AC-DC (Ascendente - Descendente) representa el marco de una carta horaria. Esta rueda está dividida en cuatro cuadrantes, lo que añade otra capa de significado a la interpretación de las casas. Las casas del primer cuadrante se asocian con el impulso y la motivación. Las casas del segundo cuadrante están vinculadas al instinto y la intuición. Las casas del tercer cuadrante son la encarnación del conocimiento y el pensamiento. Las casas del cuarto cuadrante están vinculadas al ser o a la existencia de una persona. En este capítulo se analizan los ejes y su significado en la adivinación horaria.

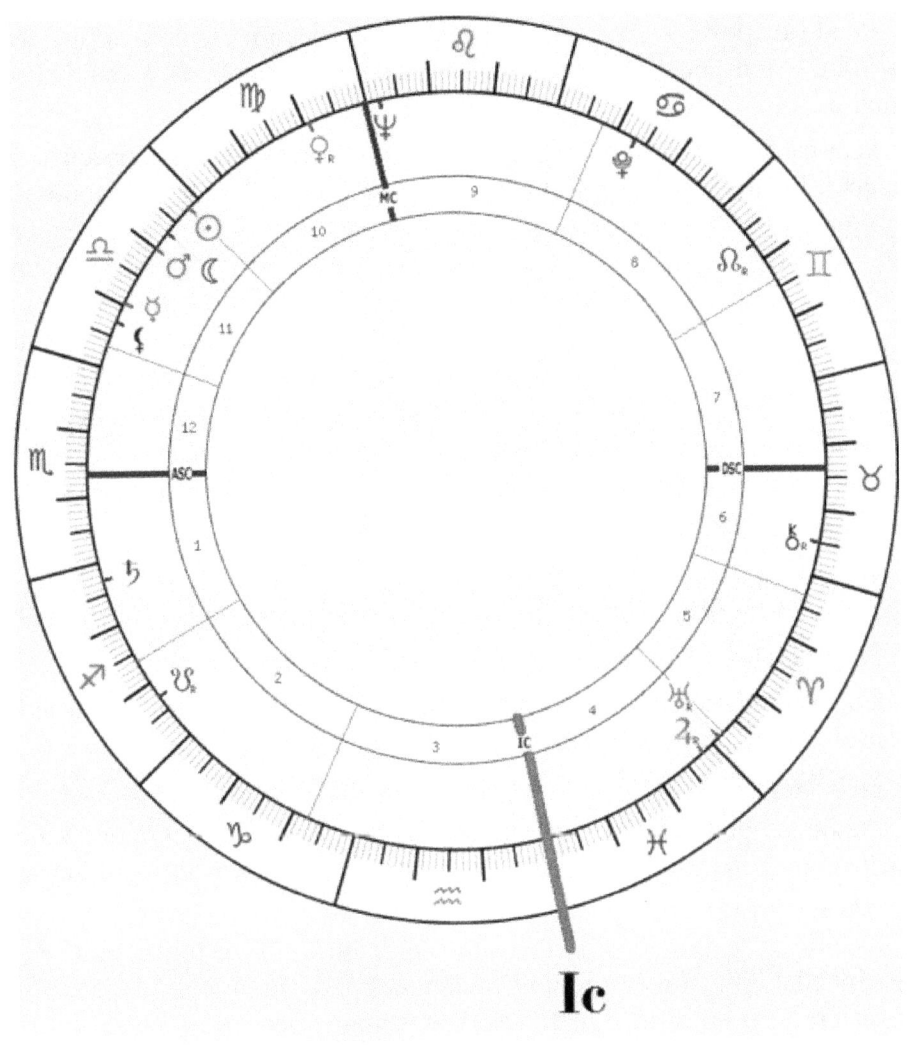

El eje en la rueda '

Las 12 casas

1ª casa

Signo del zodiaco: Aries

Palabras clave: Salud, vida, cuerpo.

Correspondencias: Ojos, cabeza, acontecimientos que cambian la vida y rojo.

Planeta regente: Marte - sugiere un fuerte sentido del yo y decisiones impulsadas por el ego.

Puede responder a preguntas sobre usted mismo, incluida su imagen corporal y su aspecto físico, su salud mental y su forma física y vitalidad en general.

Esta casa es el dominio de las primeras impresiones, su imagen y su aspecto. Puede indicar que estará listo para empezar de nuevo después de una mala experiencia. Preste atención a la información que le rodea, ya que el acontecimiento del que necesitará recuperarse podría seguir ocurriendo; no se trata de un suceso del pasado. Podría tratarse de un accidente o de un acontecimiento de salud que tendrá que superar. Además del nuevo comienzo para usted, la casa puede revelarle algo sobre la vida de sus familiares. Puede que pase tiempo con sus abuelos, sobrinas, sobrinos o nietos y aprenda sobre sus personalidades.

Marte en esta casa es débil en Sagitario y Piscis y fuerte en Virgo y Géminis.

2ª casa

Signo del zodiaco: Tauro

Palabras clave: Finanzas, sustento, artículos, bienes muebles.

Correspondencias: Color verde brillante, acontecimientos en la vida profesional, cuello y hombros.

Planeta regente: Venus - indica valores únicos.

Puede responder a preguntas sobre finanzas, posesiones muebles (incluyendo ropa, vehículos y otros artículos) y aliados (socios comerciales o abogados).

Debido a las fuertes influencias de Tauro, la segunda casa está relacionada con sus posesiones materiales, sus ingresos, su situación financiera y su entorno. Puede referirse a una experiencia que recibirá a través de sus sentidos o a algo que verá, saboreará, olerá, tocará u oirá. Si lucha contra un problema de autoestima, tendrá la oportunidad de recibir una inyección de confianza. Puede que reciba un ascenso o un reconocimiento por su duro trabajo. O quizá pueda permitirse comprar algo que deseaba desde hace tiempo. Por otro lado, la casa puede traer malas noticias sobre pérdidas financieras y la salud de un familiar cercano.

Venus en esta casa es fuerte en Tauro, Libra y Piscis y débil en Aries, Virgo y Escorpio.

3ª casa

Signo del zodiaco: Géminis

Palabras clave: Vecinos, hermanos, viaje, exploración espiritual.

Correspondencias: El sistema nervioso, las manos, la garganta, los pulmones, la respiración, los acontecimientos sociales y el amarillo.

Planeta regente: Mercurio - destaca la comunicación en las relaciones consigo mismo y con los demás.

Puede responder a preguntas sobre sus hermanos, otros parientes, vecinos y otras personas de su vecindario, compañeros de piso y personas que haya conocido en Internet. Puede revelar información sobre educación temprana, viajes y contratos.

Bajo el reinado del parlanchín Géminis, la tercera casa rige todas las interacciones. En astrología horaria, esto indica que usted se comunicará activamente en persona y en dispositivos móviles. Tanto si esta comunicación se produce en la escuela, en el vecindario o en otro lugar, conseguirá transmitir su punto de vista con eficacia. Es posible que firme nuevos contratos con conocidos recientes o que reciba paquetes o tratos. A veces, tendrá que lidiar con rumores y cotilleos generados por su familia, sus amigos o su comunidad, o relacionados con ellos.

Mercurio en esta casa es débil en Sagitario y Piscis y fuerte en Géminis y Virgo.

4ª casa

Signo del zodiaco: Cáncer

Palabras clave: Edificio, casa, terreno, padres.

Correspondencias: El blanco y el plateado, los acontecimientos en el hogar o la familia, la zona del pecho y el estómago.

Planeta regente: La Luna - que indica la conexión con el hogar.

Puede responder a preguntas sobre su familia y sus padres (más concretamente, su padre). O puede obtener resolución para cuestiones sobre bienes inmuebles (casa, terreno u otra propiedad fija).

Regida por Cáncer, la cuarta casa representa una buena base para todos los aspectos planetarios y de signos. Puede recibir información sorprendente sobre su hogar, su seguridad o su intimidad. Si tiene padres o hijos ancianos o enfermos, puede recibir malas noticias sobre ellos. O su papel como cuidador de sus hijos se verá amenazado por la pérdida de ingresos. Puede que necesite un poco de cariño porque últimamente ha sido demasiado duro. A veces, la casa se relacionará con las finanzas o los conflictos de un miembro de la familia y le proporcionará una posible resolución para poner las cosas en orden.

La Luna en esta casa es fuerte en Tauro y Cáncer y débil en Escorpio y Capricornio.

Casa 5

Signo del zodiaco: Leo

Palabras clave: Sexo, niños, juego, apuestas, por favor.

Correspondencias: El oro, los acontecimientos alegres, el corazón, la parte superior de la espalda y la columna vertebral.

Planeta regente: El Sol - vinculado al lado placentero de la vida.

Puede responder a preguntas sobre sus relaciones con sus hijos, sus sentimientos acerca de tener hijos o el comportamiento infantil de los demás. Puede revelar información sobre romances, sexo, aficiones y juegos de azar.

La quinta casa está encabezada por Leo, el signo más dramático del zodíaco. Se relaciona con las experiencias creativas y divertidas. Puede llegar a expresar su creatividad a través de talentos ocultos o ya existentes. Esta casa del horóscopo es el signo de las experiencias coloridas que están por venir o de posibles romances en el horizonte. A veces, puede recibir noticias sorprendentes sobre sus hijos (o futuros hijos), amantes y aficiones. Esta casa puede relacionarse con su persona como hijo de alguien, lo que significa que recibirá información sobre su madre y su padre (posiblemente sobre sus muertes o finanzas).

El Sol en esta casa es fuerte en Aries y Leo y débil en Libra y Acuario.

6ª casa

Signo del zodiaco: Virgo

Palabras clave: Enfermedad, lesión, litigio, enemigos abiertos, sirvientes y animales pequeños.

Correspondencias: La zona abdominal, el aparato digestivo, el bazo, los acontecimientos estresantes y los colores verde oscuro y marrón.

Planeta regente: Mercurio - lo que sugiere un vínculo con la salud física y mental.

Puede responder a preguntas sobre enfermedades, lesiones, accidentes, salud en general y animales pequeños. Puede revelar información sobre su lugar de trabajo y las relaciones con sus compañeros y empleados contratados, incluidos aquellos a los que contrata para trabajos puntuales (como profesionales para proyectos específicos en su hogar).

La sexta casa es el centro de la salud, la propiedad y el servicio. Bajo el dominio del comunicativo Mercurio, la casa rige las profesiones que prosperan con los horarios, la organización, la ayuda, las rutinas y el servicio a los demás. Si entre sus allegados tiene parientes o amigos que trabajan en la medicina, el ejército o la policía, el mensaje de esta casa puede referirse a ellos. Puede esperar cambios si tiene animales domésticos y propiedades suyas o de algún familiar. O, si está a punto de adoptar un estilo de vida más sano y natural, puede recibir orientación sobre una dieta adecuada y un plan de ejercicios.

Mercurio en esta casa es débil en Géminis y Virgo y fuerte en Sagitario y Piscis.

7ª casa

Signo del zodiaco: Libra

Palabras clave: Compañeros, cónyuges, matrimonio.

Correspondencias: Azul claro y rosa, acontecimientos relacionados con la vida romántica, la zona lumbar, los riñones, el trasero y la piel.

Planeta regente: Venus - vinculado a las relaciones románticas y de negocios.

Puede responder a preguntas sobre sentimientos y vínculos en las relaciones y el matrimonio. Puede conocer los entresijos de otras asociaciones, incluidas las conexiones comerciales y los adversarios de su vida personal o profesional.

La séptima casa representa el hogar de las relaciones y las conexiones con otras personas. Esta casa puede traerle noticias sobre sus relaciones románticas o de negocios en horóscopo. Es posible que selle ese acuerdo comercial en el que ha estado trabajando últimamente o que firme un contrato con un nuevo cliente o socio. Los cambios en la dinámica de su relación o matrimonio (actual o anterior) pueden obligarle a emprender acciones legales. A veces, se tratará de sus asuntos legales actuales, incluyendo batallas judiciales contra alguien que cometió un delito contra usted o sus seres queridos.

Venus en esta casa es débil en Aries, Virgo y Escorpio y fuerte en Tauro, Libra y Piscis.

8ª casa

Signo del zodiaco: Escorpio

Palabras clave: Muerte, herencia, deuda, miedo, enfermedad y finanzas ajenas.

Correspondencias: Las caderas, el aparato reproductor, las muertes, otros acontecimientos luctuosos y el color negro.

Planeta regente: Plutón - que indica una fuerte asociación con la muerte y el sexo.

Puede responder a preguntas sobre los recursos compartidos a los que puede o tendrá acceso. Por ejemplo, puede informarse sobre herencias, subvenciones, declaraciones de impuestos... y deudas que deba pagar. Puede revelar información sobre las finanzas de su pareja y sus temores sobre la muerte.

A menudo llamada la casa débil, la octava casa del zodíaco está envuelta en el misterio. Rige el nacimiento, la muerte, la transformación, las fuerzas secretas, el sexo, las energías compartidas y los vínculos. Podría recibir malas noticias sobre sus finanzas o la salud de su pareja, o sufrir su pérdida por muerte o traición. Por el contrario, la información revelada por esta casa puede ser sobre un próximo beneficio financiero. Con la energía de Plutón llega la muerte, pero con la muerte suele llegar una energía renovadora como una herencia para aliviar sus penurias. Por otro lado, si le debe algo a alguien, puede que esté dispuesto a cobrárselo, lo que disminuye aún más su autoestima.

Casa 9

Signo del zodiaco: Sagitario

Palabras clave: Viajar, estar en el extranjero, gente y experiencias extranjeras, sabiduría, maestros, espiritualidad y religión.

Correspondencias: Púrpura, acontecimientos sobre viajes y culturas extranjeras, el hígado, los muslos y las piernas.

Planeta regente: Júpiter - un poderoso vínculo con la espiritualidad y el conocimiento.

Puede responder a preguntas sobre relaciones a larga distancia y planes de viaje, especialmente si éstos implican tierras o culturas extranjeras. Puede orientarle sobre la educación superior, las opciones de aprendizaje, el material (incluidos los libros con los que puede aprender o qué universidad o colegio elegir), la religión, los profesores, la filosofía, la espiritualidad y los libros.

Bajo el reinado del siempre inspirado Sagitario, la novena casa es la encarnación de la mente abierta. En la adivinación horaria, esta casa abre un mundo de posibilidades. Asegúrese de considerar cómo se relaciona con sus preguntas. Puede descubrir nuevas aventuras, desde viajes a lenguas extranjeras, pasando por la educación o la adopción de una nueva religión o código de conducta. Haga lo que haga, le garantizamos que se mantendrá motivado y optimista sobre adónde le lleva su camino. Esta casa se asemeja a la suerte, pero es posible que tenga que correr algunos riesgos para atraerla. A veces, se tratará de familiares de segundo grado (incluidos nietos y suegros), profesores o editores.

Júpiter es débil en Géminis, Virgo y Capricornio y fuerte en Cáncer, Sagitario y Piscis.

Casa 10

Signo del zodiaco: Capricornio

Palabras clave: Carrera, acción, trabajo, reputación y empleadores.

Correspondencias: El gris y el marrón, los ascensos y otros acontecimientos laborales positivos, las articulaciones, el sistema óseo y los dientes.

Planeta regente: Saturno - sugiere ambición y perseverancia.

Puede responder a preguntas sobre su carrera, sus bienes, su imagen pública o los bienes o la imagen de su pareja. Puede ayudarle a explorar su relación con las figuras de autoridad (incluidas las fuerzas del orden y el gobierno) y con su madre.

La décima casa está particularmente institucionalizada, lo que no es sorprendente, ya que está regida por el triunfador nato Capricornio. Al igual que su signo regente, la casa muestra relevancia en las estructuras, la tradición, los logros, las normas, los premios y la disciplina. Puede ser un presagio de fama, el auge de una imagen pública o la señal de que enorgullecerá a una figura de autoridad a la que admira (como su padre o su jefe). Esta casa está vinculada a su vida profesional y a su carrera, reflejando su esfuerzo por presentar la imagen deseada. A veces, puede estar asociada a la salud de una figura de autoridad, a su salud o a la de sus hijos.

Saturno es fuerte en Libra, Capricornio y Acuario y débil en Aries, Cáncer y Leo.

Casa 11

Signo del zodiaco: Acuario

Palabras clave: Esperanza, buena fortuna, deseos, amistades.

Correspondencias: El azul, los acontecimientos afortunados, el sistema circulatorio, las espinillas, las pantorrillas y los tobillos.

Planeta regente: Urano - asociado a las relaciones con amigos y conocidos.

Puede responder a preguntas sobre cómo llevarse bien con amigos y comunidades y revelar cómo hacer realidad sus esperanzas y deseos. Puede informarse sobre cómo formar alianzas o si debe unirse a determinadas afiliaciones y grupos.

La undécima casa rige la fortuna y los deseos en las relaciones sobre causas humanitarias, redes de contactos, amigos y otros grupos sociales. Puede mostrarle si será susceptible de rebelarse contra las normas de la sociedad o seguirá siendo el jugador de equipo que es actualmente. Regida por el muy sociable Acuario, esta casa puede tratar sobre establecer conexiones con grandes grupos de personas o satisfacer sus deseos a través de la tecnología, los medios sociales u otras plataformas. Es posible que busque ideas innovadoras, suerte sorprendente y un comportamiento excéntrico. Esta casa está relacionada con el dinero que hereda por parte de madre, la salud de un familiar cercano y las nuevas incorporaciones a la familia (incluso a través del matrimonio, la adopción o la acogida).

Casa 12

Signo del zodiaco: Piscis

Palabras clave: Encarcelamiento, exilio, enemigos ocultos, animales grandes, magia negra.

Correspondencias: El sistema linfático, los pies, los acontecimientos repentinos y el verde claro.

Planeta regente: Neptuno - Implica que la casa está asociada a los secretos, los miedos y el misterio.

Puede responder a preguntas sobre lugares ocultos, misteriosos o que suenan temibles y clínicos, como prisiones, retiros, hospitales y monasterios. Puede obtener resoluciones relacionadas con una pérdida reciente, personas que desean secretamente que fracase, animales grandes o cosas que hace para debilitarse.

Esta casa representa la fase final del proceso. Tiene que ver con atar cabos sueltos y marcar finales (en la vejez y en los proyectos). Sin embargo, también puede tratar sobre los comienzos, la vida después de la muerte, los sueños y las búsquedas artísticas. Puede ser una señal de que es hora de rendirse a los cambios que trae el final y esperar la renovación. A veces, esta casa puede denotar aislamiento y lugares ocultos o fríos donde la gente suele sentirse aislada. No significa necesariamente que vaya a acabar en la cárcel, en un hospital o en una institución similar. Significa que desconoce las intenciones de aislamiento (ocultas) de una persona cercana.

Los dos ejes y sus cuatro puntos

Los dos ejes de la carta horaria representan la conexión entre 4 puntos cruciales de la rueda astrológica. Son el Ascendente y el Descendente (conectados con el eje AC-DC), el Imum Coeli o Fondo del cielo y el Medio Cielo (vinculado con el eje IC-MC).

El Ascendente (AC) y el Descendente (DC) se encuentran en los extremos opuestos de una carta horaria. El primero se encuentra al principio de la primera casa, mientras que el segundo se sitúa en la cúspide de la séptima casa. El eje AC-DC une dos fuerzas o aspectos contradictorios de la vida.

Al borde de la Casa del Yo, el Ascendente es el dominio de los rasgos y percepciones personales. Muestra las cualidades que puede ver y aceptar objetivamente en sí mismo. La mayoría de las personas se sienten orgullosas de ellas y felices de mostrarlas. El AC representa el centro de las características planetarias de una persona y a menudo está impulsado por el ego de la persona. Debido a ello, siempre será una imagen construida. La forma de llevar el pelo, de vestir, de maquillarse, de sostener el cuerpo y las expresiones faciales reflejan este deseo de mostrar una imagen determinada. Aunque esto puede hacer que la gente crea saber quién es usted, sólo reciben lo que usted quiere mostrarles. Es como una máscara de rasgos que usted cree que le harán más deseable y aceptado.

El Descendente muestra la otra cara de la historia. Es la cúspide de la casa VII de las relaciones y las cualidades ocultas. El DC está vinculado a lo que yace en la sombra de su imagen perfectamente construida: los rasgos que no le gustan de sí mismo y que se niega a aceptar. Muchas personas tienen características que ignoran, reprimen o de las que se disocian, sólo para ajustarse a sus relaciones. Esto último es el tema de la casa VII y es una fuerza motriz masiva que moldea la vida de las personas. Sin embargo, por mucho que le irriten esos rasgos, usted se niega a reconocerlos y sigue sintiéndose atraído por ellos. La mayoría de las veces se sentirá atraído por personas con estas características. El culpable es el eje AC-DC. En astrología horaria, este eje le recuerda conexiones que no puede negar. A medida que su relación se profundice, todas las personas que conozca durante el reinado de la casa 7 se darán cuenta de su verdadero yo, aunque usted no pueda. Puede desvelar su yo en la sombra estudiando sus relaciones con los demás y observando su comportamiento a través de las perspectivas de otras personas. Trabajar con la carta horaria haciéndose preguntas sobre sus relaciones puede ayudarle a darse cuenta de su verdadero yo.

El papel del eje AC-DC es crear el equilibrio necesario para su bienestar general. La casa 1 no sólo tiene que ver con la apariencia, sino también con la salud física y mental. Su salud influye enormemente en su capacidad para establecer buenas relaciones y viceversa. Inevitablemente atraerá a personas que se parezcan más a su descendiente y creará relaciones con ellas, mejorando su calidad de vida. Al unir estos dos aspectos, elévese y conviértase en alguien que no depende de los demás para ser aceptado, sino que puede mantenerse fiel a sí mismo.

Como cúspide de la 4ª casa, el Imum Coeli se asocia con la familia, el hogar y otros aspectos fundacionales de la vida. Si se encuentra alrededor de su IC en su carta horaria, puede esperar ver el efecto del planeta regente en su entorno. Lo verá en su hogar, en las personas con las que comparte su entorno y en sus sentimientos acerca de sus arreglos de vida. El IC afecta a cómo se siente sobre un lugar al que se acaba de mudar, si está preparado para establecerse en un lugar o en lo que considera su hogar. Puede afectar a su percepción de su entorno pasado: cómo creció, su experiencia en su entorno y mucho más.

El Medio Cielo (MC) es la cúspide de la 10ª casa astrológica. Muestra sus sentimientos y pensamientos sobre su carrera, reputación y posición social. El MC es responsable de la impresión que deja en las personas que no le conocen, pero que han oído hablar de sus logros. Está impregnado de los rasgos del planeta regente, lo que permite que éstos se filtren en su perfil profesional y público. Diferentes aspectos de los asuntos regentes pueden afectar a su vida profesional, incluyendo de forma efectiva las opiniones de otras personas sobre usted en su entorno laboral. Normalmente no será consciente de esta influencia a menos que examine la conexión IC-MC en la carta horaria. En la astrología horaria, el eje IC-MC representa el vínculo entre el hogar y el trabajo, dos aspectos interconectados que equilibran su vida. Juntos, representan su legado, dejado por los antepasados que trabajaron muy duro por sus logros. Puede tratarse de antepasados perdidos hace mucho tiempo o incluso de sus padres. En algunos casos, el vínculo está relacionado con usted como padre.

Capítulo 5: Características principales de los planetas

Las características de los planetas en astrología horaria suelen resultar confusas para los principiantes. Sin embargo, comprender y reconocer el significado de cada uno puede contribuir en gran medida a mejorar su precisión predictiva. Cada planeta tiene su significado y efectos especiales cuando aparece en una carta, desde Marte, que representa la fuerza y la ambición, hasta Saturno, que representa la responsabilidad y la tradición. Navegar por estas diferentes cualidades es clave para analizar con precisión cómo afectará el movimiento planetario a la vida de alguien. Este capítulo explica el significado de cada planeta, ofreciendo una visión de su significado en la práctica y de cómo entender sus movimientos y cómo interactúan entre sí.

Los planetas y su significado en la astrología horaria

Sol

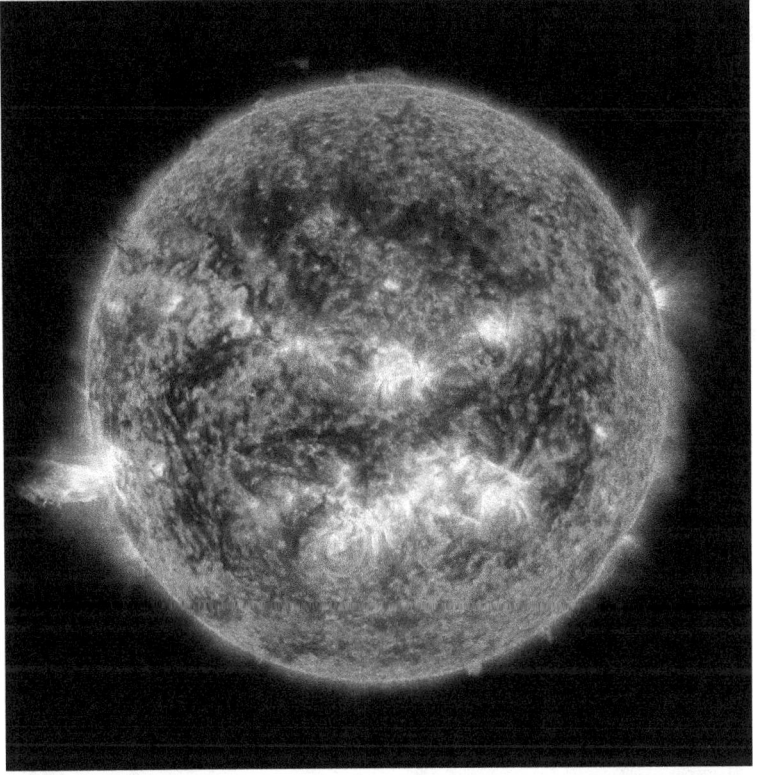

El sol desempeña un papel fundamental en la astrología horaria [5]

El Sol es uno de los planetas más importantes de una carta en astrología horaria. Representa al consultante, su viaje anímico y su poder o autoridad. El Sol puede representar logros, éxito y reconocimiento, lo que a menudo influye positivamente en una pregunta relativa a esos aspectos. Simbólicamente, indica riqueza, honor y fama debidos al trabajo duro y la dedicación. El impacto del Sol en la astrología horaria significa suerte o favorabilidad para las acciones del consultante.

Significado e interpretación del Sol en la astrología horaria

El Sol se interpreta como un significante de cualidades de liderazgo y autoafirmación. Puede indicar tomar las riendas de su vida y tomar decisiones de forma independiente o con confianza. El Sol en una carta puede significar que la energía es abundante, por lo que los nuevos proyectos emprendidos por el consultante podrían tener éxito con esfuerzo. Tanto si emprende una aventura empresarial como si comienza algo personal, como la construcción de una casa familiar, el Sol es importante para dar esperanzas de éxito en estos empeños.

El signo bajo el que caiga el Sol mostrará la mejor forma de aprovechar su poder durante una situación. Por ejemplo, si el Sol está en Aries, podría simbolizar emprender acciones audaces con la seguridad de que la suerte le favorecerá independientemente de los obstáculos. Por el contrario, si el Sol está en Capricornio, podría sugerir trabajar duro para conseguir objetivos con una planificación meticulosa y persistencia, pero dentro de unos límites realistas.

En general, a través de la astrología horaria, el Sol da a entender cómo una persona debe afrontar los retos de la vida con optimismo sin dejar de ser consciente.

Luna

La luna representa los estados de ánimo cambiantes y el concepto de estabilidad en horóscopo

La Luna se asocia con el océano, las emociones, los sentimientos y la feminidad. Es un símbolo de fluidez, transformación y movimiento. En la astrología horaria, representa los estados de ánimo cambiantes y la tranquilidad o estabilidad. Refleja el mundo interior de una persona, sus pensamientos y deseos ocultos, y las influencias y pautas del pasado que siguen afectando al presente. La Luna se ha relacionado con muchas diosas, como Hécate, Diana y Artemisa, que simbolizan la fertilidad, el crecimiento y la abundancia. La Luna está estrechamente vinculada al amor maternal, la empatía y la intuición. Se desplaza rápidamente entre los puntos de su órbita mientras refleja la luz del Sol sobre la Tierra.

Significado e interpretación de la Luna en la astrología horaria

La Luna es un significador de los sentimientos, pensamientos, deseos y emociones del consultante. Refleja cómo se siente una persona en el momento presente y actúa como indicador de acontecimientos futuros. La Luna puede significar el estado de ánimo de una persona, su actitud ante la vida y su nivel de satisfacción. La astrología horaria puede representar relaciones, cambios o transiciones que se producirán pronto. Dependiendo de su colocación en la carta, puede señalar ganancias o pérdidas financieras. Además, al considerar una relación (de negocios o romántica), ambas partes están representadas por dos Lunas diferentes según la casa que ocupen.

El Nodo Sur en la astrología horaria

El Nodo Sur de la Luna significa las influencias y pautas pasadas del consultante. Refleja cómo se sentían en el pasado, incluidas sus experiencias infantiles y sus relaciones familiares. El Nodo Sur puede indicar cosas que les frenan, como creencias anticuadas o hábitos que ya no les sirven, y señala a personas del pasado. Al interpretar el Nodo Sur en astrología horaria, es fundamental observar su colocación en relación con otros planetas y determinar a qué áreas de la vida afecta.

El Nodo Norte en la astrología horaria

El Nodo Norte de la Luna representa la dirección, los objetivos y los deseos actuales del consultante. Señala las áreas de la vida en las que la persona está creciendo y evolucionando. El Nodo Norte es una luz que guía, que muestra el verdadero potencial del consultante y lo que puede lograr. Este nodo refleja la relación del consultante con su yo superior, incluida la orientación espiritual o la perspicacia a través de su interpretación en una carta horaria.

La Luna es significativa en la astrología horaria, ya que indica los sentimientos, las emociones y los pensamientos de una persona. Se relaciona con los cambios que se producen en una persona y sus relaciones y con las transiciones que pronto tendrán lugar en la vida.

Mercurio

Mercurio en la astrología horaria es crucial, ya que está asociado a la comunicación, el comercio y los viajes. El significado y el propósito de Mercurio en la astrología horaria es comprender cómo los pensamientos, las palabras y las acciones de una persona se verán afectados por su entorno.

Mercurio es el mensajero de los dioses[7]

Significado e interpretación de Mercurio en la Astrología Horaria

En astrología horaria, Mercurio es conocido como el Mensajero de los dioses. Simboliza el intelecto, la razón, el ingenio, la comprensión y la creatividad. Su principal propósito es proporcionar una visión del estado mental de una persona para gestionar mejor las emociones y el comportamiento. Ayuda a desarrollar la autoconciencia para tomar decisiones sensatas basadas en los mejores intereses y no en el impulso o la emoción.

El significado y la interpretación de Mercurio en la astrología horaria van más allá de las cuestiones relacionadas con la comunicación. Aporta cambio y transformación a través de su simbolismo de ideas y movimiento. Este planeta impulsa la ambición y puede ayudar a las personas a superar obstáculos o a iniciar nuevos proyectos. Enseña a pensar con originalidad y anima a explorar diferentes perspectivas de una situación o problema. Además, su influencia anima a la gente a pasar a la acción, ayudándoles a actuar rápidamente sobre sus ideas en lugar de esperar demasiado o quedar atrapados en la parálisis por análisis.

Venus

Venus representa el principio femenino y puede ofrecer una visión de las necesidades fundamentales de las relaciones. Venus representa la belleza, la armonía, el amor, el dinero, la amistad y las relaciones de pareja. La colocación de Venus en una carta astral puede revelar mucho sobre las preferencias y la actitud general de un individuo.

Venus representa los valores y los deseos"

Significado e interpretación de Venus en la astrología horaria

Venus indica los valores y deseos del consultante y cómo los buscan en la astrología horaria. Muestra las curiosidades que poseen, lo que les hace únicos. Además, indica las relaciones que probablemente atraerán o en las que se involucrarán. ¿Serán fugaces o duraderas? ¿Les aportan alegría o tristeza?

Venus simboliza la creatividad, la gracia, el equilibrio y la abundancia. Representa la fertilidad en su sentido tradicional (dar a luz) y menos literal (crear arte). Por lo tanto, la aparición de Venus en una carta sugiere un éxito y una recompensa potenciales a través de la expresión o las empresas creativas.

La interpretación de Venus en astrología horaria depende de qué parte de su simbolismo resuene con la vida del consultante en ese momento. Supongamos que otro punto de la carta indica falta de armonía o conflictos interpersonales. En ese caso, sugiere que el consultante debería cultivar un mayor equilibrio en sus relaciones. Podría ser a través del fortalecimiento de los vínculos con otras personas igualmente interesadas en la armonía y los esfuerzos por mantener la paz. Por otro lado, si el dinero es un problema, Venus podría indicar que ahora podría ser un buen momento para tomar medidas encaminadas a obtener ingresos adicionales o realizar inversiones con rendimientos constantes a lo largo del tiempo.

Marte

Marte suele denominarse el "Maléfico Menor" en astrología horaria. Simboliza la acción, la energía y la asertividad. Sus aspectos pueden traer directamente resultados y a menudo pueden crear accidentes o espolear peleas y lesiones. Debido a su naturaleza ardiente, es una poderosa fuerza de transformación, que empuja al consultante hacia sus objetivos, pero crea obstáculos en el camino. Marte simboliza el esfuerzo físico, el valor, la ambición y la asunción de riesgos para triunfar. Anima a las personas a enfrentarse a sus miedos manteniendo la determinación y centrándose en el resultado deseado.

Marte representa la fuerza y la pasión'

Significado e interpretación de Marte en la astrología horaria

Marte está asociado a la energía masculina y encarna la fuerza, el poder, la pasión y la agresividad, positiva o negativamente. Por ejemplo, en lo que respecta al amor, si alguien está buscando una nueva pareja romántica, debe tener el valor de hacerse visible; de lo contrario, no ocurrirá nada. Marte representa esta parte de las personas que les ayuda a superar inhibiciones o dudas para que puedan avanzar con confianza.

Es necesario reconocer que el planeta trata de emprender acciones decisivas utilizando la fuerza de voluntad y la perseverancia para alcanzar objetivos y comprender el propósito horario de Marte. Permite a una persona abrirse paso a través de las dificultades, pero advierte contra la imprudencia o el descuido, ya que tiene un lado destructivo que podría acarrear consecuencias peligrosas. En última instancia, enseña cómo canalizar la energía hacia medios productivos puede ayudar a obtener resultados positivos, ¡incluso en situaciones difíciles!

Júpiter

En astrología horaria, Júpiter se denomina el *Gran Benéfico* y representa la suerte, la oportunidad, el crecimiento, los viajes largos, la educación superior y la profecía. Júpiter refleja las ambiciones, deseos y anhelos del consultante y se relaciona con las perspectivas u oportunidades a largo plazo que pueden beneficiarle. En astrología horaria, puede indicar el desenlace de un acontecimiento o situación o dar una visión de un posible desarrollo futuro.

Júpiter representa la riqueza y el éxito[10]

Significado e interpretación de Júpiter en la astrología horaria

El simbolismo asociado a Júpiter incluye la riqueza material (incluido el dinero) y el éxito a través del trabajo duro. En astrología horaria, Júpiter denota honor, respeto y prosperidad. Representa la veracidad y la justicia, pero puede resultar excesivo cuando es demasiado fuerte o desequilibrado debido a aspectos desfavorables de otros planetas.

Júpiter se asocia con el optimismo y la esperanza en la astrología horaria. Puede indicar buena fortuna potencial y abundancia o un periodo de buena suerte. Sin embargo, puede representar el mal juicio, que conduce a la indulgencia excesiva y al despilfarro si no se gestiona adecuadamente. Los aspectos de Júpiter pueden sugerir la necesidad de que las personas asuman riesgos o se vuelvan más aventureras para alcanzar sus objetivos.

La influencia de Júpiter en una carta da una idea de cómo un individuo puede abordar las oportunidades y los retos de la vida. Su colocación indica su suerte y su capacidad para tomar decisiones sabias ante elecciones difíciles. Una posición fuerte de Júpiter sugiere que un individuo probablemente será bendecido con suerte, mientras que una colocación débil podría indicar que hay que ser más cauteloso para cosechar las recompensas.

En general, Júpiter representa la capacidad de las personas para reconocer y aprovechar la buena fortuna cuando se les presenta. Anima a asumir riesgos y a confiar en que las decisiones conducirán a la prosperidad. Comprender su simbolismo, significado e interpretación puede ayudar a alinear las acciones de las personas con el éxito potencial.

Saturno

Saturno es el maléfico mayor en astrología horaria y ejerce una poderosa influencia sobre la carta. Rige las cargas, las lecciones kármicas, las ambiciones, las deudas, los retrasos, la pobreza, los obstáculos y la muerte. Los textos tradicionales lo asocian con los padres, los ancianos y diversas restricciones. Simboliza el trabajo duro, la disciplina y la perseverancia en la consecución de objetivos. Cuando Saturno es prominente en una carta astral, puede indicar luchas y dificultades que deben superarse antes de lograr un progreso real.

Saturno representa la ambición y la dedicación [11]

Significado e interpretación de Saturno en la astrología horaria

Saturno simboliza en la astrología horaria las cargas pesadas que deben superarse mediante la dedicación y el trabajo duro. Simboliza la ambición y la dedicación a proyectos o metas a largo plazo. Como maléfico mayor, representa contratiempos o dificultades para lograr las ambiciones. Por difíciles que sean estos momentos, pueden enseñar valiosas lecciones si los individuos los afrontan con valor y resistencia. Saturno refleja la capacidad para retrasar la gratificación, una cualidad importante a la hora de planificar proyectos o trabajar en pos de objetivos a largo plazo.

La interpretación de Saturno en una carta depende de su dignidad (exaltación o detrimento) y de si es angular, cadente o está interceptado dentro de la rueda de la carta. Saturno indica obstáculos que deben superarse, pero esto dependerá de otros aspectos dentro de la carta. Si otros planetas están ayudando a conseguir el éxito, entonces estos retos no parecerán tan desalentadores y acabarán conduciendo al éxito. Si ningún aspecto de otros planetas indica éxito, entonces estas dificultades podrían agravarse con el tiempo, provocando retrasos o incluso el fracaso.

Cuando Saturno está bien situado dentro de una carta, puede indicar cosas buenas procedentes del trabajo duro o del esfuerzo invertido en proyectos a largo plazo, como la construcción de un negocio o la formación de una familia. A pesar de los contratiempos, estas inversiones a largo plazo conducirán finalmente a grandes recompensas si el individuo se mantiene centrado en su objetivo a lo largo de los retos que encuentre en este viaje. Si Saturno está mal situado, puede sugerir que los obstáculos o las dificultades pueden entorpecer los esfuerzos, provocando retrasos o el fracaso total. Se debe actuar con cautela al embarcarse en nuevas empresas, a menos que tengan fuertes indicios de otros planetas de que el éxito llegará a pesar de la adversidad. Por último, al interpretar Saturno, recuerde "sin dolor no hay ganancia". Los obstáculos a menudo encontrados enseñan muchas lecciones valiosas si las personas los afrontan con valor y resistencia.

Urano

La posición de Urano tiene un gran significado en la astrología horaria, ya que simboliza una amplia gama de significados e interpretaciones cuando se encuentra en diversas casas o aspectos. Para una comprensión más profunda, es esencial ahondar en la naturaleza compleja y polifacética de Urano y en cómo afecta a la carta horaria en su conjunto.

Urano representa la revolución[12]

Urano, el séptimo planeta desde el Sol, ocupa una posición única en la astrología, ya que es famoso por su asociación con los cambios repentinos, la revolución y la agitación. Conocido como el planeta del despertar, Urano simboliza la aparición de nuevas ideas, el pensamiento inventivo y la liberación de las normas establecidas. Su influencia es evidente en los ámbitos de la tecnología, la ciencia y la revolución social. Urano representa el impulso de la libertad individual, la independencia intelectual y la ruptura de los grilletes de la tradición y el convencionalismo.

Significado e interpretación de Urano en la astrología horaria

En astrología horaria, la posición de Urano adquiere especial relevancia a la hora de descifrar una carta horaria o tener una instantánea de los cielos en el momento concreto en que el astrólogo estudia la pregunta del consultante. La carta se analiza para obtener respuestas y puntos de vista sobre las dudas e interrogantes del individuo acerca de su vida.

Dependiendo de la casa en la que Urano resida en la carta horaria, la influencia del planeta podría tener diversas implicaciones para el consultante. Por ejemplo, en la primera casa, Urano indica que el consultante está experimentando un cambio radical en su personalidad o identidad. Por otro lado, si se encuentra en la sexta casa, Urano podría sugerir un cambio inesperado en las condiciones laborales o de salud de la persona.

Además, los aspectos que Urano forma con otros planetas de la carta horaria pueden intensificar o mitigar aún más su influencia. Por ejemplo, un aspecto armonioso entre Urano y Venus puede simbolizar cambios positivos repentinos en las relaciones o creatividad. Un aspecto desafiante entre Urano y Saturno podría implicar resistencia al cambio o un choque entre lo viejo y lo nuevo.

Una de las dimensiones fascinantes de Urano en la astrología horaria es su vínculo con la imprevisibilidad y las sorpresas. La energía de Urano aporta un matiz de caos, lo que impulsa al consultante a abrazar el cambio y adaptarse a circunstancias nuevas e inesperadas. La presencia de Urano en una carta horaria sugiere que los métodos estándar de investigación y los patrones de pensamiento establecidos pueden no ser suficientes para resolver la cuestión. Alternativamente, podría insinuar una solución rompedora o un enfoque innovador que el consultante aún no ha considerado.

Además, Urano es conocido por su fuerte conexión con los grupos, las organizaciones sociales y las causas humanitarias. Por lo tanto, su posición en una carta horaria podría arrojar luz sobre la relación del consultante con su comunidad, su participación en el activismo social o su colaboración con personas de ideas afines.

Neptuno

Existente en los confines del sistema solar, Neptuno es venerado como el regente supremo de los sueños, la intuición, la imaginación, el arte y la iluminación espiritual. Representa fuerzas misteriosas y el escurridizo reino del subconsciente, que a menudo conduce a profundas percepciones y verdades ocultas. En este contexto, el significado y la interpretación de Neptuno en la astrología horaria dilucidan su notable impacto en el resultado de las investigaciones y en la vida de las personas.

Neptuno representa la sabiduría espiritual y las capacidades creativas[18]

Significado e interpretación de Neptuno en la astrología horaria

Neptuno puede ser una presencia enriquecedora y desafiante en una carta astrológica, dependiendo de su colocación y de los aspectos que forme con otros planetas. Cuando Neptuno ocupa una posición prominente, otorga a los individuos una intuición elevada, capacidades creativas y sabiduría espiritual. Estas personas suelen estar profundamente conectadas con el misticismo y las artes y se las considera dotadas artística y espiritualmente. Así pues, Neptuno destaca como una poderosa fuerza para la inspiración, la expresión artística y la iluminación espiritual.

Sin embargo, Neptuno tiene el potencial de desafiar y desconcertar, ya que su colocación en una carta puede indicar engaño, confusión o ilusión. Negativamente, puede llevar a un individuo a experimentar incertidumbre y desorientación al enfrentarse a la realidad. Puede manifestarse como fantasías, delirios o incluso escapismo en su portador. La naturaleza etérea de Neptuno significa una vulnerabilidad al comportamiento adictivo, al abuso de sustancias y a otras búsquedas sin fundamento.

Por ejemplo, al indagar sobre el futuro de un consultante en una carta horaria, si Neptuno está colocado en la Casa III, que simboliza la comunicación, el intelecto y el entorno inmediato, podría implicar un periodo de confusión, malentendidos o información falsa. Por otro lado, esta colocación puede otorgarles un pensamiento creativo excepcional o una oleada de inspiración en sus esfuerzos intelectuales y comunicativos.

La interpretación de Neptuno en una carta horaria depende de la pregunta y del signo y la casa que ocupe. Por ejemplo, si un consultante pregunta por sus perspectivas románticas y Neptuno está presente en la Casa Séptima, que representa las relaciones de pareja, podría sugerir que sus relaciones futuras pueden estar llenas de ilusiones, sueños e idealización. Comprender los diversos aspectos de Neptuno en una carta horaria permite en última instancia al astrólogo discernir el papel que desempeña Neptuno, dando forma a la lectura y guiando al individuo en consecuencia.

Plutón

Plutón representa la transformación, el poder, la renovación y los secretos profundos y ocultos en la astrología horaria. Como planeta regente en las cartas horarias, Plutón es presagio de profundas revelaciones o cambios radicales que pueden tener lugar en la vida del nativo, dependiendo de su posición y de los aspectos con otros cuerpos planetarios. Como cuerpo celeste más lejano del sistema solar, la influencia de Plutón se considera misteriosa y enigmática, y a menudo revela verdades que yacen bajo la superficie o arroja luz sobre los aspectos más oscuros del subconsciente de un individuo.

Plutón representa la transformación[14]

Significado e interpretación de Plutón en la astrología horaria

La ubicación de Plutón en la astrología horaria añade una importante capa de profundidad y significado a una pregunta horaria. Al interpretar una carta horaria, un astrólogo escudriñará la ubicación de Plutón dentro del signo zodiacal, la casa y los aspectos con otros planetas para desvelar su influencia potencial en las circunstancias vitales del consultante.

Cuando Plutón ocupa un lugar destacado en una carta horaria, puede indicar que la cuestión requiere la búsqueda de la verdad, la transformación o la confrontación y superación de algo profundamente enterrado en el interior del consultante. Esencialmente, la presencia de Plutón en la carta astrológica apunta hacia una cuestión o reto profundamente arraigado que el individuo debe afrontar y superar para emprender un nuevo camino hacia el crecimiento espiritual y la evolución personal.

Por ejemplo, si Plutón está situado en la tercera casa de la carta horaria, que corresponde a la comunicación, las actividades intelectuales y el entorno local, un astrólogo puede deducir que la pregunta implica un cambio significativo o retos relacionados con estas áreas. El consultante puede encontrarse en una situación en la que deba expresar sus pensamientos o entablar conversaciones difíciles para provocar las transformaciones necesarias.

Los aspectos formados por Plutón en una carta horaria arrojan luz sobre los resultados potenciales y los retos a los que se enfrenta el consultante. En particular, los aspectos de Plutón con planetas poderosos como Saturno pueden sugerir que la persona puede tener que sortear obstáculos o restricciones para alcanzar la meta deseada.

Del mismo modo, un aspecto armonioso entre Plutón y Venus podría insinuar que una experiencia transformadora en los ámbitos del amor, las relaciones o los valores personales podría afectar profundamente a la vida del consultante. Por otro lado, si Plutón presenta aspectos desafiantes, podría indicar posibles perturbaciones, trastornos o acontecimientos que pongan a prueba la fortaleza y resistencia del individuo.

Capítulo 6: Dignidades y gozos planetarios

¿Ha oído hablar de la astrología horaria y se pregunta en qué consiste? Uno de los pasos iniciales para entender las cartas astrales es comprender el concepto de las dignidades y los gozos de los planetas. Este concepto crítico reconoce el poder, la autoridad o la dignidad de un planeta para la carta que se está estudiando. Al aplicar este principio, el análisis se centra en las cualidades de regencia tradicionales asociadas a cada planeta, descifrando la tabla de Ptolomeo y calculando los mismos signos de dignidad o fuerza que existen. Esta magnificación de la capacidad de cada planeta permite al astrólogo calibrar los gozos de un individuo y su respectiva posición de crecimiento dentro de la carta. Este análisis puede sugerir las áreas en las que un individuo tiene éxito o dificultades, dando una idea de su verdadero potencial de éxito. Comprender las dignidades y los gozos de los planetas puede ser uno de los aspectos más complejos de la astrología horaria, pero puede resultar muy gratificante para quienes siguen este camino.

¿Qué son las dignidades?

En astrología horaria, las dignidades se refieren a las posiciones específicas de un cuerpo celeste en el cielo. En concreto, determinan la posición de un planeta en un signo. Las dignidades influyen en muchos aspectos de la astrología horaria, como la fuerza del carácter o el destino de un individuo y su lugar en el mundo. El término "dignidad" procede del latín *dignus,* que significa "poseer valor".

Existen cinco dignidades tradicionales en astrología horaria: domicilio (el signo en el que un planeta es más poderoso), exaltación (el signo en el que es el segundo más fuerte), detrimento (la posición más débil para un planeta), caída (la segunda más débil) y triplicidad (que tiene que ver con los elementos). Conocer las dignidades de cada planeta es importante porque ayuda a crear una imagen clara de cómo funciona cada uno dentro de la carta y de su influencia en el resultado. Por ejemplo, supongamos que un planeta se encuentra en su domicilio o exaltación. En ese caso, será más fuerte que en su detrimento o caída.

Conocer estas dignidades permite interpretar las distintas combinaciones planetarias con mayor precisión. Por ejemplo, cuando dos planetas están en conjunción en una carta, se puede determinar cuál es más probable que tenga prioridad fijándose en sus dignidades respectivas. Si uno tiene una dignidad fuerte y el otro débil, es probable que el más fuerte domine al más débil. Ayuda a distinguir entre resultados positivos y negativos para determinadas cuestiones o situaciones.

¿Qué son los gozos?

El término "gozos" en astrología se refiere a las casas específicas asociadas a cada uno de los siete planetas tradicionales. Cada planeta está asignado a una casa concreta. Se dice que un planeta está "regocijado" cuando se encuentra en sus "gozos", como se explica a continuación.

En otras palabras, el planeta ejerce su mayor influencia cuando está situado en la casa correspondiente.

Conocer los gozos de los planetas en astrología horaria puede ser útil porque permiten comprender cómo se manifiestan las distintas energías planetarias dentro de una carta. Por ejemplo, si Júpiter se situara en la casa 11, probablemente le llegarían la suerte y la buena fortuna, ya que el gozo de Júpiter se encuentra en esta casa. Por el contrario, Saturno traería sentimientos de restricción o limitación si se situara en su alegría (la casa 12). Por lo tanto, comprender las alegrías permite a un astrólogo identificar con rapidez qué energías serán probablemente dominantes en un momento dado e interpretar su influencia en la vida de un individuo.

Los gozos de los planetas

Planeta	Gozos	Planeta	Gozos
Sol	Casa 9	Marte	Casa 6
Luna	Casa 3	Júpiter	Casa 11
Mercurio	Casa 1	Saturno	Casa 12
Venus	Casa 5		

Tabla de Ptolomeo sobre las dignidades esenciales

Ptolomeo, un renombrado astrónomo, matemático y astrólogo del siglo II de nuestra era, desarrolló una tabla que ilustraba las dignidades y el gobierno de los cuerpos celestes. Esta carta representa la compleja dinámica y las correspondencias entre los planetas, los signos zodiacales y las casas astrológicas, lo que permite a los astrólogos dar sentido a las innumerables influencias del cosmos.

A Table of the Essential Dignities of the PLANETS according to Ptolemy

Sign	Houses of the Planets	Exaltation	Triplicity of Planets		The Terms of the Planets					The Faces of the Planets			Detriment	Fall
			D	N										
♈	♂ D	☉ 19	☉	♃	♃ 6	♀ 14	☿ 21	♂ 26	♄ 30	♂ 10	☉ 20	♀ 30	♀	♄
♉	♀ N	☽ 3	♀	☽	♀ 8	☿ 15	♃ 22	♄ 26	♂ 30	☿ 10	☽ 20	♄ 30	♂	
♊	☿ D	☊ 3	♄	☿	☿ 7	♃ 14	♀ 21	♄ 25	♂ 30	♃ 10	♂ 20	☉ 30	♃	
♋	☽ D/N	♃ 15	♂	♂	♂ 6	♃ 13	☿ 20	♀ 27	♄ 30	♀ 10	☿ 20	☽ 30	♄	♂
♌	☉ D/N		☉	♃	♄ 6	☿ 13	♀ 19	♃ 25	♂ 30	♄ 10	♃ 20	♂ 30	♄	
♍	☿ N	☿ 15	♀	☽	☿ 7	♀ 13	♃ 18	♄ 24	♂ 30	☉ 10	♀ 20	☿ 30	♃	♀
♎	♀ D	♄ 21	♄	☿	♄ 6	♀ 11	♃ 19	☿ 24	♂ 30	☽ 10	♄ 20	♃ 30	♂	☉
♏	♂ N		♂	♂	♂ 6	♃ 14	♀ 21	☿ 27	♄ 30	♂ 10	☉ 20	♀ 30	♀	☽
♐	♃ D	☋ 3	☉	♃	♃ 8	♀ 14	☿ 19	♄ 25	♂ 30	☿ 10	☽ 20	♄ 30	☿	
♑	♄ N	♂ 28	♀	☽	♀ 6	☿ 12	♃ 19	♂ 25	♄ 30	♃ 10	♂ 20	☉ 30	☽	♃
♒	♄ D		♄	☿	♄ 6	☿ 12	♀ 20	♃ 25	♂ 30	♀ 10	☿ 20	☽ 30	☉	
♓	♃ N	♀ 27	♂	♂	♀ 8	♃ 14	☿ 20	♂ 26	♄ 30	♄ 10	♃ 20	♂ 30	☿	☿

Fuente de la imagen[15]

Las filas de la Tabla de Dignidades de Ptolomeo muestran una comprensión exhaustiva de las funciones e influencias de cada planeta sobre los signos zodiacales. Esta tabla se basa en el antiguo sistema astrológico de dignidades y debilidades. Presenta un orden jerárquico de las influencias planetarias sobre cada signo zodiacal, determinando su fuerza, debilidad o nivel de afinidad con otros cuerpos celestes.

La primera columna de la Tabla de Dignidades de Ptolomeo enumera los doce signos del zodíaco, empezando por Aries y terminando por Piscis. Cada signo tiene características, cualidades y significados simbólicos únicos que influyen directamente en la vida y la personalidad de los nacidos bajo ellos.

La segunda columna de la tabla, conocida como los regentes de los signos, enumera los regentes planetarios tradicionales asociados a cada signo del zodiaco. Estos regentes se consideran los planetas con "casas" o "hogares" naturales dentro de los signos que rigen. Por ejemplo, Marte rige Aries y Escorpio, haciendo de estos signos su dominio natural. Un planeta dentro de su propio signo ejerce una fuerte influencia, lo que hace que florezcan sus cualidades.

La tercera columna revela dónde se considera exaltado cada planeta y el grado específico de exaltación. La exaltación es una posición poderosa y afortunada para un planeta, que significa su mayor potencial de expresión e influencia dentro del signo, lo que a menudo trae prosperidad y éxito. Por ejemplo, el Sol está exaltado en Aries en el grado 19. Este grado es particularmente potente, pero por lo general, todo el signo confiere una mayor dignidad al planeta exaltado.

El gobierno planetario de las triplicidades -los grupos de tres signos que comparten la misma naturaleza básica: fuego, tierra, aire y agua- están representados en la cuarta columna. Aquí puede observar cómo se repite la triplicidad de fuego de Aries, Leo y Sagitario. Cada regente de la triplicidad otorga sus cualidades elementales a los signos correspondientes, potenciándolos y dándoles forma.

La quinta columna desvela los grados específicos en los que se produce el regimiento por término, conocido como regimiento ligado. Este esquema divide cada signo en cinco segmentos desiguales, en los que cada planeta rige un rango de grados específico. Por ejemplo, Júpiter rige los seis primeros grados de Aries, lo que significa que Júpiter tiene cierta influencia dentro de este rango de grados.

La sexta columna de la tabla de Ptolomeo representa el gobierno por caras, conocido como decanatos. Desglosa cada signo zodiacal en tres segmentos distintos de 10 grados, cada uno regido por un planeta específico. Por ejemplo, en Aries, Marte rige los primeros 10 grados (0°00' - 9°59'), el Sol rige los siguientes 10 grados (10°00' - 19°59') y un planeta diferente gobierna los terceros 10 grados. Esto añade profundidad a la comprensión de cómo influyen los planetas en los signos zodiacales dentro de rangos de grados específicos. Ayuda a los astrólogos a interpretar grados específicos en una carta, proporcionando un análisis más detallado de las colocaciones planetarias de un individuo.

La séptima columna se centra en el concepto de detrimento, que se produce cuando un planeta se encuentra en un signo opuesto al que rige. Este emplazamiento se considera desfavorable porque el planeta se encuentra en desventaja, lejos de su hogar natural. En consecuencia, las características asociadas al planeta suelen verse debilitadas u obstruidas. Cada planeta de la tabla de Ptolomeo, excepto el Sol y la Luna, tiene dos signos de detrimento, uno al opuesto de cada uno de sus dos signos regentes.

La octava columna describe la caída de un planeta, una situación en la que un planeta se encuentra opuesto al signo de su exaltación. Cuando un planeta está en exaltación, se encuentra en su periodo más alto de expresión y poder. Se encuentra en un estado debilitado cuando está en el signo opuesto o en caída. En estos escenarios, las cualidades positivas del planeta se ven mermadas y los astrólogos podrían interpretarlo como una influencia desafiante o desfavorable en una carta. Al igual que el concepto de exaltación, cada planeta sólo tiene un signo para la exaltación y la caída.

Los planetas y sus dignidades y gozos

Sol

Las dignidades y gozos del Sol, tal y como se desprenden de la tabla de Ptolomeo, tienen una importancia significativa para comprender la influencia de los cuerpos celestes en nuestras personalidades y vidas en astrología. La tabla analiza meticulosamente la influencia del Sol en diversos signos astrológicos y casas, indicando las cualidades específicas que posee y las respectivas fuerzas en las distintas colocaciones. Explorar cada faceta de estos complejos conceptos es crucial para comprender en profundidad lo que transmiten las dignidades y los gozos del Sol.

Las dignidades del Sol reflejan su poder, prestigio e influencia inherentes en los distintos signos astrológicos. Se refieren a la relación entre el Sol y determinados signos potenciando o disminuyendo su potencia. Existen cuatro niveles jerárquicos de dignidades: domicilios o regencia, exaltación, triplicidad y término o límites. Cada nivel significa un grado particular de autoridad que el Sol posee en diferentes colocaciones.

El Sol es el regente dominante y natural del signo zodiacal de Leo. Ejerce una influencia directa y tremenda sobre las cualidades de este ardiente signo. Los Leo, a su vez, se rigen por las características energizantes, cálidas y de confianza asociadas al Sol.

Aries es el signo de exaltación del Sol, considerado en su máxima potencia. En esta colocación, el Sol demuestra una expresión poderosa y jubilosa de sus rasgos, lo que hace que los individuos Aries sean decididos, entusiastas y carismáticos.

El Sol rige la triplicidad de fuego, que incluye a Aries, Leo y Sagitario. En consecuencia, los individuos nacidos bajo estos signos exhiben características pronunciadas de ambición, pasión y automotivación que encarna el Sol.

En la tabla de Ptolomeo, hay grados específicos dentro de los signos astrológicos en los que se considera que el Sol tiene una leve autoridad. Aunque no son notablemente influyentes, estas colocaciones reflejan un control minucioso sobre las características de la persona y los acontecimientos de su vida.

Además de las dignidades, el gozo del Sol se encuentra en una casa específica de la carta astrológica: la Casa IX. Esta casa representa la filosofía, la religión, la educación superior, los viajes al extranjero y las percepciones más amplias. Puesto que el Sol es universalmente reconocido como el símbolo celeste de la vitalidad, la conciencia y la autoexpresión, su asociación con la casa 9 refleja el gozo de ampliar los horizontes intelectuales, descubrir nuevas experiencias y buscar la verdad.

Luna

La Luna, uno de los siete planetas clásicos de la astrología tradicional, tiene sus dignidades y gozos que permiten comprender mejor su impacto en la vida de un individuo.

En la tabla de Ptolomeo, las dignidades de la Luna se clasifican en distintos niveles: esenciales y accidentales. La dignidad esencial se refiere a las posiciones en las que la Luna puede expresarse con más fuerza sin verse obstaculizada por otros factores astrológicos. Estas posiciones se conocen como regencia, donde se considera que un planeta se encuentra más a gusto para expresarse con mayor eficacia. Para la Luna, esta posición se encuentra en el signo zodiacal de Cáncer, donde es la regente natural. La Luna puede expresar plenamente su lado nutritivo, intuitivo y emocional, aportando un gran confort, seguridad y sensibilidad a la vida del individuo.

En la tabla de Ptolomeo, la Luna está exaltada en el signo de Tauro, lo que permite al individuo aprovechar sus cualidades de apoyo, enraizamiento y productividad. Con la Luna en esta posición, las personas pueden utilizar su energía firme y fiable para sentar las bases de unas relaciones y unos cimientos vitales sólidos.

Por otro lado, la dignidad accidental se refiere a los factores contextuales que ayudan a mejorar la influencia de la Luna, como su colocación en casas específicas dentro de la carta astral de una persona. El gozo de un planeta indica la posición en la que rinde mejor, y para la Luna, ésta es la tercera casa de la comunicación, los hermanos y el entorno local. Esta asociación con la tercera casa es interesante, ya que la tercera casa corresponde a la estrategia vital de una persona y pone de relieve la conexión de la Luna con los aspectos emocionales de la comunicación y las relaciones con la comunidad local.

Mercurio

En la tabla de Ptolomeo, se destacan las dignidades esenciales de Mercurio para mostrar las características y fortalezas planetarias, en función de las distintas posiciones dentro de los signos zodiacales. La tabla de Ptolomeo revela las dignidades detalladas y el gozo de Mercurio para comprender mejor su significado astrológico global. Las dignidades esenciales de Mercurio se clasifican en cinco categorías: domicilio, exaltación, triplicidad, término y cara (o decano).

El domicilio de Mercurio se encuentra en los signos de aire mutable de Géminis y Virgo. Mercurio despliega todo su potencial cuando reside en estos signos zodiacales, lo que permite a las personas manifestar mejores habilidades de comunicación, curiosidad, adaptabilidad y pensamiento analítico. Mercurio se encuentra a gusto en su domicilio y las personas con esta colocación pueden utilizar eficazmente sus energías.

Mercurio está exaltado en el signo de Virgo, lo que significa que Mercurio tiene una expresión especialmente poderosa en Virgo que en otras posiciones. En Virgo, Mercurio disfruta de los beneficios de su domicilio y recibe un impulso extra de fuerza. Potencia las capacidades intelectuales, un mejor uso del razonamiento lógico y un enfoque más práctico y organizado de la vida.

El término "triplicidad" describe la división clásica de los doce signos del zodíaco en tres grupos de los cuatro elementos de fuego, tierra, aire y agua. Esta clasificación considera a Mercurio, el regente de la triplicidad de aire, incluidos los signos de aire de Géminis, Libra y Acuario. Los rasgos comunicativos, sociales e intelectuales de Mercurio se acentúan en estos signos. Se manifiestan como la capacidad de adaptarse con rapidez a diversos entornos sociales, lo que lleva a los individuos con esta colocación a ser más influyentes en su entorno.

Según la tabla de Ptolomeo, Mercurio gobierna en términos específicos los doce signos, lo que permite una mayor expresión de sus energías durante determinados grados de cada signo. Dependiendo de su carta astral, estos grados específicos pueden modificar cómo se siente individualmente la influencia de Mercurio.

La siguiente es la Cara o Decano. Los signos se dividen en tres decanos o caras, cada uno de los cuales consta de 10 grados. Mercurio rige el primer decanato de Géminis y Virgo para potenciar su influencia y sus habilidades en estos signos. Los nacidos con Mercurio en estos decanos podrían encontrar talentos analíticos, perceptivos y comunicativos más fuertes, lo que se traduciría en una expresión más significativa de las energías de Mercurio en sus vidas.

El gozo de Mercurio se encuentra en la primera casa, una posición conocida como "timón" o "ascendente". La residencia de Mercurio en la primera casa refuerza la identidad y la expresión personales, permitiendo a los individuos demostrar hábilmente sus capacidades intelectuales y comunicativas. Quienes tienen a Mercurio en la primera casa pueden tener una facilidad natural para interactuar con los demás, intercambiar ideas y hacer valer su punto de vista.

Venus

Las dignidades de Venus se basan principalmente en la posición del planeta dentro de signos zodiacales específicos, rigiendo dos signos: Tauro y Libra. Se considera que Venus está en su domicilio cuando se sitúa en estos signos, lo que significa que sus características naturales se potencian y fortalecen. En Tauro, Venus influye en los deseos sensuales y materiales, cultivando el amor por la belleza, la comodidad y la estabilidad. En Libra, la firma de Venus se centra más en la asociación, el equilibrio y la justicia, fomentando la diplomacia y las relaciones armoniosas.

Además de su domicilio, Venus tiene una relación significativa con otra configuración astrológica: la exaltación. Se produce cuando Venus está en Piscis, elevando sus características naturales a su máximo potencial. En esta colocación, las energías del planeta reflejan un amor y una compasión incondicionales y espirituales, que trascienden el ámbito material y fomentan una empatía y una comprensión más profundas.

Por el contrario, Venus experimenta detrimento cuando se sitúa en signos regidos por Marte, Aries y Escorpio. En estas colocaciones, la disposición natural del planeta se debilita, lo que resulta en una expresión más desafiante del amor, la belleza y la armonía. Las personas con Venus en Aries o Escorpio pueden tener más dificultades para expresar ternura y placidez, lo que puede provocar tensiones en las relaciones, volatilidad emocional o problemas de autoestima.

Además, Venus experimenta su caída en Virgo, revelando la expresión más débil del planeta. En este meticuloso signo de tierra, la naturaleza analítica y crítica de Virgo amortigua la afinidad natural de Venus por el amor, la belleza y la armonía. Como resultado, los individuos con Venus en Virgo pueden tener dificultades para aceptar y expresar el amor en su forma más pura, volviéndose a menudo excesivamente críticos consigo mismos y con los demás.

Más allá de las dignidades, la astrología de Ptolomeo describe el concepto del gozo de Venus, que se produce cuando Venus se sitúa en la quinta casa de la carta astral. Aquí, se permite que la asociación de Venus con el amor, la belleza, la creatividad y el placer se manifieste y florezca plenamente, lo que conduce a una inclinación natural hacia la expresión artística, las relaciones románticas y el disfrute personal. Esta colocación se considera auspiciosa, ya que las energías de Venus se alinean armoniosamente con el énfasis de la quinta casa en la autoexpresión y las experiencias alegres.

Marte

Según la tabla de Ptolomeo, Marte, conocido como el planeta rojo y el cuarto planeta desde el Sol, tiene una gran importancia astrológica. Marte tiene dignidades particulares, que determinan su poder y eficacia en la carta astrológica. La principal dignidad de Marte es su regencia y exaltación en los signos de Aries, Escorpio y Capricornio. Marte es más potente e influyente cuando se encuentra en Aries o Escorpio, mientras que Marte en Capricornio alcanza su máxima eficacia. En estas posiciones, Marte expresa con mayor facilidad sus cualidades naturales de asertividad, valentía, agresividad y competitividad, lo que repercute positivamente en los individuos nacidos bajo estos signos.

Por otro lado, Marte tiene sus detrimentos y cae en los signos de Libra y Cáncer. Se considera que Marte es más débil y menos eficaz durante estas colocaciones, ya que sus atributos naturales se ven desafiados, lo que repercute negativamente en los individuos nacidos bajo estos signos o con menor intensidad.

El concepto de *gozos* se refiere a la conexión especial entre determinados planetas y casas específicas del horóscopo, según la tabla de Ptolomeo. Marte se asocia con el gozo en la Casa 6, vinculada principalmente al trabajo, el servicio, la salud y las rutinas diarias. La conexión de Marte con esta casa significa un enfoque proactivo, disciplina y pensamiento estratégico cuando se trata de asuntos de trabajo y salud. Puede indicar un fuerte sentido del deber y de la responsabilidad en estos ámbitos.

En términos simbólicos, las dignidades y los gozos de Marte en la tabla de Ptolomeo representan la energía y la influencia que ejerce sobre los individuos en diferentes posiciones del zodíaco. Marte rige el impulso, la determinación, la asertividad y la pasión, lo que lo convierte en una fuerza decisiva a la hora de definir los modales, las motivaciones y las ambiciones de un individuo, especialmente durante las interacciones con el trabajo, el servicio y la salud.

Júpiter

Las dignidades y el gozo de Júpiter en la tabla de Ptolomeo proporcionan una comprensión detallada del significado astrológico del planeta, su influencia en la vida humana y las diversas áreas que rige.

Júpiter, a menudo llamado el *rey de los dioses* en la mitología romana, es el planeta más grande del sistema solar y representa la abundancia, el crecimiento y el optimismo en astrología. Sus dignidades en la tabla de Ptolomeo están estrechamente ligadas a los signos zodiacales que rige y a sus diversas relaciones. Las dignidades otorgan distintos niveles de poder al planeta en función del signo zodiacal en el que se encuentre. Las principales dignidades de Júpiter son las siguientes:

Júpiter rige los signos de Sagitario y Piscis. Cuando se encuentra en estos signos, está en su domicilio, y sus cualidades positivas se despliegan con mayor eficacia en los individuos nacidos bajo estos signos. Los individuos con una fuerte influencia de Júpiter podrían mostrar benevolencia, generosidad, sabiduría y un fuerte deseo de perseguir el conocimiento.

Júpiter está exaltado en el signo de Cáncer, lo que significa que sus influencias beneficiosas se amplifican cuando se sitúa en él. Las personas con Júpiter en Cáncer disfrutan de una gran riqueza emocional, instintos nutritivos y afinidad por el hogar y la vida familiar.

En triplicidad en la tabla de Ptolomeo, Júpiter rige los signos de agua - Cáncer, Escorpio y Piscis - lo que indica la expresión de afinidad natural del planeta hacia los individuos nacidos bajo estos signos. Como resultado, sus vidas pueden verse realzadas con una mayor creatividad, intuición y profundidad emocional.

Ptolomeo asignó rangos de grados específicos dentro de cada signo zodiacal en los que un cuerpo celeste exhibe una influencia o afinidad particular. Los "términos" de Júpiter se encuentran dentro de porciones de cada signo zodiacal donde estos rasgos son más operativos.

La dignidad de las caras, conocida como decanato, divide cada signo zodiacal en tres segmentos iguales de 10 grados, regidos por tres planetas diferentes. Júpiter rige rostros específicos en diferentes signos, otorgando su nobleza y buena fortuna a los nacidos bajo estas colocaciones.

En cuanto a su alegría, Júpiter se sitúa más favorablemente en la undécima casa de la carta astrológica, definida como la casa de la buena fortuna o la casa de los amigos. Esta colocación enfatiza la auspiciosidad asociada a las amistades, las aspiraciones y los logros. En la undécima casa, la capacidad de Júpiter para propiciar el crecimiento, la expansión y la celebración es mayor, lo que permite a los individuos con esta posición beneficiarse de fuertes redes sociales, filantropía y realización de objetivos a largo plazo.

Comprender las dignidades y la alegría de Júpiter en la tabla de Ptolomeo proporciona una visión crucial del significado astrológico del planeta y su influencia en la vida humana. Arroja luz sobre las relaciones de Júpiter con los signos zodiacales y cómo se manifiesta su energía en la vida de las personas. Como el planeta se asocia con la abundancia, el crecimiento y el optimismo, las dignidades y colocaciones de Júpiter revelan el camino hacia la buena fortuna y el éxito en diversas esferas de la vida.

Saturno

Saturno es el planeta de la estructura, la responsabilidad y la autoridad en astrología horaria. La energía de Saturno refleja un profundo sentido del deber, compromiso y determinación para completar las tareas de forma excelente. Puede reflejar el estado psicológico, la seguridad y la estabilidad de una persona. A través de la carta de la rueda de Ptolomeo en astrología horaria, se obtiene una visión de cómo se manifiesta la influencia de Saturno en cada signo.

Saturno, el 6º planeta desde el Sol, ocupa un lugar destacado en la astrología y en la carta de dignidades y alegrías de Ptolomeo. La tabla de Ptolomeo revela los diversos puntos fuertes y débiles de Saturno, según su posición en el zodíaco y su relación con otros cuerpos celestes. Las dignidades de Saturno incluyen su signo de regencia, exaltación y triplicidad, que determinan su nivel de poder e influencia sobre la vida y el carácter de un individuo.

En la tabla de Ptolomeo, Saturno tiene su signo regente en Capricornio y Acuario. Por lo tanto, Saturno es el más potente y eficaz en estos signos, lo que conduce a una mayor disciplina, estructura y ambiciones para las personas con Saturno fuertemente situado en Capricornio o Acuario. La exaltación de Saturno está en Libra, lo que significa su siguiente posición más poderosa. Saturno aporta equilibrio, justicia y una fuerte capacidad de pensamiento crítico cuando está bien aspectado en una carta astral.

El gobierno de la triplicidad es otro aspecto de la dignidad, compartido entre tres planetas para los cuatro elementos (fuego, tierra, aire y agua). Saturno tiene regencia de triplicidad en los signos de aire - Géminis, Libra y Acuario - lo que acentúa aún más su afinidad con las búsquedas intelectuales y la comunicación.

Los gozos se refieren a la conexión específica entre los planetas tradicionales y las doce casas en astrología. El gozo de Saturno se encuentra en la casa 12, la casa de la introspección y la autodestrucción. Esta colocación permite que la sabiduría inherente a Saturno y su naturaleza introspectiva reflexionen sobre las acciones pasadas y faciliten el crecimiento espiritual.

Capítulo 7: Aspectos planetarios principales

Uno de los elementos más fascinantes de la astrología son los aspectos planetarios. Se trata del concepto de que los planetas del sistema solar influyen en la vida de los humanos a través de sus movimientos y alineaciones. Para entender la astrología es necesario conocer sus cinco aspectos planetarios principales: oposiciones, trígonos, cuadraturas, sextiles y conjunciones. Cada aspecto es significativo a la hora de interpretar el horóscopo de una persona. Este capítulo le lleva de viaje a través de estos aspectos para descubrir secretos astrológicos más profundos.

Cartas astrales y los cinco aspectos planetarios

Uno de los mayores beneficios de estudiar los aspectos planetarios es que pueden ayudarle a tomar mejores decisiones en la vida. Comprender la dinámica y las interacciones de los planetas le permite saber qué decisiones conducirán probablemente a resultados positivos o negativos. Puede utilizar los aspectos planetarios para predecir el futuro y ayudarle a determinar cómo proceder, y también proporcionan una visión de las relaciones. Al comprender cómo se influyen mutuamente los planetas y las energías que crean, obtendrá una mejor idea de cómo funcionarán probablemente las relaciones, lo que mejorará la comunicación con los demás y la dinámica de las relaciones. Estudiar los aspectos planetarios le ofrece una comprensión más profunda de sí mismo y de su lugar en el universo. Aprender las energías que crean los planetas - y cómo interactúan - proporciona una mejor comprensión de la energía individual y de cómo se utiliza en armonía con el universo. Puede ser una herramienta poderosa para el crecimiento y el desarrollo personal.

Los aspectos mayores son los ángulos entre los planetas y describen su relación. Suelen formarse cuando dos planetas se encuentran a un cierto número de grados de distancia, este número de grados se conoce como "orbe". Los aspectos se forman cuando varios planetas están conectados de una determinada manera, lo que se conoce como "configuración", esencial para comprender e interpretar la carta astral. Los astrólogos se basan en esta mezcla específica de energías planetarias para interpretar las fuerzas planetarias de la carta astral y analizar cómo afectan a la vida del nativo. Los aspectos tienen distintos significados según los planetas implicados y su posición en la carta. Los aspectos más básicos son:

- La conjunción
- El sextil
- La cuadratura
- El trígono
- La oposición

Cada uno tiene un significado y una influencia diferentes sobre los planetas. Determina las posiciones actuales de los planetas en el cielo y analiza los aspectos entre ellos. Por ejemplo:

- **Una conjunción** se produce cuando dos planetas se encuentran en el mismo grado del zodíaco y se considera una relación muy estrecha entre ellos. Este aspecto indica una unión profunda entre dos personas o una poderosa conexión entre dos acontecimientos.

- **Un sextil** se produce cuando dos planetas están en el mismo signo, pero en un ángulo de 60 grados entre sí. Este aspecto indica una fuerte conexión entre dos personas o una fuerte energía entre dos acontecimientos

- **Una cuadratura** se produce cuando dos planetas están en el mismo signo, pero en un ángulo de 90 grados entre sí. Este aspecto indica una relación desafiante entre dos personas o una lucha entre dos acontecimientos

- **Un trígono** tiene lugar cuando dos planetas se encuentran en el mismo signo, pero en un ángulo mayor entre sí, es decir, a unos 120 grados. Este aspecto indica una relación armoniosa entre dos personas o un fácil flujo de energía entre dos acontecimientos.
- **Una oposición** se produce cuando dos planetas están en el mismo signo, pero en un ángulo de 180 grados entre sí. Este aspecto indica una relación intensa (similar a una cuadratura, pero menos extrema) entre dos personas o una lucha entre dos acontecimientos.

Comprender estos cinco aspectos planetarios es esencial para interpretar una carta astral y entender las energías e influencias del nativo. Exploremos más a fondo cada uno de ellos.

La conjunción

Las conjunciones son un fenómeno interesante que añade una capa extra de significado a una respuesta. Son dos o más planetas juntos en estrecha proximidad en el zodíaco. Esencialmente, son la relación entre dos planetas o puntos del horóscopo, como el Ascendente, el Medio Cielo o la cúspide de una casa en particular. Esta relación se establece cuando los dos planetas o puntos se sitúan dentro de una determinada separación angular entre sí, normalmente de 0° a 8°. El orbe de la conjunción crea una conexión energética entre los planetas con efectos positivos y negativos. Por ejemplo, cuando dos planetas están en conjunción, amplifican la energía del otro, creando un efecto poderoso.

En cambio, si los planetas están en oposición, crean tensión y conflicto. La fuerza del efecto depende del grado de la conjunción, de los planetas implicados y del signo en el que se produce la conjunción. Cuanto más cercanos estén los dos puntos, más fuerte será la influencia de la conjunción. Por ejemplo, dos planetas *en el mismo signo o casa indican* un vínculo fuerte, como la amistad o la asociación. Por el contrario, dos planetas en signos o casas *opuestos* significan una lucha o conflicto entre ellos.

La conjunción se refiere a las energías de dos planetas combinadas. Cuando dos planetas están en el mismo signo o casa, las energías combinadas de los planetas serán más poderosas que las energías individuales de los planetas. Por ejemplo, supongamos que dos planetas se encuentran en el signo de Aries. En ese caso, la energía combinada podría interpretarse como una energía fuerte, apasionada y valiente.

Cómo funcionan las conjunciones en las cartas

Las conjunciones ponen de manifiesto la relación especial entre los planetas implicados, amplificando su influencia e intensificando sus energías. Cada conjunción tiene una energía específica. Por ejemplo, la conjunción de:

- Júpiter y Saturno significan un periodo de grandes éxitos y logros
- Marte y Neptuno hacen aflorar la creatividad y la autoexpresión
- Marte y Venus en la carta indican una relación apasionada
- Saturno y el Sol indican un periodo de lucha y dificultades

Las conjunciones pueden identificar el impacto de los planetas o puntos entre sí. Por ejemplo, una conjunción entre la Luna y Júpiter indica que la Luna está influyendo en la energía de Júpiter. Una conjunción entre el Sol y Saturno indica que el Sol está suprimiendo la capacidad de Saturno para obtener resultados positivos.

Las conjunciones proporcionan información sobre la relación entre planetas y puntos de la carta. Por ejemplo, una conjunción entre Mercurio y Júpiter indica que Mercurio influye en la capacidad de Júpiter para manifestar sus objetivos y ambiciones, mientras que una entre la Luna y Marte indica que la Luna está afectando a la capacidad de Marte para lograr los resultados deseados.

El sextil

El sextil es un aspecto de la astrología que describe la relación entre dos planetas separados 60 grados. Se considera un aspecto "suave", menos intenso que la conjunción, el trígono o la cuadratura. Este ángulo armonioso entre dos planetas actúa como un puente que une dos energías. Dado que un sextil es bastante auspicioso y un indicio de cosas buenas por venir, simboliza un "encuentro de las mentes" y la formación de una conexión fuerte y duradera entre dos planetas. Significa equilibrio y estabilidad y a menudo se manifiesta como energía creativa, asociaciones productivas y colaboraciones exitosas. El aspecto sextil se considera un aspecto "afortunado" porque puede abrir la puerta a posibilidades. Por ejemplo:

- Indica dónde puede encontrar el éxito y las áreas en las que se puede progresar más.
- Indica dónde residen los talentos y capacidades naturales y puede orientar a las personas en la dirección correcta.

El aspecto sextil puede utilizarse para comprender las relaciones con los demás. Por ejemplo:

- Muestra cómo trabajar conjuntamente con socios, familiares y amigos.
- Identifica los conflictos potenciales entre dos personas o situaciones.

El Sextil muestra signos de crecimiento y desarrollo para promover el autodescubrimiento y el avance en los objetivos vitales. Puede ser beneficioso respondiendo a preguntas sobre la consecución de ambiciones.

Cómo funcionan los sextiles en las cartas

Veamos cómo funciona el aspecto sextil con cuerpos celestes más prominentes para entender mejor cómo funciona con diferentes planetas.

- Cuando la Luna y el Sol están en sextil, indica una fuerte conexión con las emociones.
- Cuando Mercurio y Venus están en sextil, muestra la capacidad de expresarse con más facilidad y de asumir riesgos sin miedo al fracaso.
- Cuando Marte y Júpiter están en sextil, indica optimismo y motivación.
- Cuando Saturno y la Luna están en sextil, la autoconciencia y el arraigo indican un momento para la autorreflexión.

En general, el aspecto sextil es una herramienta poderosa que puede ayudar a conectar con las emociones y empujar hacia el crecimiento. Comprender cómo funciona el aspecto sextil con los distintos planetas puede resultar ventajoso.

La cuadratura

La astrología es un campo lleno de conceptos complejos e intrincados. Un concepto es el aspecto de cuadratura. Es fácil sentirse abrumado intentando comprender lo que significa. Se llama cuadratura porque este ángulo es de 90°, lo que hace que parezca un cuadrado cuando se observa en una carta. Los planetas o puntos en el aspecto de cuadratura están en dos signos diferentes y suelen ser una fuente de tensión en la carta porque las energías de los dos planetas están enfrentadas.

La cuadratura es un signo de conflicto interior entre dos energías opuestas, y puede manifestarse de diferentes maneras. Por ejemplo:

- Se manifiesta como miedo al fracaso, incapacidad para tomar decisiones o miedo al rechazo.
- Manifiesta signos de estar atascado e incapaz de avanzar.

Equilibrar los dos lados de la carta durante una lectura puede resultar difícil. El astrólogo debe encontrar la manera de unir los dos lados de la carta para tratar esta tensión. Es necesario porque, a pesar de los rasgos problemáticos de la cuadratura, es una fuente de crecimiento y transformación potenciales.

Cómo funciona la cuadratura en las cartas

Suele decirse que cuando la cuadratura está presente en el horóscopo, indica la capacidad de una persona para afrontar retos y cambiar su vida. Cuando se emparejan con los distintos planetas, las cuadraturas interactúan de forma diferente. Por ejemplo:

- Cuando la Luna está en aspecto de cuadratura con el Sol, significa agitación interior y dificultad para equilibrar la necesidad de atención y tiempo para uno mismo.
- Venus y Júpiter muestran confusión entre los asuntos materiales y los espirituales.
- Saturno y Mercurio indican miedo a lo desconocido y falta de confianza para decidir.
- Mercurio y Venus reflejan dificultad para comunicarse y expresar sentimientos.
- Marte y Júpiter representan a una persona que se esfuerza demasiado y es incapaz de controlar sus ambiciones.

El trígono

La astrología utiliza el trígono para analizar el carácter y el potencial de una persona. Tiene forma de triángulo y se forma cuando dos planetas de una carta astral están separados aproximadamente 120 grados. Cuando dos planetas se alinean de esta forma, suelen crear una energía favorable. El aspecto de trígono se compara a menudo con la cuadratura. Mientras que la cuadratura representa dificultad y lucha, el trígono muestra lo contrario: suerte y facilidad. Este aspecto puede determinar si una relación tendrá éxito a largo plazo. Los trígonos proporcionan información sobre:

- Las acciones y reacciones del individuo ante diferentes situaciones.
- Los puntos fuertes y débiles del individuo y cómo puede utilizarlos mejor en su beneficio.
- Cómo puede el individuo utilizar mejor sus energías para crear cambios positivos y beneficiosos en su vida.

Uno de los efectos más poderosos del trígono es su capacidad para desbloquear el potencial oculto, permitiendo el éxito en diversos campos.

Cómo funcionan los trígonos en las cartas

El aspecto de trígono funciona de forma diferente para cada planeta, creando efectos distintos en la carta.

- Cuando la Luna está implicada en un aspecto de trígono, muestra sensibilidad emocional e intuición. Indica que alguien es más empático y abierto a los demás. Con un aspecto de trígono entre el Sol y la Luna, es más probable que una persona encuentre el éxito y la plenitud en su vida.
- Cuando Mercurio está implicado en un aspecto de trígono, facilita la capacidad de pensar con claridad y lógica. Indica que alguien es elocuente y comunicativo. Con un aspecto de trígono entre Mercurio y Venus, es más probable que una persona tenga éxito en las relaciones y los compromisos sociales.
- Cuando Venus está implicado en un aspecto de trígono, muestra una mayor capacidad para expresar amor y compasión. Con un aspecto de trígono entre Venus y Marte, es más probable que una persona encuentre el éxito en sus esfuerzos creativos.
- Cuando Marte está implicado en un aspecto de trígono, muestra a alguien enérgico y asertivo. Con un aspecto de trígono entre Marte y Júpiter, es más probable que una persona tenga éxito en su carrera y en sus negocios.
- Cuando Saturno está implicado en un aspecto de trígono, indica a alguien responsable y centrado. Con un aspecto de trígono entre Saturno y la Luna, es más probable que una persona encuentre el éxito y la estabilidad en su vida.

La oposición

La oposición es un aspecto importante en las cartas astrales, ya que revela la tensión entre dos entidades. Por ejemplo, puede medir la relación entre dos personas o predecir el resultado de un acontecimiento concreto. Puede analizar los motivos de ambas partes en una situación. La formación de oposición se produce cuando dos planetas se encuentran a un ángulo de 180 grados. Crea una tensión entre ellos que puede interpretarse para comprender mejor la situación.

La oposición se considera un aspecto planetario importante porque revela la tensión entre dos entidades. Indica conflicto, pero también puede señalar una unión de fuerzas. Por ejemplo, puede revelar el estado actual de una relación entre dos personas o el resultado esperado de un determinado acontecimiento. Es posible utilizar la oposición para descubrir los motivos ocultos de las partes en una situación.

La oposición es una herramienta poderosa para conocer las energías de una situación concreta. Puede ayudar a identificar áreas de conflicto y de colaboración potencial. Analizando la oposición, comprenderá mejor las fuerzas que influyen en una situación, tomará decisiones con conocimiento de causa y evitará posibles escollos.

La oposición es un aspecto de tensión y conflicto en astrología porque cuando dos planetas se oponen, están en desacuerdo y chocan energéticamente. Crea tensión y dificultad en las áreas de la vida representadas por los planetas. Por ejemplo, si la Luna y Marte estuvieran en oposición, podría indicar dificultad en las relaciones y las emociones. Sin embargo, la oposición tiene un lado positivo, ya que aporta equilibrio y armonía a las áreas de la vida a las que afecta. Los planetas en oposición representan las dos caras de una misma moneda y sacan lo mejor y lo peor de cada uno, mostrando esencialmente cómo puede alcanzarse el equilibrio comprendiendo las dos caras de una situación. Las oposiciones afectan profundamente a la vida, ya que indican cómo interactuar con las personas y las situaciones con las que se encuentra la gente. También pueden:

- Proporcionar una visión de las relaciones, ya que puede mostrar cómo interactuar con los demás y cómo las interacciones afectan a la vida.

- Comprender los puntos fuertes y débiles y cómo utilizarlos ventajosamente.

Cómo funcionan las oposiciones en las cartas

La oposición funciona de forma diferente con cada planeta y representa una tensión entre dos puntos de vista. Por ejemplo, la Luna es el planeta más sensible y su oposición actúa como amortiguador frente a la energía poderosa y dominante del Sol. Otros ejemplos son:

- La oposición entre Mercurio y Venus crea una dinámica entre razón y sentimiento.
- La oposición entre Marte y Júpiter pone de relieve la tensión entre poder y crecimiento.
- La oposición de Saturno y el Sol crea un equilibrio entre lo consciente y lo inconsciente.
- La oposición de Urano y Neptuno pone de relieve la tensión entre el mundo material y el espiritual.

Cada oposición funciona de forma diferente, creando distintos niveles de tensión y permitiendo comprender cómo estos planetas trabajan juntos y afectan a la vida. En última instancia, la oposición entre los planetas crea un tira y afloja entre dos fuerzas, lo que permite a las personas crear vidas equilibradas y saludables.

En función de los planetas implicados, la oposición puede aportar cualidades positivas y negativas durante una lectura. Por ejemplo:

- Cuando la Luna está en oposición al Sol, puede evocar sensibilidad o inseguridad.
- Cuando Mercurio está en oposición a Venus, revela diferencias en los estilos de comunicación. Mercurio es más analítico y Venus más emotivo, por lo que esta oposición crea una energía desequilibrada entre ambos.
- Cuando Marte está en oposición a Júpiter, induce un espíritu competitivo. Júpiter es el planeta de la suerte y la abundancia, mientras que Marte es el planeta de la acción y el empuje. Cuando estos dos planetas están en oposición, crean un espíritu de rivalidad al empujarse mutuamente a ser más ambiciosos.
- Cuando Saturno está en oposición a otro planeta, puede inducir miedo y cautela. Saturno es un planeta de restricciones y limitaciones, y cuando está en oposición a otro, provoca que una persona sea excesivamente cauta o pesimista.

Uno de los aspectos más importantes de la astrología es aprender cómo funcionan los principales aspectos planetarios. Estos aspectos planetarios son los vínculos entre los planetas del sistema solar y las energías que producen. Comprender estos aspectos permite entender mejor las energías en la vida de las personas y cómo pueden afectar a las circunstancias y experiencias.

Capítulo 8: Aspectos planetarios menores

Como complejo campo de estudio, la astrología utiliza diferentes categorías de aspectos planetarios para interpretar los movimientos de los planetas y las estrellas y sus efectos en las personas. La astrología se divide en aspectos mayores y menores; cada uno de ellos aporta una visión adicional al análisis de la carta. Los aspectos mayores explorados en el capítulo 7 son las principales configuraciones planetarias para interpretar una carta astral, mientras que los aspectos menores añaden un toque de gracia a la predicción. Este capítulo explora los aspectos menores de la astrología y cómo utilizarlos para obtener una visión aún más profunda de las respuestas que busca.

Aspectos planetarios en una carta astral [16]

Aspectos astrológicos menores

Los astrólogos utilizan varios métodos para interpretar las posiciones de los astros, entre ellos el uso de los aspectos menores. Los aspectos menores son las distancias angulares entre planetas inferiores a 150 grados, como 45 grados, 60 grados y 72 grados. Se utilizan menos que los aspectos mayores, pero siguen siendo vitales para comprender la influencia de los planetas en una carta astral o una lectura. Los astrólogos utilizan diferentes aspectos menores, pero algunos de los más utilizados son los sextiles, semicuadaturas, sesquicuadraturas, quintiles y quincuncios.

- El sextil se forma cuando dos planetas se encuentran a 60 grados de distancia y suele ser un aspecto armonioso que presagia suerte y oportunidades.
- La semicuadratura se forma cuando dos planetas están separados 45 grados y es un aspecto desafiante que predice tensiones y conflictos.
- La sesquicuadratura se forma cuando dos planetas están separados 135 grados y es un aspecto difícil que muestra tensión y discordia.
- El quintil se forma cuando dos planetas se encuentran a 72 grados de distancia y es una oportunidad para crear algo nuevo y único.
- El quincuncio se crea cuando dos planetas se encuentran a 150 grados de distancia y representa cambios complicados y sorprendentes.

Cuando los astrólogos utilizan los aspectos menores, se fijan en las influencias sutiles entre los planetas y en cómo influyen en las distintas áreas de la vida. Por ejemplo:

- Un aspecto menor entre Venus y Saturno indica la relación de una persona con la autoridad.
- Un aspecto menor entre el Sol y Marte indica la capacidad de una persona para pasar a la acción y ser asertiva.

Además, observando las interconexiones entre los planetas, los astrólogos utilizan los aspectos menores para determinar cómo afectan estos planetas a la vida de un individuo. Por ejemplo:

- Un aspecto menor entre Marte y el Sol indica el empuje y la ambición de una persona.
- Un aspecto menor entre Venus y Neptuno indica la capacidad de una persona para ser creativa e imaginativa.

Los aspectos menores suelen combinarse con otras técnicas astrológicas, como los tránsitos, las progresiones y los puntos medios, para formar una comprensión más completa de cómo influyen los planetas en alguien. En general, los astrólogos utilizan los aspectos menores para observar las sutiles conexiones entre los planetas y conocer mejor el carácter, los puntos fuertes y las debilidades de una persona. Esto les ayuda a realizar lecturas más precisas y a dar mejores consejos.

El semisextil

El semisextil planetario se crea cuando dos planetas están separados por un ángulo de 30 grados. Es un aspecto de ajuste, lo que significa que ayuda a las personas a adaptarse a la energía de los planetas implicados y a aceptar los cambios que traen consigo. Por ejemplo:

- Anima a tomar medidas y a aprender de los errores.
- Establece conexiones entre diferentes ámbitos de la vida.
- Acuerdos entre dos fuerzas en conflicto.

Es uno de los llamados aspectos menores de la astrología, pero tiene una poderosa influencia en la lectura de la carta. Durante una lectura, los astrólogos señalan el semisextil como:

- Significa inquietud e insatisfacción. Muestra una sensación de querer más, pero no tener la motivación necesaria para dar los pasos necesarios para conseguir lo que desean. Resulta especialmente útil para quienes se sienten estancados e incapaces de avanzar.
- Predice incertidumbre y confusión. Muestra cómo alguien cuestiona sus decisiones y se siente abrumado por sus elecciones. Identifica a alguien con dificultades para decidir y que carece de confianza en su juicio.

Los astrólogos creen que las energías asociadas al semisextil pueden provocar resultados positivos y negativos.

- Por un lado, inspira creatividad y nuevas ideas.
- Por otro lado, provoca dudas y confusión.

Estas discrepancias se producen porque las energías celestes son únicas para cada individuo, dependiendo de otros aspectos de su carta. En general, el semisextil es un aspecto que no debe pasarse por alto. Puede predecir energías poderosas y únicas para desbloquear el potencial y proporcionar una visión de la personalidad y la trayectoria vital de una persona. Sin embargo, sus efectos son limitados. No puede utilizarse para significar elementos drásticos. Por el contrario, debe utilizarse para equilibrar dos fuerzas en conflicto.

Cómo funcionan los semisextiles en las cartas

Cuando los planetas de una carta forman un aspecto semisextil, pueden ejercer una influencia muy sutil pero poderosa en la vida de una persona. Esencialmente, se encuentran en un estado de tensión y desacuerdo. No necesariamente tienen que entrar en conflicto entre sí, pero pueden hacerlo. Esta tensión se manifiesta de distintas formas, dependiendo de los demás aspectos y posiciones del horóscopo. Tiene el potencial de sacar lo mejor de cada planeta, pero debe abordarla con una mente abierta y aprender a trabajar con ella. Por ejemplo:

- Si el Sol y Venus están en aspecto semisextil, significa que la persona tendrá dificultades para encontrar el equilibrio en sus relaciones. Pueden tener dificultades para aceptar el amor y expresar sus emociones y se sentirán constantemente al límite.
- Por otro lado, si la Luna y Júpiter están en aspecto semisextil, puede significar que la persona es creativa y optimista. Puede que les resulte más fácil expresar sus emociones y que estén más dispuestos a asumir riesgos y probar cosas nuevas.
- Si el Sol está en semisextil a la Luna, muestra una mezcla de compasión y asertividad en el individuo. Esta observación facilita al astrólogo encontrar un equilibrio entre sus ambiciones y emociones durante una lectura.
- Si Venus está en semisextil a Júpiter, significa que los astrólogos deben animar a sus clientes a buscar la belleza y la alegría sin dejar de estar anclados en la realidad.
- Cuando Saturno está en semisextil a Mercurio, ayuda a los astrólogos a aplicar un enfoque práctico a la comunicación.
- Cuando Marte está en semisextil a la Luna, significa una mezcla de agresividad y receptividad, que permite expresar las necesidades sin ser demasiado insistente o agresivo.

El quincuncio

Como signo de crecimiento o transformación, el aspecto quincuncio se considera un aspecto de ajuste. Formado cuando dos planetas se encuentran a 150 grados (cinco signos de distancia) en la rueda zodiacal, este aspecto de ángulo extraño no se encuentra en ningún otro aspecto, por lo que se considera bastante único. Los quincuncios pueden simbolizar retos o dificultades que deben superarse para progresar en la vida. A menudo es señal de que debe producirse algún ajuste o transformación para alcanzar un determinado objetivo. Dependiendo de los planetas implicados, podría tratarse de un ajuste mental, emocional, físico o espiritual. El quincuncio es frecuente:

- Un signo de crecimiento y evolución.
- Una señal de que una persona está preparada para pasar al siguiente nivel, pero debe realizar ciertos cambios.
- Una señal de que una persona está experimentando una transformación y debe hacer ajustes para navegar por el proceso con éxito.

Cómo funcionan los quincuncios en las cartas

El aspecto quincuncio puede mostrar dónde encontrar el equilibrio y la armonía. Puede dar una idea de cómo superar las dificultades y ayuda a comprender dónde luchan las personas.

- El Sol es la fuente de toda vida y energía, por lo que un aspecto de quincuncio puede indicar una lucha por encontrar el equilibrio o la armonía en la vida.
- La Luna está asociada a las emociones y los sentimientos, por lo que un aspecto de quincuncio puede indicar dificultad para expresar los sentimientos o para encontrar el equilibrio emocional.
- Venus es el planeta del amor y las relaciones, por lo que un aspecto de quincuncio puede indicar una falta de armonía en las relaciones.
- Júpiter es el planeta de la expansión y la buena fortuna, por lo que un aspecto de quincuncio puede indicar una lucha por encontrar el éxito o la abundancia.

- Saturno es el planeta de la limitación y la restricción, por lo que un aspecto de quincuncio puede indicar dificultad para alcanzar objetivos o encontrar la estabilidad.
- Mercurio es el planeta de la comunicación, por lo que un aspecto quincuncio puede indicar una lucha con la comunicación o la expresión de uno mismo.
- Marte es el planeta de la acción y la energía, por lo que un aspecto quincuncio puede indicar dificultad para pasar a la acción o encontrar motivación.

El quintil

El aspecto quintil se crea cuando dos planetas están separados por 72 grados. Este ángulo crea energía entre los dos planetas, que puede ser positiva y negativa. Los astrólogos creen que es especialmente beneficioso para los esfuerzos creativos e intuitivos. Significa una fuerte conexión entre los planetas, lo que permite una mayor comprensión de cada individuo y una fuerza creativa más poderosa. Las energías asociadas al quintil ayudan a alcanzar el éxito y a lograr las ambiciones.

- Hace hincapié en aprovechar las oportunidades, ya que anima a estar abierto a nuevas experiencias y a asumir riesgos.
- Notifica energía positiva y los astrólogos suelen recomendarlo a sus clientes como una forma de avanzar en la vida. Sugerirán al cliente que medite sobre las energías asociadas al quintil y las utilice para crear cambios positivos y alcanzar el éxito.
- Además de traer suerte, puede abrir nuevas oportunidades, por lo que los astrólogos pueden sugerir a sus clientes que las aprovechen.

Cómo funcionan los quintiles en los gráficos

Cuando los cinco planetas de un quintil están en sus posiciones respectivas, forman un pentagrama. Cada punto del pentagrama está conectado a un planeta diferente. El Sol está conectado al punto base, la Luna al punto superior, Venus al punto izquierdo, Júpiter al punto derecho y Saturno al punto medio superior. Este pentagrama influye en las energías de cada planeta. Juntos, los planetas de un quintil se reconocen como un aspecto espiritual. Sirven de puente entre el mundo físico y el espiritual. Por ejemplo:

- El Sol es el más afectado por el aspecto quintil, aportando un intenso enfoque, energía y ambición a la vida de la persona.
- La Luna se asocia con la intensidad emocional, una comprensión más profunda de las relaciones y una mayor intuición.
- Venus fomenta la alegría y el placer, una mayor apreciación de la belleza y un aumento del carisma.
- Júpiter simboliza la suerte, la riqueza y un mayor optimismo.
- Saturno se asocia con una mayor responsabilidad, disciplina y sentido práctico.

El biquintil

El biquintil es un aspecto planetario relativamente menos conocido en astrología. Este aspecto de 144 grados, con una energía asociada única, puede manifestar soluciones creativas e innovadoras a los problemas. El biquintil se considera uno de los aspectos más creativos de la astrología porque saca lo mejor de una persona y le ayuda a manifestar sus sueños y aspiraciones. El biquintil también puede:

- Promover el pensamiento creativo y la creación de soluciones creativas a los problemas.
- Ayudar a una persona a encontrar un enfoque único para una situación.
- Manifestar cambios positivos en la vida de una persona.

El biquintil tiene asociada energía espiritual. Este aspecto permite a una persona acceder al reino espiritual y recibir orientación y perspicacia en asuntos relacionados con su camino espiritual. Además de ayudar a una persona a conectar con su yo superior, puede darle claridad y perspicacia en su vida.

Cómo funcionan los biquintiles en las cartas

El aspecto biquintil es un aspecto astrológico relativamente raro, que a menudo se pasa por alto en favor de aspectos más tradicionales, como la conjunción, el trígono y la cuadratura. Este aspecto armonioso suele asociarse a dos planetas en una relación de apoyo.

El Sol, la Luna, Mercurio, Marte, Venus, Saturno y Júpiter crean el aspecto biquintil. El Sol y la Luna son los planetas más importantes en este aspecto. Cuando el Sol y la Luna forman un biquintil, es un momento favorable para tomar decisiones importantes y encontrar la armonía y el equilibrio.

- Venus y Júpiter, en aspecto biquintil, aportan el potencial para una gran suerte y abundancia. Es un momento ideal para arriesgarse con las inversiones, iniciar un nuevo negocio o ampliar los esfuerzos creativos.
- Saturno y Mercurio, en aspecto biquintil, son beneficiosos para las transacciones comerciales y las negociaciones. Estos dos planetas pueden impulsar potencialmente el aprendizaje de nuevas habilidades o la adquisición de conocimientos.
- En un aspecto biquintil, Marte y Venus pueden ayudar a encontrar el equilibrio en las relaciones. Indica la sugerencia de hacer concesiones, encontrar un término medio y tomar el camino correcto.

La semicuadratura

La semicuadratura es un aspecto muy sutil y puede resultar bastante difícil de manejar porque se utiliza muy poco en la astrología tradicional. Formada en un ángulo de 45 grados entre dos planetas, representa la tensión, el conflicto y la discordia, pero los astrólogos aún pueden utilizar este aspecto para ayudar a comprender los retos, bloqueos y obstáculos de una persona. La persona podría ser propensa a los conflictos y a los malentendidos en las relaciones. Cuando los astrólogos consideran el aspecto de la semicuadratura, se fijan en los planetas a los que afecta. Los planetas proporcionan información sobre los conflictos y obstáculos a los que se enfrenta el individuo. Por ejemplo:

- Si el aspecto de semicuadratura afecta al planeta de las relaciones, puede indicar que la persona tiene dificultades en sus relaciones.
- Si el aspecto de semicuadratura afecta al planeta de la carrera, entonces indica que la persona experimenta dificultades en su carrera.

Los astrólogos también deben tener en cuenta el signo de los planetas para comprender mejor el aspecto de la semicuadratura. Por ejemplo:

Si los planetas se encuentran en un signo a menudo difícil o desafiante, entonces el aspecto de semicuadratura será aún más pronunciado.

Cómo funcionan las semicuadraturas en las cartas

El aspecto de semicuadratura es una de las configuraciones astrológicas más potentes y puede influir mucho en la forma en que interactúan los planetas. Crea una poderosa conexión entre los planetas y en el horóscopo como un rayo de energía que los conecta. El Sol, la Luna, Venus, Júpiter, Saturno, Mercurio y Marte tienen el potencial de estar conectados por un aspecto de semicuadratura. Cuando dos de estos planetas forman una semicuadratura, la energía entre ellos es bastante intensa y los efectos pueden sentirse en la vida de los individuos.

- El Sol es la fuente de todo poder en astrología, y cuando está conectado por una semicuadratura, puede aportar un fuerte poder personal.

- Cuando una semicuadratura conecta con la Luna, puede desencadenar emociones poderosas y hacer que el individuo sea más sensible a las influencias externas.

- Venus es el planeta del amor y las relaciones, y cuando está conectado por una semicuadratura, puede crear una fuerte atracción y deseo.

- Júpiter es el planeta de la suerte y la fortuna, y cuando está conectado por una semicuadratura, puede producir cambios positivos y oportunidades inesperadas.

- Saturno es el planeta de las limitaciones, y cuando está conectado por una semicuadratura, puede traer restricciones y bloqueos.

- Mercurio es el planeta de la comunicación y el intelecto, y cuando está conectado por una semicuadratura, puede facilitar una mejor comprensión de ideas y conceptos.

- Marte es el planeta de la agresividad y la acción, y cuando está conectado por una semicuadratura, puede evocar la impaciencia y la necesidad de actuar con rapidez.

La sesquiquadratura (Trioctil)

Los astrólogos utilizan el aspecto de sesquiquadratura para identificar posibles áreas de tensión y fricción en la vida de una persona. Un aspecto de sesquiquadratura se forma en la carta astral cuando dos planetas están separados por un ángulo de 135 grados. El aspecto de sesquiquadratura es una influencia relativamente menor en una carta astral, pero aun así puede tener un impacto significativo. Indica un conflicto entre los dos planetas y la necesidad de un ajuste para armonizar las dos energías. Esencialmente, es una señal de advertencia de posibles problemas y desafíos. Por ejemplo, indica la reconciliación de diferentes partes de ustedes mismos o la resolución de conflictos entre sus mundos interno y externo.

A menudo descrita como una "crisis de transformación", puede obligar a las personas a enfrentarse a cuestiones difíciles y a tomar decisiones difíciles. Conlleva un conflicto interior y puede dificultar la decisión de la persona, provocando ansiedad, miedo y preocupación.

Cómo funcionan las sesquiquadraturas en las cartas

El aspecto de sesquiquadratura puede formarse entre el Sol, la Luna, Venus, Júpiter, Saturno, Mercurio y Marte, aunque comúnmente implica al Sol y a la Luna.

Como planeta más importante del sistema solar, el Sol da a cada individuo un propósito y una identidad. El aspecto de sesquiquadratura del Sol puede aportar un desarrollo intenso en la vida del individuo porque está asociado a la energía que da vida.

- El aspecto de sesquiquadratura de la Luna significa un periodo de exploración interior y reflexión. Puede ser necesario examinar la psique interior de una persona y mirar hacia dentro. Puede ser un momento de gran sanación y transformación a medida que el individuo trabaja en sus bloqueos emocionales.

- El aspecto de sesquiquadratura de Venus indica un periodo de exploración romántica y creativa. La persona puede desear conectar con los demás y expresarse con sentido. Puede crear un mayor aprecio por la belleza y las cosas buenas de la vida.

- El aspecto de sesquiquadratura de Júpiter sugiere un periodo de crecimiento y oportunidades. Como resultado, podría existir la necesidad de asumir riesgos y confiar en el proceso de la vida. Júpiter es conocido como el planeta de la suerte y la fortuna, por lo que puede mostrar un periodo de suerte y oportunidades.

- El aspecto de sesquiquadratura de Saturno significa un periodo de trabajo duro y dedicación. Puede ser una época en la que el individuo se vea desafiado a enfrentarse a sus miedos y a asumir la responsabilidad de sus actos. El individuo puede tener que ser honesto consigo mismo y mantenerse disciplinado durante este tiempo.

Los astrólogos utilizan los aspectos menores para añadir más profundidad a un horóscopo. Estos aspectos planetarios son sutiles, pero pueden dar una mayor visión del carácter del individuo. Los aspectos menores descubren rasgos ocultos, tendencias y potenciales que no resultan tan evidentes cuando se observan únicamente los aspectos mayores. Mientras que los aspectos mayores se centran en los elementos más directos y obvios, los aspectos menores proporcionan una comprensión más matizada. Por ejemplo, supongamos que los aspectos menores revelan que una persona es más sensible emocionalmente de lo que se pensaba. En ese caso, el astrólogo puede sugerir formas de ayudar al individuo a hacer frente a su sensibilidad. Los aspectos menores tienen un valor incalculable para los astrólogos, ya que aportan una visión muy valiosa de la vida de sus clientes.

Capítulo 9: Tránsitos planetarios

Como ya sabrá, la astrología horaria se ocupa de responder a preguntas concretas interpretando las posiciones de los planetas y las estrellas en el momento en que se formula una pregunta. La forma en que se mueve un planeta puede ofrecer una imagen más clara de la respuesta que busca el astrólogo horario. Uno de los factores críticos para comprender estos movimientos es el concepto de tránsitos planetarios. Los tránsitos planetarios son cruciales en la astrología horaria, ya que ayudan al astrólogo a interpretar el estado actual de las cosas y a predecir lo que probablemente ocurrirá. Al comprender los tránsitos planetarios, el astrólogo puede predecir el movimiento de los planetas en el futuro y, por tanto, anticiparse a los posibles acontecimientos que puedan ocurrir.

Comprender el significado de los tránsitos planetarios es imprescindible si usted es un estudiante de astrología horaria. No basta con leer una carta e interpretar su significado sin tener en cuenta los movimientos de los planetas. Los tránsitos planetarios proporcionan información valiosa que le ayudará a interpretar las lecturas horarias con precisión y a obtener una visión del futuro. Este capítulo explora el concepto de tránsitos planetarios con más detalle. Al final de este capítulo, tendrá una comprensión completa de los tránsitos planetarios y su importancia en la astrología horaria. Podrá aplicar estos conocimientos a sus lecturas y obtener una visión más profunda de la actualidad y de los posibles acontecimientos futuros.

Tránsitos planetarios vs. Aspectos

En astrología horaria, el concepto de tránsitos planetarios es especialmente importante. La astrología horaria se ocupa de interpretar las posiciones de los planetas y los astros en el momento en que se plantea una pregunta concreta, con el objetivo de proporcionar respuestas y una visión de la situación. Los tránsitos planetarios en astrología horaria se refieren al movimiento actual de los planetas a través del zodíaco y su relación con los planetas y las casas de la carta horaria. El tránsito de cada planeta por un signo y una casa determinados proporciona información valiosa sobre el estado actual de las cosas y el posible resultado futuro de la situación que se cuestiona.

Por ejemplo, si una persona hace una pregunta horaria sobre su situación financiera. El astrólogo puede fijarse en la posición actual de Júpiter, el planeta asociado a la riqueza y la abundancia, y en su tránsito por las casas y signos de la carta para hacerse una idea de las perspectivas financieras de la persona. A diferencia de los aspectos, que se centran en la relación entre dos planetas en un momento concreto, los tránsitos planetarios proporcionan un contexto más amplio para comprender el movimiento y la influencia del planeta. Al observar los patrones y movimientos más amplios de los planetas, los astrólogos pueden obtener una comprensión más profunda de las energías e influencias que dan forma a la situación.

Aunque tanto los tránsitos planetarios como los aspectos son conceptos importantes en astrología, tienen claras diferencias en su enfoque e interpretación. Los tránsitos planetarios se centran en el movimiento actual de los planetas a través del zodíaco y su relación con las casas y signos de la carta. Este movimiento se produce durante un periodo más largo, días, semanas o incluso meses, dependiendo del planeta y de la duración de su órbita. Los aspectos proporcionan una instantánea de las relaciones planetarias actuales, mientras que los tránsitos planetarios ofrecen un contexto más amplio para comprender el movimiento y la influencia de los planetas. Los tránsitos pueden indicar temas importantes o cambios que probablemente se produzcan en la vida de una persona, mientras que los aspectos proporcionan información más específica sobre las energías e influencias en una situación concreta.

Otra diferencia entre los tránsitos planetarios y los aspectos es la frecuencia con la que se producen. Los aspectos ocurren con relativa frecuencia, a veces varias veces al día, mientras que los tránsitos planetarios son más raros y se producen durante un periodo más largo. Así, mientras que los aspectos pueden proporcionar información sobre influencias y energías a más corto plazo, los tránsitos planetarios pueden ofrecer una visión de tendencias y temas más significativos a largo plazo. En general, tanto los tránsitos planetarios como los aspectos son herramientas importantes en la caja de herramientas del astrólogo y pueden utilizarse conjuntamente para obtener una comprensión más completa de la vida de una persona y de las energías e influencias. Los astrólogos pueden proporcionar lecturas más precisas y reveladoras a sus clientes si comprenden estas diferencias.

Recepción mutua

La recepción mutua es un término astrológico que se refiere a una relación única entre dos planetas que se encuentran en los signos regidos por el otro. Esto ocurre cuando dos planetas se encuentran en signos regidos por el otro planeta, creando una conexión entre ellos que puede potenciar sus energías. Por ejemplo, Venus está en Escorpio y Marte en Libra. En este caso, Venus está en el signo regido por Marte (porque Marte rige Escorpio), mientras que Marte está en el signo regido por Venus (porque Venus rige Libra). Esto crea una recepción mutua entre los dos planetas, lo que indica una conexión armoniosa y el potencial para aumentar la energía y la productividad.

El proceso astrológico de recepción mutua se produce cuando dos planetas se encuentran en los signos de regencia del otro. Esto crea una energía única que puede amplificar la influencia de ambos planetas y producir resultados positivos. En el ejemplo anterior, Venus en Escorpio y Marte en Libra estarían en recepción mutua, ya que se encuentran en los signos de regencia del otro. Cuando los planetas están en recepción mutua, pueden trabajar juntos de forma más integrada y poderosa, lo que conduce a un aumento de la energía, la productividad y la armonía en las áreas de la vida regidas por esos planetas. Por ejemplo, supongamos que Venus y Marte estuvieran en recepción mutua. Podría indicar un momento positivo y productivo para las relaciones y las asociaciones, ya que Venus rige el amor y las relaciones, mientras que Marte rige la acción y la energía.

La recepción mutua es un acontecimiento relativamente raro en astrología, ya que requiere que dos planetas se encuentren en los signos de regencia del otro. Sin embargo, puede ser una influencia poderosa y positiva cuando se produce. El momento en que cada planeta pasa por este proceso puede variar en función de las posiciones específicas de los planetas y de los signos en los que se encuentren. Sin embargo, los astrólogos pueden utilizar programas informáticos o efemérides para calcular las fechas y horas exactas en las que se produce la recepción mutua en función de los movimientos de los planetas por el zodíaco. En general, la recepción mutua es una herramienta valiosa para que los astrólogos interpreten las cartas horarias y obtengan información sobre las relaciones únicas de los planetas.

Otros ejemplos de recepción mutua pueden ser:

1. Venus en Escorpio y Marte en Libra

En este caso, Venus está en Escorpio, regido por Marte, y Marte está en Libra, regido por Venus. Este es un ejemplo habitual de recepción mutua. Cuando estos planetas concretos se encuentran en recepción mutua, pueden encontrarse en el signo natal específico del otro. Esto les permite trabajar juntos de forma armoniosa y expresar sus energías con mayor eficacia.

En este caso, Venus en Escorpio puede acceder a la energía poderosa y transformadora de Marte, ayudando a Venus a expresar su deseo de intimidad y profundidad emocional con mayor eficacia. Por otro lado, Marte en Libra puede beneficiarse de la energía diplomática y armonizadora de Venus, ayudando a Marte a expresar su asertividad y a pasar a la acción con mayor eficacia. Este emplazamiento podría sugerir una relación en la que ambos miembros de la pareja comprenden y aprecian las necesidades y deseos del otro.

2. Mercurio en Piscis y Neptuno en Géminis

Cuando Mercurio y Neptuno están en recepción mutua, significa que cada planeta está en el signo regido por el otro planeta. En este caso, Mercurio está en Piscis (que rige Neptuno), y Neptuno está en Piscis (que *también rige* Neptuno). Esta colocación puede afectar profundamente a su estado mental y a su percepción de la realidad. Mercurio rige la comunicación, el aprendizaje y el pensamiento lógico, mientras que Neptuno representa la intuición, la espiritualidad y el subconsciente. Cuando los dos planetas se encuentran en recepción mutua, sus energías pueden trabajar juntas, creando un periodo de intuición y sensibilidad intensificadas.

Las personas están más en sintonía con su voz interior y con el mundo que les rodea durante esta época. Sus sueños y visiones interiores pueden ser más vívidos y pueden sentirse atraídos por actividades creativas, como la escritura, el arte o la música. Al mismo tiempo, esta colocación puede hacerles más propensos al escapismo y a soñar despiertos, por lo que deben ser conscientes de mantenerse con los pies en la tierra y en la realidad.

3. Júpiter en Aries y Marte en Sagitario

Júpiter y Marte en recepción mutua significa que Júpiter está en Aries (el signo regido por Marte), mientras que Marte está en el signo regido por Júpiter (Sagitario). Esta recepción mutua crea una energía positiva y armoniosa entre estos dos planetas y tiene varias implicaciones. En primer lugar, Júpiter es el planeta de la expansión, el crecimiento y el optimismo, mientras que Marte es el planeta de la acción, la pasión y el impulso. Cuando estos dos planetas se encuentran en recepción mutua, puede indicar un periodo de mayor energía y entusiasmo, especialmente a la hora de perseguir objetivos y asumir riesgos. Las personas pueden sentirse más seguras de sí mismas y dispuestas a asumir retos y probar cosas nuevas durante esta época.

En segundo lugar, esta colocación puede indicar cuándo una persona se siente segura para tomar decisiones y pasar a la acción. La influencia de Júpiter puede aportar un sentimiento de fe y confianza en las capacidades de una persona, mientras que la influencia de Marte puede proporcionar el impulso y la motivación para actuar de acuerdo con esas creencias. Puede ser un momento favorable para iniciar nuevos proyectos, asumir funciones de liderazgo y perseguir pasiones. En general, Júpiter y Marte, en recepción mutua, pueden aportar armonía y equilibrio entre la expansión y la acción, la fe y el impulso, lo que conducirá a un periodo productivo y satisfactorio.

Planetas retrógrados

El movimiento retrógrado en astrología se refiere al retroceso aparente de un planeta observado desde la Tierra. Esto ocurre debido a las diferencias en la velocidad orbital y la distancia de los planetas y el movimiento orbital de la Tierra. Si un planeta está retrógrado, parecerá que se desplaza hacia atrás a través del zodiaco. Sin embargo, esto es sólo una ilusión causada cuando la Tierra pasa por su órbita a un planeta que se mueve más lentamente. Durante este periodo, se cree que la energía del planeta se vuelve hacia dentro, lo que hace que la gente reflexione sobre los temas asociados a ese planeta. Cada planeta pasa por este proceso en momentos diferentes y durante duraciones distintas. Mercurio, Venus, Marte, Júpiter y Saturno experimentan periodos retrógrados.

1. Mercurio retrógrado

Mercurio retrógrado es quizá el periodo retrógrado más conocido de la astrología. Este acontecimiento se produce aproximadamente tres veces al año y dura unas tres semanas. Como en cualquier evento retrógrado, el planeta, en este caso Mercurio, parece retroceder a través del zodiaco. Mercurio está asociado a la comunicación, la tecnología, el transporte y los viajes. Por lo tanto, estas áreas pueden verse afectadas cuando se pone retrógrado y pueden surgir desafíos. Entre las experiencias más comunes durante el retroceso de Mercurio se incluyen los fallos de comunicación, los fallos técnicos, los retrasos y los malentendidos.

Mercurio retrógrado puede afectar a áreas específicas; la comunicación es quizá la más significativa. Puede ser cuando es más probable que se produzcan malentendidos y falta de comunicación, lo que provocará problemas en las relaciones personales y profesionales y retrasos a la hora de hacer las cosas. La tecnología y el transporte pueden verse afectados durante Mercurio retrógrado. No es raro que los ordenadores se estropeen, los teléfonos se estropeen y los coches se averíen durante este periodo. Por lo tanto, sería mejor hacer copias de seguridad de los archivos importantes y evitar hacer compras importantes de tecnología o programar viajes importantes durante este tiempo.

2. Venus retrógrado

Venus retrógrado se considera comparativamente poco frecuente y sólo se produce cada 19 meses, con una duración aproximada de 6 semanas. Durante este periodo, Venus parece retroceder a través del zodiaco, impactando en varios aspectos de la vida, como el amor, las relaciones, la belleza, el arte y los valores. Por lo tanto, cuando entra en retrogradación, estas áreas pueden verse afectadas y pueden surgir desafíos. Puede experimentar una serie de emociones relacionadas con las relaciones personales. Puede ser una época en la que regresen viejos amores o resurjan relaciones pasadas. Sin embargo, recuerde que éstas pueden no ser necesariamente oportunidades para la reconciliación o para reavivar una relación.

Venus retrógrado es un momento para la introspección y la reflexión sobre sus valores y su autoestima. Es un buen momento para cuestionar sus creencias sobre el amor y la belleza y reevaluar si le sirven. Para los esfuerzos creativos, Venus retrógrado puede ser un momento para revisar proyectos pasados o reevaluar su visión artística. Es el momento de revisar lo que ha creado y evaluar si se alinea con sus objetivos creativos actuales.

3. Marte retrógrado

Marte retrógrado tiene lugar cada dos años, durante los cuales el planeta Marte parece retroceder en su órbita. Durante Marte retrógrado, la energía del planeta se intensifica y puede afectar significativamente a las lecturas e interpretaciones astrológicas. Marte se asocia con el impulso, la ambición y la asertividad. Por eso, cuando se pone retrógrado, muchos se sienten frustrados o bloqueados en sus esfuerzos por perseguir sus objetivos, lo que provoca inquietud, impaciencia, agresividad o impulsividad.

En el lado positivo, Marte retrógrado puede ser un momento para la introspección y la autorreflexión. Puede ser una oportunidad para bajar el ritmo, reevaluar prioridades y reflexionar sobre acciones y decisiones. Puede ser un momento para resolver conflictos y trabajar las habilidades de comunicación. Las personas con Aries o Escorpio en su carta astral podrían verse especialmente afectadas por Marte retrógrado, ya que Marte es el planeta regente de ambos signos. Estos signos pueden experimentar emociones exacerbadas, conflictos y desafíos durante este tiempo.

4. Saturno retrógrado

Saturno retrógrado se produce aproximadamente una vez al año y dura unos cuatro meses y medio. Cuando Saturno entra en retrógrado, puede sentirse presionado, sobre todo cuando ha estado descuidando sus responsabilidades o cuando necesita asumir más responsabilidad. Saturno retrógrado puede ser un momento para la autorreflexión y para reevaluar sus objetivos y planes a largo plazo.

Aquellos con Capricornio o Acuario en su carta astral pueden verse especialmente afectados por Saturno retrógrado, ya que estos signos están regidos por Saturno. Durante este tiempo, estos signos pueden experimentar una mayor responsabilidad y presión en su vida profesional y personal.

5. Júpiter retrógrado

Júpiter retrógrado se produce anualmente durante un periodo comparativamente más largo que otros retrocesos, con una duración aproximada de cuatro meses. Júpiter se asocia con la expansión, el crecimiento y la abundancia. Cuando Júpiter se pone retrógrado, la gente siente contracción, sobre todo cuando se ha excedido o se ha extralimitado. Aquellos con Sagitario o Piscis en su carta astral pueden verse especialmente afectados por Júpiter retrógrado, ya que están regidos por Júpiter. Durante este tiempo, estos signos podrían experimentar una mayor introspección y crecimiento interior y centrarse en su desarrollo espiritual y filosófico.

En general, los periodos retrógrados se consideran momentos para la reflexión, la revisión y la reevaluación más que para iniciar nuevos proyectos o realizar cambios importantes. Es importante ser consciente de la energía del planeta retrógrado durante estos periodos y utilizar el tiempo sabiamente para el crecimiento personal y la introspección.

Cuando los planetas entran en combustión

En astrología horaria, la combustión *de un planeta* se produce cuando un planeta se encuentra dentro de los 8,5 grados del Sol y se considera una condición significativa que afecta a la interpretación de una carta horaria. Cuando un planeta está en combustión, sus significadores se debilitan. El calor y la luz del Sol pueden dominar las cualidades y atributos del planeta, dificultando su funcionamiento eficaz. Los planetas más comúnmente afectados por la combustión son Mercurio y Venus, ya que son los planetas más cercanos al Sol. Sin embargo, todos los planetas pueden pasar por un periodo de combustión, dependiendo de su distancia al Sol y de su posición en el zodiaco.

Cuando un planeta está en combustión, se encuentra "bajo los rayos" del Sol. A medida que el planeta se acerca al Sol, se debilita cada vez más y podría no dar sus resultados. Los efectos de la combustión pueden durar distintos periodos, según el planeta y su posición en el zodiaco. Los significadores del planeta podrían no manifestarse con tanta fuerza como de costumbre. Podría haber retrasos, obstáculos o desafíos con los significadores del planeta. La posición del planeta en la carta horaria, su aspecto con otros planetas y la casa que rige deben tenerse en cuenta para comprender su impacto en la carta.

Cuando Mercurio está en combustión, puede afectar a la comunicación, la inteligencia y el pensamiento lógico. Mercurio representa la comunicación, el aprendizaje y el intercambio de información, y cuando está en combustión, provoca malentendidos, retrasos en la comunicación y dificultad para comprender la información. Afecta a la tecnología, el transporte y los viajes, ya que Mercurio rige estas áreas. Durante este periodo, es aconsejable extremar las precauciones en la comunicación y evitar tomar decisiones importantes que requieran una comprensión clara de la información.

Cuando Venus está en combustión, puede afectar a las relaciones, el amor y la creatividad. Venus representa las relaciones sociales, los vínculos románticos y la expresión artística. Cuando Venus está en combustión, puede haber desafíos en estas áreas, como malentendidos, desacuerdos o retrasos. Puede afectar a asuntos de finanzas, artículos de lujo y belleza. Durante este periodo, es aconsejable ser prudente en las relaciones y evitar tomar decisiones financieras importantes o hacer grandes compras de artículos de lujo.

Los tránsitos planetarios en astrología horaria son como señales de tráfico cósmicas, que proporcionan información valiosa sobre el flujo energético del universo y cómo influye en la vida de las personas. Al igual que un conductor experto, un astrólogo hábil puede utilizar esta información para navegar por los vericuetos de la vida, evitando los obstáculos y encontrando el camino más suave hacia su destino. Tanto si busca claridad sobre una cuestión concreta como si simplemente profundiza en su comprensión de la danza cósmica, los tránsitos planetarios ofrecen una lente fascinante e iluminadora a través de la cual contemplar los misterios del universo.

Capítulo 10: Cómo leer cualquier carta horaria

Ha llegado al capítulo final de su exploración en el mundo de la astrología horaria. Es hora de poner a prueba sus conocimientos y habilidades aprendidos. Ha aprendido los símbolos y significados de los planetas, las casas, los aspectos y los tránsitos planetarios. Ahora, es el momento de dar el siguiente paso y aprender a leer una carta horaria para encontrar las respuestas que busca. La astrología horaria es una forma única de adivinación que requiere un momento específico y una pregunta clara para funcionar con eficacia. Es como sintonizar una frecuencia específica en una radio: necesita el momento y el lugar adecuados para acceder a la información que busca. Sin embargo, a diferencia de otras formas de adivinación, la astrología horaria no consiste en cambiar el resultado para que se ajuste a sus deseos. Se trata de obtener una visión y comprensión de una situación y descubrir el mejor camino a seguir.

Interpretar una carta horaria puede resultar difícil y complejo, pero con práctica y paciencia, puede ser una herramienta poderosa para obtener claridad y tomar decisiones. Requiere un buen ojo para los detalles, una mente abierta y confianza en los símbolos y los signos. Al aprender a leer una carta horaria, puede acceder a una perla de sabiduría y orientación más profunda disponible en el momento. Este capítulo destaca los conceptos y técnicas clave para interpretar una carta horaria, proporcionando instrucciones paso a paso y abundantes ejemplos que le ayudarán a empezar. Así pues, empiece a explorar los misterios del universo y descubra lo que las estrellas tienen reservado para usted.

Creación de una carta horaria

Para crear una carta horaria es necesario anotar la hora exacta, el lugar y la pregunta que se formula. Para crear una carta horaria, siga estos pasos:

1. Determine la hora exacta, el lugar y la pregunta que se está formulando. Asegúrese de anotar la hora con la mayor precisión posible, incluidos los segundos, y de que es la hora local de la persona que formula la pregunta. La ubicación de la persona que formula la pregunta es importante, ya que proporciona información para determinar el ascendente y las casas de la carta. Además, la pregunta debe ser clara y específica para permitir una interpretación precisa de la carta.

2. Utilice una efeméride para determinar las posiciones de los planetas y las luminarias (Sol y Luna) en el momento y lugar exactos de la pregunta. Una efeméride es una tabla o un libro que enumera las posiciones de los cuerpos celestes en diferentes momentos. Puede encontrar una efeméride en Internet o en un libro.

3. Determine el ascendente utilizando el lugar y la hora de la pregunta. Es el signo ascendente en el horizonte oriental cuando se formula la pregunta. Puede utilizar una calculadora en línea o consultar una efeméride para determinar el ascendente.

4. Dibuje una carta con el ascendente a la izquierda y los demás signos en el mismo orden en que aparecen en el zodíaco. La carta debe tener 12 casas, con la primera casa empezando en el ascendente y avanzando en sentido contrario a las agujas del reloj.

5. Coloque los planetas y las luminarias en las casas adecuadas de la carta en función de sus posiciones cuando se formule la pregunta. Las posiciones de los planetas se indican en las efemérides. Por ejemplo, si Marte estuviera en el signo de Tauro en el momento de la pregunta, se colocaría en la segunda casa de la carta (correspondiente a Tauro).

6. Considere los aspectos planetarios (ángulos) y sus significados. Los aspectos se forman cuando los planetas se encuentran a ciertos grados de distancia e indican interacciones positivas o negativas entre los planetas. Puede utilizar una calculadora en línea o una efeméride para determinar los aspectos entre

planetas. Ya ha estudiado los aspectos planetarios en capítulos anteriores, y los ejemplos pueden incluir oposiciones, conjunciones o trígonos.

7. Interprete la carta basándose en los principios tradicionales de la astrología horaria, incluidos los significados de las casas, los planetas y los aspectos. La interpretación de la carta es un proceso complejo que requiere el conocimiento del simbolismo astrológico y de los principios tradicionales de interpretación. Si no está familiarizado con estos principios, deberá pedir consejo a un astrólogo experimentado.

Como alternativa, las calculadoras y los programas informáticos de cartas astrales en línea pueden crear una carta basada en la información introducida. Pueden ser útiles para los principiantes que no estén familiarizados con el simbolismo astrológico. Sin embargo, la precisión de la carta generada por el software o las calculadoras puede variar, dependiendo de la calidad del programa y de la exactitud de los datos.

Ejemplo 1:

Utilicemos un ejemplo para explicar mejor la creación de una carta horaria. En este ejemplo, una persona pregunta si recibirá una oferta de trabajo para el puesto específico que solicitó. He aquí los pasos a seguir:

1. Determine la hora, el lugar y la pregunta exactos: Usted formuló la pregunta el 22 de febrero de 2023, a las 15:45 horas, en Los Ángeles, California. La pregunta formulada es: "¿Podré conseguir el puesto que solicité?".

2. Utilice una efeméride para determinar las posiciones de los planetas y las luminarias a la hora y en el lugar exactos de la pregunta: Consultando una efeméride a las 15:45 en Los Ángeles el 22 de febrero de 2023, las posiciones de los planetas y luminarias son las siguientes:
    - Sol 4 grados Piscis
    - Luna: 18 grados Virgo
    - Mercurio: 11 grados Acuario
    - Venus: 2 grados Piscis
    - Marte: 16 grados Capricornio
    - Júpiter: 11 grados Piscis
    - Saturno 9 grados Acuario
    - Urano: 9 grados Tauro

3. Determine el ascendente: Para determinar el ascendente, debe conocer la hora y el lugar exactos de la pregunta. Utilizando una calculadora en línea o una efeméride, el ascendente a las 15:45 en Los Ángeles el 22 de febrero de 2023 es 14 grados Escorpio.
4. Dibuje la carta: puede utilizar un programa informático o dibujar la carta a mano. La carta debe tener el ascendente a la izquierda, y los signos deben estar en el mismo orden en que aparecen en el zodíaco. La carta tendrá 12 casas, con la primera casa empezando en el ascendente y avanzando en sentido contrario a las agujas del reloj. La posición exacta de cada casa en esta carta es:
    o Primera Casa (ascendente): Escorpio
    o Segunda Casa: Sagitario
    o Tercera Casa: Capricornio
    o Cuarta Casa: Acuario
    o Quinta Casa: Piscis
    o Sexta Casa: Aries
    o Séptima Casa: Tauro
    o Octava Casa: Géminis
    o Casa Novena: Cáncer
    o Casa Décima: Leo
    o Casa Undécima: Virgo
    o Casa Doce: Libra
5. Coloque los planetas y las luminarias en las casas apropiadas de la carta: Colóquelos en las casas apropiadas de la carta utilizando las posiciones de los planetas y las luminarias. Por ejemplo, la Luna está en la sexta casa, Venus en la primera y Marte en la novena.
6. Tenga en cuenta los aspectos planetarios. Puede utilizar una calculadora en línea o una efeméride para determinar los aspectos planetarios. Por ejemplo, Marte puede estar formando un aspecto sextil (60 grados) con Júpiter, que se encuentra en la undécima casa.
7. Interpretar la carta: La interpretación de la carta requiere el conocimiento de los principios tradicionales de la astrología horaria, incluidos los significados de las casas, los planetas y los aspectos que ha aprendido en este libro.

Ejemplo 2:

Una persona pregunta si debería comprar un coche concreto al que le ha echado el ojo. He aquí los pasos a seguir:

1. Determine la hora, el lugar y la pregunta exactos: La persona hizo la pregunta el 10 de marzo de 2023, a las 10:30 am en Miami, Florida. La pregunta es: "¿Debería comprar el Toyota Camry azul que vi ayer en el concesionario?".
2. Utilice una efeméride para determinar las posiciones de los planetas y las luminarias en el momento y lugar exactos de la pregunta: Consultando una efeméride a las 10:30 horas de Miami del 10 de marzo de 2023, las posiciones de los planetas y las luminarias son las siguientes:
    - Sol: 19 grados Piscis
    - Luna: 5 grados Capricornio
    - Mercurio: 27 grados Acuario
    - Venus: 28 grados Acuario
    - Marte: 16 grados Tauro
    - Júpiter: 16 grados Piscis
    - Saturno 8 grados Acuario
    - Urano: 14 grados Tauro
3. Determine el ascendente: Para determinar el ascendente, debe conocer la hora y el lugar exactos de la pregunta. Utilizando una calculadora en línea o una efeméride, el ascendente a las 10:30 h en Miami el 10 de marzo de 2023 es 22 grados Cáncer.
4. Dibuje la carta: Puede utilizar un programa informático o dibujar la carta a mano. La carta debe tener el ascendente a la izquierda, y los signos deben estar en el mismo orden en que aparecen en el zodíaco. La carta tiene 12 casas, con la primera casa empezando en el ascendente y avanzando en sentido contrario a las agujas del reloj. La posición exacta de cada casa en esta carta es:
    - Primera Casa (ascendente): Cáncer
    - Segunda Casa: Leo
    - Tercera Casa: Virgo
    - Cuarta Casa: Libra
    - Quinta Casa: Escorpio

- o Sexta Casa: Sagitario
- o Séptima Casa: Capricornio
- o Octava Casa: Acuario
- o Casa Novena: Piscis
- o Casa Décima: Aries
- o Casa Undécima: Tauro
- o Casa Doce: Géminis

5. Coloque los planetas y las luminarias en las casas apropiadas de la carta: Colóquelos en las casas apropiadas de la carta utilizando las posiciones de los planetas y las luminarias. Por ejemplo, la Luna está en la tercera casa, Venus en la tercera casa y Marte en la novena casa.
6. Tenga en cuenta los aspectos planetarios: Puede utilizar una calculadora en línea o una efeméride para determinar los aspectos planetarios. Por ejemplo, Marte puede estar formando un aspecto de trígono (120 grados) con Urano, que se encuentra en la novena casa.
7. Interpretar la carta: La interpretación de la carta requiere el conocimiento de los principios tradicionales de la astrología horaria, incluidos los significados de las casas, los planetas y los aspectos que ha aprendido en este libro.

En la siguiente sección se analiza con más detalle la interpretación de una carta horaria.

Interpretar una carta horaria

Interpretar una carta horaria es un proceso complejo y lleno de matices que requiere una profunda comprensión de los principios de la astrología y la capacidad de sintetizar la información de las distintas áreas de la carta. La carta horaria es una instantánea del momento en que se formuló la pregunta y proporciona información sobre las motivaciones del consultante, la situación y su posible desenlace. Cuando se quiere interpretar una carta horaria en detalle, hay que tener en cuenta la posición de los planetas, los signos y las casas que ocupan e incluso su relación entre sí. Cada colocación y aspecto proporcionan una pieza del rompecabezas. Por lo tanto, ver la carta como un todo es esencial para una interpretación significativa y útil. Con un análisis y una interpretación cuidadosos, una carta horaria puede proporcionar una visión y una orientación valiosas al consultante. A continuación, se detallan los pasos para interpretar una carta horaria:

1. **Identifique el significador primario:** El significador primario es el planeta que rige la casa que representa la pregunta. Por ejemplo, si la pregunta se refiere a un trabajo, la décima casa representaría la pregunta y su planeta regente, Saturno, sería el significador primario.

2. **Busque los significadores secundarios:** Los significadores secundarios son los planetas con una conexión especial con la pregunta o el consultante. Por ejemplo, la Luna representa al consultante, y los planetas en el mismo signo o casa que la Luna serían significadores secundarios.

3. **Considere la posición y los aspectos del *significador primario*:** La posición y los aspectos del significador primario proporcionan información esencial sobre la respuesta a la pregunta. Por ejemplo, si Saturno está en un aspecto favorable con Venus, esto podría indicar un resultado positivo sobre el trabajo.

4. **Busque las intercepciones y anule, por supuesto, los planetas: Las intercepciones se producen cuando un signo es interceptado dentro de una casa.** Pueden indicar resultados ocultos o retrasados sobre la cuestión. Los planetas vacíos de curso no realizan ningún aspecto importante antes de salir del signo que ocupan. Pueden indicar retrasos o falta de progreso sobre la cuestión.

5. **Considere la posición y los aspectos de la Luna:** La posición y los aspectos de la Luna proporcionan información sobre el estado emocional del consultante y su implicación en la situación. Por ejemplo, si la Luna está en un aspecto favorable con el significador primario, esto podría indicar que el consultante está en una posición excelente para lograr el resultado deseado.

6. **Busque dignidades accidentales:** Las dignidades accidentales son factores que influyen en la fuerza o debilidad de un planeta en una carta. Por ejemplo, si un planeta está en su propio signo, en un aspecto favorable con un planeta benéfico o en el mismo signo que el ascendente, podría considerarse fuerte.

7. **Busque el dispositor final:** Un dispositor final es el planeta con más poder en una carta debido a que está a cargo de otros planetas a través de diversas colocaciones en las casas. Por ejemplo, si Marte es el dispositor final de la carta, su influencia será mayor.

8. **Considere la carta como un todo** Es esencial ver la carta como un todo y considerar todos los factores comentados anteriormente a la hora de interpretar una carta horaria. Un astrólogo experimentado puede proporcionar un análisis más profundo y matizado.

En general, la interpretación de una carta astral puede ser un proceso complejo que requiere una buena comprensión de los principios de la astrología y la capacidad de sintetizar la información de las distintas áreas de la carta. Se recomienda a cualquier persona que desee interpretar una carta horaria que consulte a un astrólogo experimentado.

Una interpretación de la primera carta de ejemplo comentada anteriormente tendrá este aspecto::

1. **Identifique el significador primario:** El significador primario puede identificarse teniendo en cuenta algunos factores. La décima casa representa el trabajo y su planeta regente es Júpiter, por lo que Júpiter es el significador primario.

2. **Busque los significadores secundarios:** La Luna representa al consultante, por lo que es un significador secundario. En esta carta, la Luna está en el mismo signo que Júpiter, lo que indica una fuerte conexión entre el consultante y el trabajo.

3. **Considere la posición y los aspectos del significador primario:** Júpiter está en el signo de Capricornio y, en la undécima casa, una posición favorable para los asuntos relacionados con el trabajo. Júpiter está en estrecha conjunción con Venus, que representa la armonía y los resultados positivos. Estos factores sugieren un resultado positivo para el consultante sobre el trabajo.

4. **Busque intercepciones y planetas de rumbo nulo:** Esta carta no tiene intercepciones ni planetas anulados.

5. **Considere la posición y los aspectos de la Luna:** La Luna está en el signo de Capricornio, que es el mismo signo que Júpiter, lo que indica una fuerte conexión entre el consultante y el trabajo. La Luna está en un aspecto favorable con Júpiter y

Venus, lo que indica además un resultado positivo sobre el trabajo.

6. **Busque dignidades accidentales:** Júpiter está en su propio signo, una fuerte dignidad accidental, y se encuentra en un aspecto favorable con Venus, otro planeta benéfico, lo que refuerza aún más la posición de Júpiter en la carta.

7. **Busque el dispositor final:** Júpiter es el dispositor final de la carta, ya que es el regente del ascendente y de la casa que representa el trabajo. Esto indica que Júpiter tiene una fuerte influencia y poder sobre la carta.

8. **Considere la carta en su conjunto:** En conjunto, la carta sugiere un resultado positivo para el consultante sobre el trabajo. Júpiter, el significador primario, está en una posición fuerte y favorable, y la Luna, que representa al consultante, está bien aspectada. No hay factores negativos significativos en la carta, lo que apoya aún más un resultado positivo. Sin embargo, la astrología no es determinista, por lo que podría haber otros factores que no pueden captarse plenamente en la carta.

Una interpretación para el segundo ejemplo (una persona que pregunta si debe comprar un coche) tendría estos pasos:

1. **Identifique el significador primario:** La pregunta se refiere a la compra de un coche, que cae bajo el dominio de la segunda casa. El planeta regente de la segunda casa es Venus, por lo que Venus es el significador primario.

2. **Busque los significadores secundarios:** La Luna representa al consultante, y los planetas en el mismo signo o casa que la Luna serían significadores secundarios.

3. **Considere la posición y los aspectos del significador primario:** Venus está en Aries en la novena casa, lo que sugiere que la persona está entusiasmada y ansiosa con la idea de comprar el coche. Venus está en aspecto cuadrado con Marte en Capricornio, lo que indica posibles obstáculos o conflictos sobre la compra.

4. **Busque intercepciones y planetas de rumbo nulo:** Esta carta no tiene intercepciones ni planetas anulados.

5. **Considere la posición y los aspectos de la Luna:** La Luna está en Géminis en la cuarta casa, lo que sugiere que el consultante es curioso y busca información sobre el coche. La Luna está en aspecto cuadrado con Neptuno en Piscis en la tercera casa, lo que indica confusión o engaño en torno a la compra.
6. **Busque dignidades accidentales:** Venus está en su propio signo de Aries, un factor positivo que indica fuerza y potencia.
7. **Busque el dispositor final:** Júpiter es el dispositor final en esta carta, ya que rige a la Luna en Géminis y a Venus en Aries.
8. **Considere la carta en su conjunto:** La carta sugiere que, aunque la persona está entusiasmada con la perspectiva de comprar el coche, podría haber algunos conflictos que deben abordarse antes de finalizar la compra. El aspecto de la Luna con Neptuno sugiere confusión o engaño en torno a la compra. Por lo tanto, la persona debería recabar más información antes de decidirse.

Crear e interpretar una carta horaria puede ser un proceso complejo. Aun así, con los conocimientos y técnicas que ha aprendido en este capítulo, está en el buen camino para convertirse en un experto practicante de la astrología horaria. Recuerde, tómese su tiempo para considerar detenidamente la pregunta, consultar una efeméride y dibujar la carta con precisión. A medida que interprete la carta, preste atención a las relaciones entre los planetas, las casas y los aspectos. Consulte siempre los capítulos anteriores y el glosario para identificar rápidamente los distintos glifos y símbolos de la carta. Puede llegar a dominar este antiguo y poderoso arte adivinatorio con práctica y dedicación.

Glosario de términos y glifos

Zodiacs

Aries (♈) - Aries es el primer signo del zodíaco y representa la iniciativa propia, la energía, el valor y el liderazgo. Está simbolizado por el carnero, una criatura que carga hacia delante con agresividad, representando su naturaleza asertiva.

Tauro (♉) - Tauro es un signo de tierra centrado en las ganancias materiales y la estabilidad. El glifo del toro asociado a este signo refleja su terquedad y paciencia mientras persigue lo que desea.

Géminis (♊) - Géminis es un signo de aire representado por dos figuras de gemelos unidas por la cabeza. Esta conexión simboliza la comunicación y la dualidad, cualidades características de un individuo Géminis.

Cáncer (♋) - Cáncer es un signo de agua y su glifo es el cangrejo, que simboliza las reacciones instintivas, la protección y la sensibilidad. Este signo rige el hogar y las emociones, por lo que es muy nutritivo por naturaleza.

Leo (♌) - Leo es un signo de fuego representado por el león, una criatura que exhibe fuerza, valor, lealtad y sabiduría. Es un signo extrovertido centrado en el juego y la creatividad.

Virgo (♍) - Virgo es un signo de tierra representado por la virgen, que simboliza la pureza de corazón y mente. Este signo tiene tendencias analíticas y se centra en los detalles, especialmente cuando se trata de tareas de resolución de problemas.

Libra (♎) - Libra es un signo de aire representado por la balanza, que simboliza el equilibrio y la justicia. Este signo es diplomático por naturaleza, esforzándose siempre por alcanzar la armonía en cualquier situación.

Escorpio (♏) - Escorpio es un signo de agua y su glifo es el escorpión, que simboliza la fuerza de carácter y la capacidad para sobrevivir y superar obstáculos. Tiene un aura misteriosa a su alrededor, ya que se considera uno de los signos más intensos del zodíaco.

Sagitario (♐) - Sagitario es un signo de fuego representado por un arquero que simboliza el valor, el optimismo, un espíritu amante de la libertad y el entusiasmo por la vida. A un sagitariano le encantan las aventuras y explorar nuevos lugares.

Capricornio (♑) - Capricornio es un signo de tierra representado por la cabra, que simboliza la ambición, la disciplina y el trabajo duro. Este signo es de naturaleza práctica y adopta un enfoque metódico para alcanzar sus objetivos.

Acuario (♒) - Acuario es un signo de aire representado por el aguador, que simboliza el conocimiento, la inteligencia y el humanitarismo. A un individuo de Acuario le encanta estar rodeado de gente, pero también necesita mucho tiempo a solas para la introspección.

Piscis (♓) - Piscis es un signo de agua representado por dos peces que nadan en direcciones opuestas, uno representa el mundo espiritual y el otro el mundo material. Un individuo pisciano tiene como rasgos principales la sensibilidad, la imaginación y la creatividad.

Tres primos alquímicos

Cardinal: Este primo representa la acción, el arranque y el movimiento. Se asocia a los signos zodiacales Aries, Cáncer, Libra y Capricornio y suele aparecer como un triángulo invertido o un símbolo en forma de punta de flecha en una carta del horóscopo. Refleja nuestra capacidad para tomar la iniciativa y tomar decisiones con el fin de alcanzar nuestros objetivos.

Mutable: Este primo significa capacidad de cambio y adaptabilidad. Se asocia con los signos zodiacales Géminis, Virgo, Sagitario y Piscis y suele aparecer como un símbolo de onda en una carta horaria. Refleja nuestra capacidad para ajustarnos a las circunstancias cambiantes y adaptarnos rápidamente a las nuevas situaciones.

Fijo: Este primo representa la estabilidad y la constancia. Se asocia con los signos zodiacales Tauro, Leo, Escorpio y Acuario y suele aparecer como un símbolo de cruz en una carta horaria. Refleja nuestra capacidad para mantenernos centrados en nuestros objetivos a pesar de las posibles perturbaciones o distracciones.

Planetas

Sol ☉: El Sol representa el yo consciente, ofreciendo claridad en asuntos relacionados con la identidad y el propósito. Simboliza la vitalidad, la creatividad y la ambición. Su presencia sugiere pasar a la acción para manifestar sus deseos y perseguir nuevos empeños. El glifo del Sol parece un círculo con un punto en el centro, lo que representa su fuerte enfoque en la consecución de objetivos y la expresión creativa.

Luna ☽: La Luna simboliza el subconsciente, proporcionando una visión de sus motivaciones y emociones inconscientes. Este planeta se asocia con la intuición, las emociones, el instinto y los deseos inconscientes. Su presencia sugiere explorar sus profundidades interiores y comprenderle mejor como persona. El glifo de la Luna tiene forma de luna creciente, lo que representa su conexión con sus necesidades emocionales.

Mercurio ☿: Mercurio representa el intelecto y la comunicación, ayudando a dar sentido al mundo mediante el análisis y la razón. Fomenta la curiosidad, la exploración y el aprendizaje de cosas nuevas. Su presencia sugiere prestar más atención a sus pensamientos e ideas para comprenderse mejor a sí mismo y a la gente que le rodea. El glifo de Mercurio parece un círculo con una cruz en su interior, simbolizando su capacidad para poner orden en el caos.

Venus ♀: Venus simboliza el amor, la belleza y la armonía. Le anima a buscar el placer y la comodidad en su vida y a apreciar la belleza que le rodea. Su presencia sugiere disfrutar de los lujos de la vida y encontrar la alegría en los placeres sencillos. El glifo de Venus parece un círculo con una flecha apuntando hacia arriba, simbolizando su conexión con nuestra capacidad de amar y apreciar.

Marte ♂: Marte representa la energía, la pasión y la agresividad. Le ayuda a pasar a la acción para conseguir sus objetivos y superar los obstáculos. Su presencia sugiere dar pasos decisivos hacia el éxito en lugar de esperar pasivamente a que las cosas sucedan. El glifo de Marte tiene forma de flecha apuntando hacia delante, lo que representa su voluntad de seguir adelante a pesar de los desafíos a los que pueda enfrentarse.

Júpiter ♃: Júpiter simboliza la expansión y la abundancia, ayudándole a crecer y a tener éxito en sus esfuerzos. Le anima a asumir riesgos, apuntar alto y alcanzar las estrellas. Su presencia sugiere aprovechar al máximo las oportunidades que se le presenten. El glifo de Júpiter parece una estrella de cuatro puntas, lo que representa su capacidad para atraer la suerte y el éxito a nuestras vidas.

Saturno ♄: Saturno representa la estructura, la disciplina y la responsabilidad. Ayuda a crear orden en su vida estableciendo límites y tomando el control de su entorno. Su presencia sugiere la creación de normas y reglamentos para hacer las cosas con eficacia y eficiencia. El glifo de Saturno tiene forma de cruz dentro de un círculo, simbolizando su capacidad para poner orden en el caos.

Urano ♅: Urano simboliza la rebelión y la perturbación, ayudando a liberarse de entornos opresivos y a defender aquello en lo que cree. Su presencia sugiere emprender acciones audaces para lograr sus objetivos sin temer las consecuencias. El glifo de Urano parece una cruz invertida dentro de un círculo, lo que representa su capacidad para derribar el statu quo.

Neptuno ♆: Neptuno simboliza la intuición y la espiritualidad, proporcionando una visión de las fuerzas invisibles que actúan en nuestras vidas. Nos anima a explorar nuestro lado espiritual y a conectar con los poderes superiores. Su presencia sugiere confiar en sus instintos a la hora de tomar decisiones. El glifo de Neptuno parece dos medias lunas superpuestas, lo que representa su capacidad para abrirnos a reinos invisibles de comprensión.

Plutón ♇: Plutón representa la transformación y el renacimiento, ayudándole a enfrentarse a sus miedos y a realizar cambios drásticos. Su presencia sugiere mirarse a sí mismos con dureza y encontrar el valor para desprenderse de viejos patrones que ya no les sirven. El glifo de Plutón parece un óvalo con una cruz en su interior, simbolizando su capacidad para ayudarnos a liberarnos de formas de pensar anticuadas.

Aspectos planetarios

1. **Conjunción (☌):** Este aspecto se produce cuando dos planetas están muy próximos entre sí y sus energías convergen. Suele interpretarse como la representación de una unión entre ambas partes o una intensificación de la energía de cualquiera de ellas, según el contexto.

   2. **Oposición (☍):** Este aspecto se produce cuando dos planetas se encuentran a 180 grados el uno del otro en relación con la posición de la Tierra. Suele sugerir tensión entre dos fuerzas, conflicto y posiblemente incluso opiniones o valores contrapuestos.

   3. **Cuadratura (□):** Este aspecto se produce cuando dos planetas se encuentran a 90 grados el uno del otro en relación con la posición de la Tierra. Generalmente se interpreta como la representación de obstáculos o desafíos que deben superarse para obtener un resultado satisfactorio.

   4. **Trígono (△):** Este aspecto se produce cuando dos planetas se encuentran a 120 grados el uno del otro en relación con la posición de la Tierra. Suele simbolizar la armonía, el equilibrio, la comprensión mutua entre dos fuerzas y una oportunidad de crecimiento y desarrollo.

   5. **Sextil (∗):** Este aspecto se produce cuando dos planetas se encuentran a 60 grados el uno del otro en relación con la posición de la Tierra. Suele indicar oportunidades potenciales o condiciones favorables que pueden surgir si uno las aprovecha.

   6. **Quintil (◉):** Este aspecto se produce cuando dos planetas se encuentran a 72 grados el uno del otro en relación con la posición de la Tierra. Suele interpretarse como un indicio o una pista que puede llevar a uno a descubrir potenciales ocultos o capacidades latentes que pueden ser beneficiosas si se aprovechan.

   7. **Semisextil (△):** Este aspecto se produce cuando dos planetas se encuentran a 30 grados de distancia el uno del otro en relación con la posición de la Tierra. A menudo simboliza cambios o desarrollos sutiles pero importantes que podrían tener implicaciones de gran alcance dependiendo de cómo se manejen.

8. **Semicuadratura (△):** Este aspecto se produce cuando dos planetas se encuentran a 45 grados el uno del otro en relación con la posición de la Tierra. Suele sugerir que se debe tener precaución a la hora de tomar decisiones o establecer acuerdos, ya que hacerlo puede acarrear complicaciones.
9. **Sesquicuadratura (△):** Este aspecto se produce cuando dos planetas se encuentran a 135 grados uno del otro en relación con la posición de la Tierra. Interpretado negativamente, puede sugerir energía bloqueada o dificultad para resolver conflictos. Sin embargo, interpretado positivamente, puede indicar la necesidad de un mayor esfuerzo y concentración en una tarea o proyecto para obtener resultados satisfactorios.
10. **Quincuncio (⚼):** Este aspecto se produce cuando dos planetas se encuentran a 150 grados uno del otro en relación con la posición de la Tierra. Suele simbolizar la necesidad de transigir o ajustar la mentalidad para poder avanzar. También puede indicar una solución potencial si se mira desde la perspectiva adecuada.
11. **Paralelo (||):** Este aspecto se produce cuando dos planetas están alineados entre sí, pero no en conjunción exacta. Suele sugerir dos fuerzas que trabajan juntas hacia metas u objetivos comunes y la posibilidad de adquirir conocimientos sobre la mejor forma de alcanzar esos resultados.

Ángulos

Ascendente A^{sc}: El Ascendente o signo ascendente es el signo que se elevaba en el horizonte en el momento exacto del nacimiento. Forma el punto oriental de una carta astrológica y puede considerarse como una lente a través de la cual viajan todas las energías, enmarcando su comportamiento y actitud ante la vida. El glifo de este ángulo es la figura estilizada de una flecha apuntando hacia arriba.

Mediocielo M^c: Este ángulo representa nuestra ambición, nuestros objetivos profesionales y nuestra reputación pública. Su colocación en una carta revela cómo podemos expresarnos ante los demás, qué tipo de trabajo nos conviene más y cómo alcanzaremos el éxito en la vida. El glifo de este ángulo parece dos V invertidas, una dentro de la otra.

Vértice Vx: Este ángulo es una especie de "punto fatídico", que representa el destino, la suerte y el poder de la fatalidad. A menudo parece una coincidencia o un encuentro fortuito que se produce justo en el momento adecuado. El símbolo de este ángulo parece un triángulo invertido del que salen cuatro líneas. Cada línea representa un lado de la cuadratura que contiene el viaje de su vida. El vértice le ayuda a dar sentido a estas direcciones comprendiendo cómo todas ellas se interconectan y forman un todo mayor.

Conclusión

A medida que viaje por el rico paisaje de la astrología horaria, descubrirá que esta antigua práctica es tanto un arte como una ciencia. Las reglas y directrices proporcionan un marco útil, pero su intuición, experiencia y conexión con la energía del universo le guiarán en última instancia en la interpretación de la carta. Aprender este arte le permitirá acceder a una perla de sabiduría más profunda que trasciende la astrología.

Al prestar atención a las sutiles señales y mensajes que surgen en su interior y a su alrededor, desarrollará una mayor conciencia e intuición que le serán de gran utilidad en todos los ámbitos de su vida. Tanto si busca orientación sobre un tema concreto como si simplemente explora la vasta extensión del conocimiento astrológico, cuanto más se dedique a la práctica, más obtendrá de ella.

En ocasiones, la astrología horaria puede desafiarle a enfrentarse a verdades difíciles o a tomar decisiones duras. Pero con cada lectura, obtendrá una comprensión más profunda de sí mismo y del mundo que le rodea y desarrollará un mayor aprecio por la complejidad y la belleza de la vida. Cuando practique la astrología horaria, acérquese a cada carta con reverencia y respeto. Recuerde que está trabajando con fuerzas que escapan a su control; su papel es escuchar, observar y responder con humildad y gracia.

Este libro le ha revelado la intrincada danza entre los planetas y el zodíaco y cómo estos patrones ofrecen una visión de las preguntas que le rondan por la cabeza. Pero quizá el mayor regalo de la astrología horaria no esté en las respuestas que proporciona, sino en las preguntas que inspira. Al animarle a hacer una pausa, reflexionar y sintonizar con los ritmos del universo, la astrología horaria le ofrece un poderoso recordatorio de la interconexión de todas las cosas.

Recuerde siempre que la astrología horaria es una herramienta de crecimiento y descubrimiento, no un medio de control o predicción. La carta ofrece una valiosa perspectiva sobre una cuestión o situación concreta, pero depende de usted utilizar la información para tomar decisiones que se ajusten a sus valores y objetivos. Recuerde que la astrología horaria es sólo una herramienta de su caja de herramientas. Le ofrece una visión y una orientación valiosas, pero en última instancia depende de usted tomar las riendas de su vida y trazar su camino a seguir.

Así pues, en su viaje por el fascinante mundo de la astrología horaria, déjese guiar por la sabiduría de las estrellas, el poder de su intuición y las infinitas posibilidades del universo. Inspírese, motívese y anímese a vivir su mejor vida utilizando la astrología horaria como guía definitiva.

Segunda Parte: Retornos solares

La guía definitiva sobre el retorno del sol, la astrología predictiva para principiantes, las doce casas, los planetas en tránsitos y la interpretación de cartas astrológicas

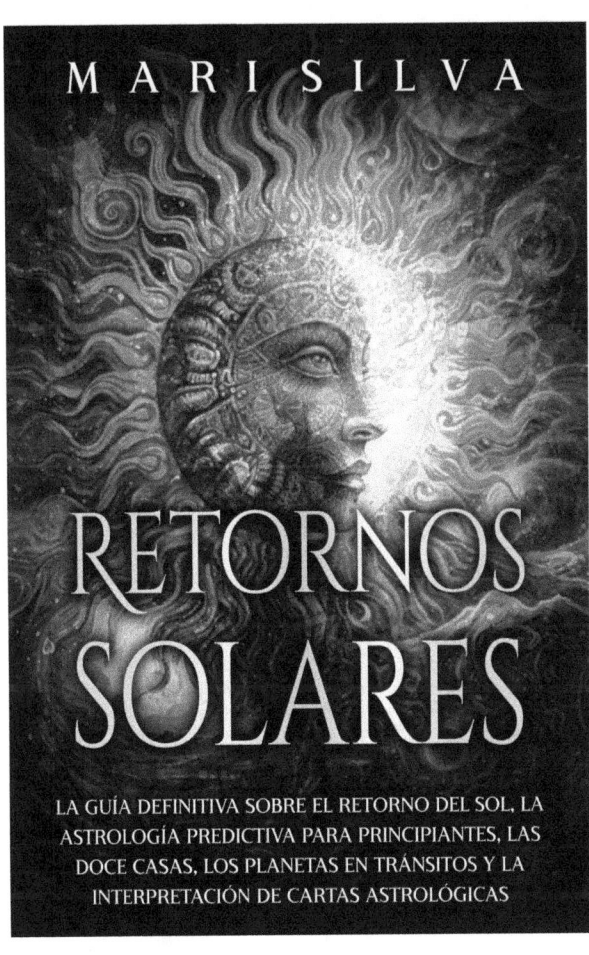

Introducción

¿Alguna vez se ha sentido como si flotara sin rumbo por la vida, sin una dirección clara? ¿Se ha preguntado alguna vez por qué algunos años parecen estar llenos de lucha constante mientras que otros parecen fluir con facilidad? Si es así, quizá esté buscando una comprensión más profunda del camino y el propósito de su vida. No busque más allá en "retornos solares, la guía definitiva del retorno del sol".

Este libro es una completa guía de astrología predictiva para principiantes, que ofrece una introducción clara y concisa a las doce casas, los planetas en tránsito y la interpretación de la carta astral. Tanto si es nuevo en la astrología como si lleva tiempo explorándola, este libro le proporcionará las herramientas necesarias para desentrañar los misterios de su carta astral y comprender mejor las fuerzas cósmicas que actúan en su vida.

Lo que diferencia a "retornos solares" de otros libros de astrología del mercado es su enfoque sencillo de lo que, de otro modo, podría considerarse un tema muy complejo. Este libro se ha diseñado específicamente pensando en los principiantes, y ofrece instrucciones fáciles para seguir y métodos prácticos que le ayudarán a interpretar su carta astral y a comprender mejor su futuro. Con sus explicaciones claras y su guía paso a paso, "retornos solares" le ayudará a construir una base sólida de conocimientos astrológicos y a desarrollar su propio estilo astrológico.

Pero este libro es algo más que una guía de astrología para principiantes. "Retornos solares" se centra en el acontecimiento anual del regreso del sol a su posición exacta de nacimiento, conocida como la carta de los retornos solares o carta solar. Esta carta proporciona una visión de los temas y retos a los que se enfrentará en el próximo año y puede ayudarle a navegar por los vaivenes de la vida con mayor facilidad y claridad. Al comprender el significado de su carta solar, puede aprovechar el poder de los planetas y las estrellas para tomar decisiones conscientes que se alineen con su propósito superior.

Sí está preparado para profundizar en su comprensión de la astrología y desvelar los secretos de su carta astral, "retornos solares, la guía definitiva del retorno del sol" es el libro que necesita. Con su lenguaje claro y conciso y su enfoque práctico, este libro le permitirá tomar las riendas de su vida y navegar por las fuerzas cósmicas con mayor facilidad y gracia. ¿Por qué esperar? Dé hoy el primer paso en su viaje astrológico y descubra el poder transformador de las estrellas.

Capítulo 1: Entender los retornos solares

¿Qué es una revolución o retorno solar?

Un retorno solar no es un extraño movimiento de baile o una nueva receta de cóctel, aunque es fácil entender que la frase pueda sonar un poco peculiar para los no iniciados. No, en astrología, una revolución solar es un acontecimiento importante que se produce cuando el Sol vuelve a la posición exacta que tenía en el zodiaco en el momento de su nacimiento. Este acontecimiento cósmico marca el comienzo de un nuevo año astrológico para usted. Muchos astrólogos creen que podemos deducir la energía y los temas del año venidero analizando la posición de los planetas y las estrellas en el momento del retorno solar.

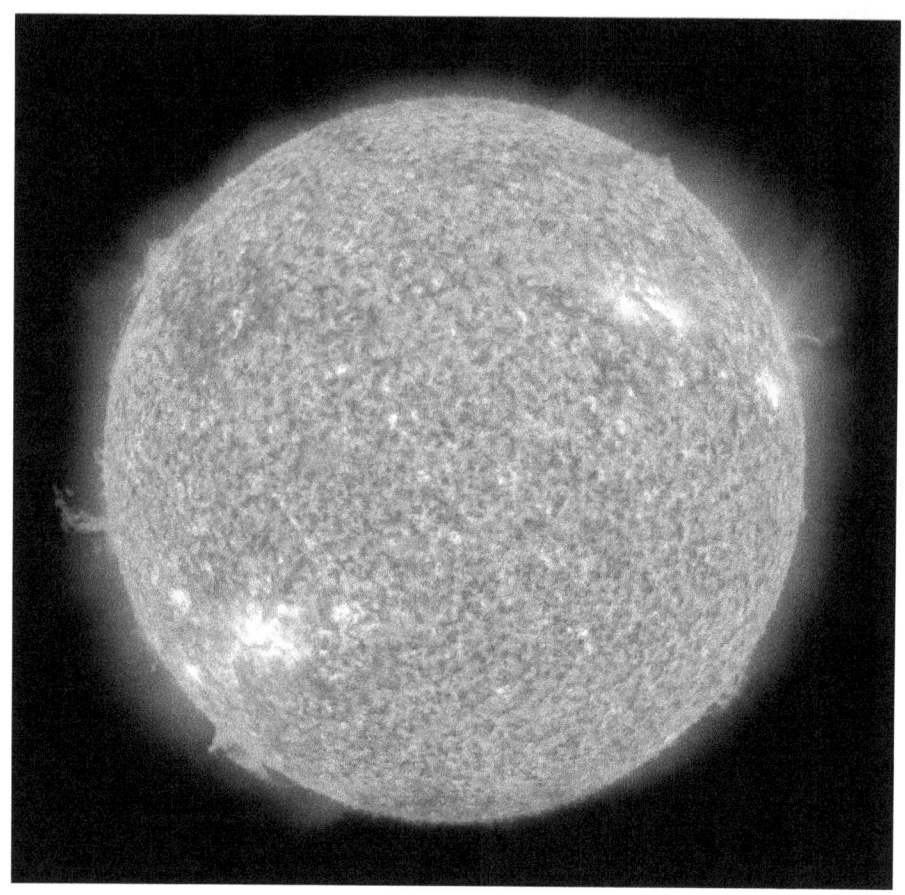

Un retorno solar es un acontecimiento importante que se produce cuando el Sol vuelve a la posición exacta que ocupaba en el zodíaco en el momento de su nacimiento[17]

Es un poco como celebrar un año nuevo personal, un momento para reflexionar sobre el pasado y fijar propósitos para el futuro. Algunas personas eligen celebrar la ocasión con rituales o ceremonias, mientras que otras simplemente toman nota de la fecha y la utilizan como punto de referencia a lo largo del año. Por supuesto, como ocurre con todo lo relacionado con la astrología, existen opiniones divergentes sobre el significado de los retornos solares, y no todo el mundo cree en la idea de utilizar la astrología como herramienta de crecimiento y comprensión personal. Pero para quienes sí lo hacen, una revolución solar puede ser un momento poderoso para conectar con los ritmos del universo y comprender mejor el camino de la vida.

La conexión entre la astrología y los retornos solares

La astrología predictiva es una rama específica que se centra en hacer predicciones sobre acontecimientos y tendencias futuros basándose en el movimiento de los planetas y las estrellas. A diferencia de otras formas de astrología, que se centran más en comprender el carácter o la psicología interna de una persona, la astrología predictiva se centra principalmente en lo que está por venir.

Aunque todas las formas de astrología se basan en los mismos principios fundamentales, la astrología predictiva se basa en diferentes técnicas y enfoques para interpretar las cartas astrológicas. Por ejemplo, un astrólogo predictivo puede utilizar los tránsitos (la posición actual de los planetas) para hacer predicciones sobre acontecimientos futuros o analizar las progresiones (el movimiento de la carta natal a lo largo del tiempo) para comprender mejor los temas principales de la vida de una persona.

Esta forma de astrología puede ser una herramienta poderosa para conocer el futuro y prepararse para lo que está por venir, pero es importante recordar que la astrología no es una bola de cristal. Aunque la astrología puede proporcionar una guía y un apoyo valiosos, en última instancia, cada persona debe tomar sus propias decisiones en la vida. El hecho de elegir la astrología predictiva u otras formas de astrología es una elección muy personal, y no hay una única forma correcta de practicar este arte milenario. En última instancia, lo más importante es que utilice la astrología como herramienta de autorreflexión, crecimiento y transformación, y que permita que la sabiduría de las estrellas le guíe en su viaje.

El concepto de retorno solar forma parte de la práctica astrológica (incluida la astrología predictiva) desde hace siglos. Los antiguos astrólogos utilizaban el movimiento del Sol y las estrellas para seguir el paso del tiempo y comprender mejor la experiencia humana. En la astrología moderna, la carta solar se crea observando la posición de los planetas y las estrellas en el preciso momento en que el Sol regresa a su posición natal. Esta carta proporciona una panorámica de las energías y los temas que estarán presentes en el año venidero, lo que permite al individuo prepararse y aprovechar al máximo las oportunidades y los retos que puedan surgir.

Curiosamente, algunos astrólogos creen que la carta solar puede ser más precisa para predecir acontecimientos que la carta astral. Esto se debe a que la carta solar es específica de cada año, mientras que la carta astral permanece invariable a lo largo de toda la vida. También hay que tener en cuenta que la carta astral es solo una de las muchas técnicas astrológicas que se utilizan para comprender la experiencia humana. Desde el movimiento de los planetas y las estrellas hasta el estudio de las casas y los aspectos astrológicos, la astrología ofrece un sistema rico y complejo para comprender los misterios del universo y nuestro lugar en él. En definitiva, no se puede negar que el retorno solar puede ser una valiosa herramienta de autorreflexión, crecimiento y transformación para aquellos que se sienten atraídos por las estrellas y la sabiduría que ofrecen.

Contexto histórico y cultural

La astrología y el estudio de los astros forman parte de la cultura humana desde hace milenios. Los antiguos babilonios, por ejemplo, eran conocidos por sus avanzadas observaciones y cálculos astronómicos. Utilizaban su conocimiento de las estrellas para desarrollar un complejo sistema de astrología vinculado a los ciclos lunares y al movimiento de los planetas.

Los egipcios también estaban fascinados por las estrellas y sus movimientos, y desarrollaron un complejo sistema de astrología basado en el concepto de armonía cósmica. Creían que el movimiento de las estrellas y los planetas estaba íntimamente relacionado con el destino de los individuos y las naciones. Utilizaban sus conocimientos de astrología para predecir el resultado de batallas y otros acontecimientos importantes.

Los griegos, a quienes a menudo se atribuye la fundación de la astrología occidental moderna, también creían en el poder de los astros y su influencia en los asuntos humanos. Por ejemplo, se dice que el filósofo Pitágoras utilizó la astrología para predecir el resultado de los Juegos Olímpicos, mientras que el poeta Hesíodo escribió sobre la influencia astrológica en las estaciones y los ciclos de la Tierra.

En cada una de estas culturas y en muchas otras a lo largo de la historia, el estudio de las estrellas se consideraba una forma de comprender los misterios del universo y de la experiencia humana. El retorno solar y la creación de una carta solar son solo una de las muchas técnicas utilizadas para aprovechar el poder de las estrellas y obtener una comprensión más profunda de uno mismo y del mundo que nos rodea.

La revolución solar y la creación de una carta solar son prácticas ancestrales utilizadas durante siglos para marcar el paso del tiempo y comprender mejor la experiencia humana. Desde los antiguos babilonios hasta los egipcios, pasando por los griegos, el estudio de las estrellas y sus movimientos ha sido una parte fundamental de la cultura humana y de los sistemas de creencias durante miles de años.

En muchas culturas, el sol se consideraba un símbolo de vida y vitalidad, y el retorno del sol a su posición natal se celebraba como un momento de renovación y renacimiento. Por ejemplo, los antiguos romanos celebraban el solsticio de invierno (la noche más larga del año) con el festival de saturnalia. Durante ese tiempo, honraban al dios Sol Invictus e intercambiaban regalos y banquetes.

En el ámbito de la astrología, se dice que la carta solar ofrece valiosas perspectivas sobre el año venidero y puede ayudar a las personas a prepararse para los retos y oportunidades que puedan surgir. Al observar la posición de los planetas y las estrellas en el momento en que el Sol regresa a su posición natal, los astrólogos pueden vislumbrar las energías y los temas que estarán presentes en el año venidero. Pero la revolución solar no solo sirve para predecir el futuro, sino también para honrar los ciclos vitales y los ritmos naturales del universo. Si sintoniza con la sabiduría de las estrellas y sus movimientos, podrá profundizar en su conexión con usted mismo, con los demás y con el mundo que le rodea.

Así que, mientras explora el mundo de la astrología y los misterios del retorno solar, recuerde que forma parte de una larga y rica tradición que abarca todas las épocas. Tanto si utiliza la astrología como herramienta de autorreflexión o predicción, o simplemente para conectar con la belleza y la maravilla del universo, sepa que forma parte de un gran tapiz tejido por las propias estrellas.

Ventajas de trabajar con su retorno solar

Al trabajar con su carta solar, puede obtener información valiosa sobre los principales temas y tendencias que probablemente surgirán en su vida durante el próximo año. Esto puede incluir diversos factores, como cambios en su carrera profesional o en sus relaciones, oportunidades de crecimiento y desarrollo personal y retos que deberá superar. La carta solar puede proporcionarle una hoja de ruta para navegar por estas diferentes experiencias y retos, ayudándole a mantenerse centrado y con los pies en la tierra, incluso en momentos de incertidumbre y cambio. Al comprender mejor la energía y los temas que estarán presentes en su vida durante el próximo año, podrá prepararse para afrontar estos retos y aprovechar las oportunidades que surjan.

Esto puede ser especialmente valioso si está atravesando un periodo de transición o incertidumbre en su vida, como empezar un nuevo trabajo, terminar una relación o embarcarse en un proyecto personal importante. Con la carta del retorno solar, puede prepararse mejor para superar estos retos con elegancia, salir fortalecido y más resistente al otro lado.

Además, la carta puede ayudarle a comprender mejor su crecimiento y desarrollo personal a lo largo del año. Es posible que descubra áreas en las que necesita mejorar, crecer y, con este conocimiento, podrá tomar medidas intencionadas para cultivar el crecimiento personal y convertirse en la mejor versión de sí mismo.

Otro de los beneficios de utilizar una carta solar es que puede guiarle sobre cómo utilizar mejor su tiempo y energía en el próximo año. La carta puede ayudarle a identificar las áreas de su vida en las que puede estar invirtiendo demasiada energía o no la suficiente y en las que puede necesitar hacer ajustes para alcanzar sus objetivos y cumplir su propósito. Por ejemplo, supongamos que su carta natal muestra que se enfrentará a retos en su carrera profesional. En ese caso, sería aconsejable centrar su energía en desarrollar nuevas habilidades o buscar nuevas oportunidades que se alineen con sus pasiones y puntos fuertes. Por otro lado, si su carta indica que experimentará un crecimiento en sus relaciones personales, puede que desee dar prioridad a pasar más tiempo con sus seres queridos y cultivar conexiones significativas.

¿Tiene dudas?

La idea de la astrología y de utilizar una carta solar puede parecer descabellada o incluso supersticiosa para algunos. Es comprensible tener reservas ante algo que no se basa en pruebas empíricas ni en métodos científicos. Sin embargo, debe mantener la mente abierta y considerar los beneficios que podría obtener al explorar esta práctica ancestral, que también puede ayudarle a cultivar un mayor sentido de la atención y la intencionalidad en su vida diaria.

Es comprensible que algunos sigan dudando de la validez de la astrología y del uso de la carta solar. Sin embargo, es importante recordar que la astrología no sustituye al pensamiento crítico ni a la responsabilidad personal. Se trata más bien de una práctica complementaria que puede ofrecer información y orientación adicionales a la hora de afrontar los retos y las oportunidades de la vida. Si es usted un escéptico o un incrédulo, no se apresure a descartar las cartas solares. Acérquese a la astrología con la mente abierta y la voluntad de aprender. Busque un astrólogo reconocido que pueda proporcionarle información precisa y perspicaz sobre su carta natal y su carta solar. Haga preguntas, participe en diálogos y mantenga la mente abierta mientras explora esta antigua práctica.

En última instancia, explorar la astrología y utilizar una carta solar es una decisión personal. Sin embargo, esta práctica es muy valiosa para quienes están dispuestos a darle una oportunidad. Si se adentra en su vida, cultiva la conciencia de sí mismo y afronta los retos con intencionalidad y atención plena, descubrirá que la astrología puede ser una poderosa herramienta de crecimiento y transformación personal.

Entonces, ¿de qué manera cree que su carta astral puede mejorar su vida? ¿Siente curiosidad por conocer todos los pormenores del proceso de elaboración y lectura de una carta? Pase al siguiente capítulo para conocer la importancia de los planetas, los puntos cardinales y otras cosas importantes que debe saber antes de trabajar con su carta.

Capítulo 2: Planetas, puntos cardinales y más

Ahora, es el momento de ver los factores astrológicos más fundamentales que debe considerar en cualquier carta, ya sea una carta solar o cualquier otra cosa, comenzando con los puntos cardinales.

Los puntos cardinales

Los cuatro puntos cardinales de una carta astral son el ascendente, el descendente, el medio cielo (también conocido como medium coeli) y el imum coeli. Estos puntos marcan el comienzo de los cuatro signos cardinales del zodíaco (Aries, Cáncer, Libra y Capricornio) y son importantes para determinar los temas y energías generales presentes en la carta de una persona. Juntos, los cuatro puntos cardinales de una carta astral forman un marco fundamental para comprender la personalidad, las relaciones, la trayectoria profesional y la dirección general de la vida de una persona. Al examinar estos puntos, junto con las posiciones de los planetas y otros factores de la carta, los astrólogos pueden comprender mejor los puntos fuertes, los retos y el potencial de crecimiento de una persona.

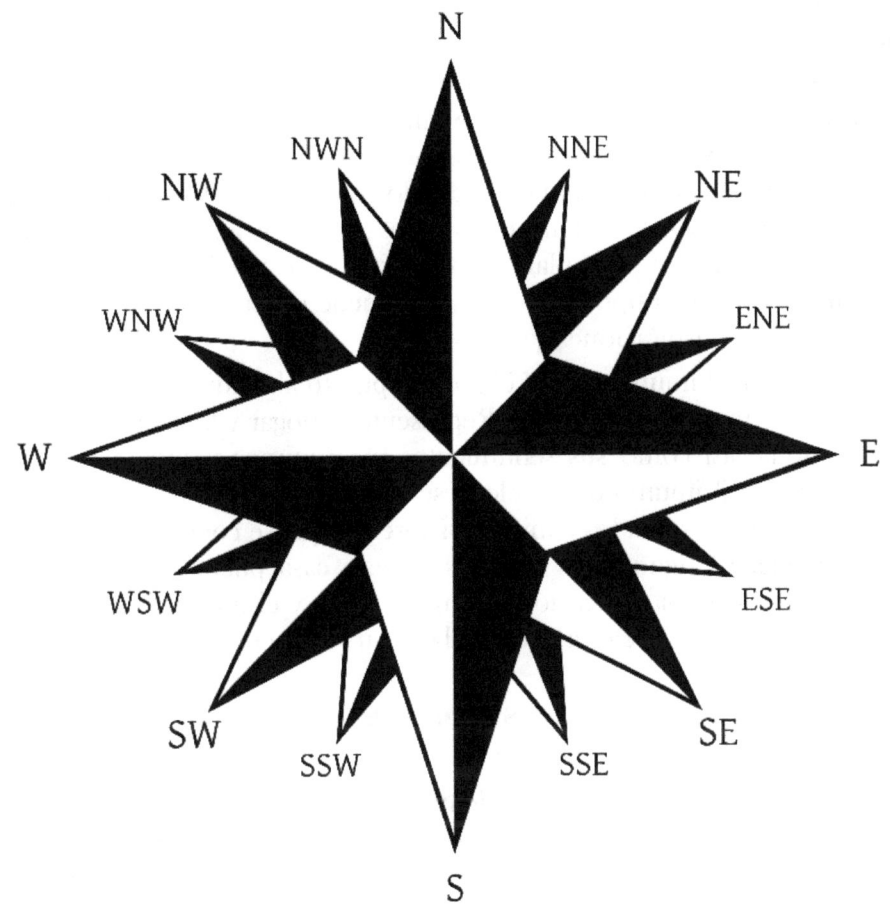

Los puntos cardinales[18]

El ascendente, también conocido como signo ascendente, es el punto en el que el horizonte oriental se cruza con la eclíptica. Representa la forma en que una persona se presenta al mundo, así como su aspecto físico y su conducta general. El ascendente se describe a menudo como la máscara que una persona lleva en público y puede indicar cómo aborda nuevas situaciones y personas. Aprenderá mucho más sobre este tema en un capítulo posterior.

Por otro lado, el descendente es el punto opuesto al ascendente, en el que el horizonte occidental se cruza con la eclíptica. Representa la forma en que un individuo se relaciona con los demás y las cualidades que busca en una pareja o en una relación cercana. El descendente se describe a menudo como la "otra mitad" de la carta, ya que representa los rasgos que atraen a una persona en los demás y las cualidades que busca cultivar en sí misma a través de sus relaciones.

El medio cielo, o medium coeli, es el punto en el que la eclíptica se cruza con el meridiano en la parte superior de la carta. Representa la carrera de una persona, su reputación pública y la dirección general de su vida. El medio cielo se describe a menudo como el "punto más alto" de la carta, que representa el pináculo de los logros y ambiciones de una persona. El signo y los planetas de esta casa pueden proporcionar información sobre el tipo de carrera que puede desempeñar una persona y sus objetivos y aspiraciones generales.

Por último, el imum coeli es el punto opuesto al medio cielo, en el que el nadir se cruza con la eclíptica. Representa el hogar y la vida familiar de una persona, así como sus sentimientos más íntimos y sus necesidades emocionales. El imum coeli suele describirse como el "punto más bajo" de la carta y representa los cimientos sobre los que se construye la vida de una persona. El signo y los planetas de esta casa pueden proporcionar información sobre la educación de una persona y el tipo de entorno que necesita para sentirse segura y realizada en su vida personal.

Los dos ejes

Los puntos cardinales de cualquier carta astrológica forman dos ejes. El eje formado por los puntos ascendente y descendente suele denominarse eje de las relaciones. Este eje, también llamado el eje de la vida, puede proporcionar información sobre el enfoque de un individuo ante las situaciones sociales, su estilo de comunicación y sus necesidades relacionales. El eje formado por los puntos cielo medio e imum coeli puede dar una idea de cómo una persona equilibra su vida personal y profesional, qué le motiva en su carrera y qué valora en su vida personal.

La función de los planetas en la astrología

En astrología, los planetas representan distintos aspectos del ser humano, con sus propias características y tendencias. Los movimientos y alineaciones planetarios pueden influir en todo, desde el estado de ánimo hasta los acontecimientos más importantes de la vida. Los astrólogos utilizan este conocimiento para comprender mejor las fuerzas subyacentes que dan forma a nuestras vidas, examinando las posiciones y movimientos de los planetas para comprender mejor la experiencia humana individual y colectiva.

El sol

Energía y efecto: El Sol es un planeta poderoso en astrología, que representa el sentido del yo, la identidad y la fuerza de voluntad. Su posición en la carta astral puede indicar áreas de crecimiento y éxito para el próximo año, mientras que un sol débil o afligido puede poner en peligro la confianza en uno mismo y el sentido del propósito. También rige la energía masculina, la figura paterna y la autoridad.

Glifo: El glifo del sol es un círculo con un punto en su centro, que representa el núcleo de nuestra identidad y sentido del yo. El sol es el centro de nuestro sistema solar y su glifo refleja su papel central en la carta astrológica. El glifo puede verse como una representación de la energía radiante del sol, que afecta a todos los seres vivos de la tierra.

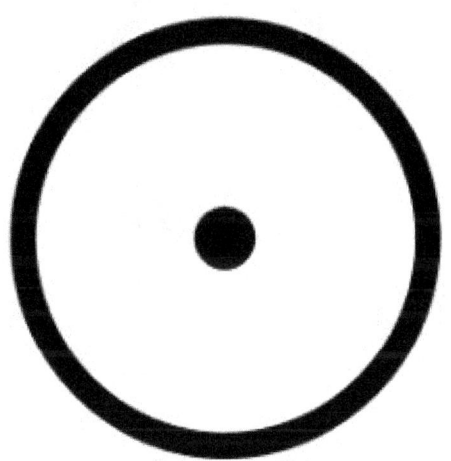

Glifo del sol[19]

Palabras clave: Vitalidad, creatividad, ego, confianza, individualidad, liderazgo y autoexpresión.

Correspondencias planetarias: El sol se asocia con el color dorado y su día de la semana es el domingo. El sol también se asocia a la estación estival y al signo de Leo, que rige. Las personas nacidas bajo el signo de Leo suelen tener una personalidad fuerte y dinámica y un sentido natural del liderazgo. Son creativas y seguras de sí mismas y destacan en áreas que les permiten expresarse.

La luna

Energía y efecto: La luna simboliza las emociones, los instintos y la mente subconsciente en astrología. Representa el yo interior y afecta al estado de ánimo y al comportamiento de las personas. Durante una revolución solar, la posición y los aspectos de la luna indican la expresión emocional, los cambios personales y la receptividad a nuevas experiencias.

Glifo: El glifo de la luna representa la forma creciente de la luna, que refleja su naturaleza cíclica y sus fases. El glifo de la luna parece un círculo sobre un semicírculo, que simboliza la receptividad de la mente a diferentes estímulos.

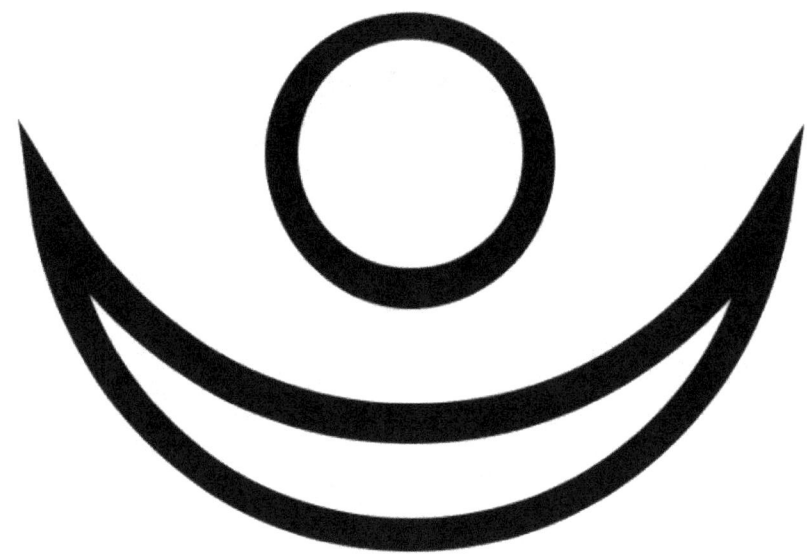

Glifo de la luna[20]

Palabras clave: Emociones, instintos, intuición, yo interior, receptividad, sensibilidad, mutabilidad, nutrición, seguridad.

Correspondencias planetarias: La luna se asocia con la noche, los lunes y los colores blanco y plateado. Las fases lunares corresponden a las estaciones, con la Luna llena asociada al verano y la luna nueva asociada al invierno. Es importante señalar que la luna tiene dos nodos: El nodo lunar sur y el nodo lunar norte.

El nodo lunar sur

Energía y efecto: La energía del nodo lunar sur tiene que ver con liberar y dejar ir el pasado, ya sean hábitos, creencias, relaciones o experiencias pasadas. Le insta a liberarse de viejos patrones que le retienen y le mantienen estancado. Esto puede suponer un reto, ya que requiere enfrentarse a los miedos y salir de la zona de confort. Sin embargo, la energía del nodo lunar sur también puede ser liberadora y aportar ligereza y claridad a su vida.

Glifo: El glifo del nodo lunar sur está representado por una herradura invertida con dos colas que apuntan en direcciones opuestas. La forma recuerda a la cola de un dragón, simbolizando la conexión del nodo lunar sur con el pasado kármico y el viaje hacia el crecimiento espiritual.

Nodo lunar sur[21]

Palabras clave: Experiencias de vidas pasadas, karma, lecciones del alma, patrones inconscientes, hábitos familiares, zona de confort, comportamiento repetitivo, viejas heridas que curar, soltar, liberar apegos, alejarse de lo familiar, liberarse de las limitaciones, enfrentarse a los miedos, aceptar el cambio, crecimiento espiritual, liberación, entregarse al destino.

Correspondencias planetarias: El nodo lunar sur está asociado con el color negro, los sábados, la estación invernal y el signo zodiacal Capricornio. Su energía también está vinculada al planeta Saturno, que representa la responsabilidad, la estructura y la autoridad. Durante un retorno solar, la ubicación del nodo lunar sur puede indicar las áreas de su vida en las que necesita liberarse de viejos patrones o creencias para avanzar hacia el crecimiento y la evolución.

El nodo lunar norte

Energía y efecto: También conocido como el nodo verdadero, es un punto significativo en astrología que representa el camino que un individuo está destinado a seguir en su vida. Se asocia con el futuro, el crecimiento y el desarrollo. Indica qué energías y experiencias son necesarias desarrollar para alcanzar el crecimiento y el éxito. Durante el retorno solar, el nodo lunar norte puede traer oportunidades de crecimiento y expansión y puede atraer a su vida personas, acontecimientos o situaciones que le ayudarán en su desarrollo personal.

Glifo: El glifo del nodo lunar norte tiene forma de herradura con dos líneas curvas conectadas a una línea recta en el centro. A diferencia del nodo sur, tiene una forma parecida a la letra "n", no a la "u". La forma de herradura representa un recipiente abierto hacia el futuro, mientras que la línea recta representa el camino que uno debe seguir.

Nodo lunar norte[28]

Palabras clave: Orientado al futuro, crecimiento y desarrollo, destino, propósito, avanzar, exploración, novedad, territorio desconocido.

Correspondencias planetarias relacionadas con eventos: El blanco, el plateado y el azul pálido se utilizan a menudo para representar su energía.

Representan la noche, el reflejo de la luz y las cualidades misteriosas y místicas asociadas a la luna. Pueden utilizarse para potenciar la meditación y las prácticas espirituales relacionadas con la energía de la luna. El día de la semana asociado a este nodo es el lunes, que se considera bueno para la introspección, la sanación emocional y la conexión con el yo interior. Se asocia con la estación invernal, caracterizada por la oscuridad, la introspección y la tranquilidad.

Mercurio

Energía y efecto: Mercurio en astrología rige la comunicación, la inteligencia y la tecnología. Su símbolo fusiona espíritu, receptividad y materia. Mercurio representa la agilidad, la curiosidad y la adaptabilidad. Durante el retorno solar, su posición afecta a las capacidades de pensamiento, comunicación y aprendizaje, indicando un momento de mayor actividad mental y flexibilidad en el pensamiento y la comunicación.

Glifo: El glifo de Mercurio está formado por el círculo del espíritu, que indica el poder del pensamiento, y la media luna de la receptividad, que sugiere la apertura a nuevas ideas. También presenta una cruz en la parte superior del círculo, que representa la fusión del espíritu y la materia.

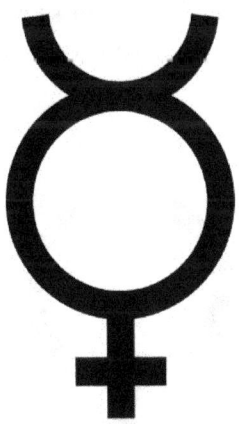

Glifo de Mercurio [28]

Palabras clave: Comunicación, pensamiento, escritura, aprendizaje, adaptabilidad, flexibilidad, curiosidad, información.

Correspondencias planetarias: Las correspondencias planetarias de Mercurio relacionadas con eventos incluyen el amarillo y el naranja, que representan su naturaleza enérgica y estimulante. El miércoles está asociado a Mercurio, perfecto para realizar actividades mercuriales como estudiar, establecer contactos y hacer negocios. La primavera y el otoño, estaciones zodiacales de Géminis y Virgo, son ideales para abrazar el cambio, explorar nuevas ideas y aprovechar la curiosidad intelectual. La energía de Mercurio durante estas estaciones es potente y puede ayudar a las personas a expresarse con claridad, generar nuevas ideas y adaptarse a los cambios.

Venus

Energía y efecto: En astrología, Venus es el planeta que rige el amor, la belleza y el placer. Está asociado a la diosa romana Venus, que encarnaba el amor, la belleza y la fertilidad. En astrología, Venus representa nuestra capacidad para el amor, los gustos estéticos y la habilidad para encontrar placer en la vida. La energía venusina consiste en crear armonía, equilibrio y belleza en nuestras vidas, ya sea a través de las relaciones, el arte o nuestro entorno. Durante el retorno solar, la posición de Venus puede influir en nuestras relaciones, gustos estéticos y disfrute general de la vida. Puede indicar un momento de mayor actividad social, creatividad y sensualidad.

Glifo: El glifo de Venus es un círculo sobre una cruz, que representa la unión del espíritu y la materia. También se dice que representa el espejo de Venus, ya que la belleza y el reflejo están estrechamente ligados al planeta.

Glifo de Venus[34]

Palabras clave: Amor, belleza, armonía, equilibrio, creatividad, sensualidad, placer, atracción.

Correspondencias planetarias: Las correspondencias planetarias de Venus incluyen los colores verde y rosa, que representan el crecimiento, la armonía y el amor. El viernes es el día asociado a Venus, perfecto para realizar actividades venusinas como embellecerse a uno mismo o a su entorno, pasar tiempo con los seres queridos o entregarse a experiencias placenteras. La primavera y el otoño, estaciones zodiacales de Tauro y Libra, son ideales para abrazar la energía venusina y crear belleza y equilibrio en su vida.

Marte

Energía y efecto: Marte es el planeta de la acción, el impulso y la determinación en astrología. Representa nuestra energía física, ambición, motivación y capacidad para asumir riesgos y hacernos valer. La energía de Marte es dinámica, asertiva y apasionada, y le anima a perseguir sus objetivos con fuerza y convicción. En las cartas solares, la posición de Marte puede indicar un momento de mayor energía física, una necesidad de acción y asertividad, y un deseo de perseguir sus pasiones y objetivos con mayor determinación.

Glifo: el glifo de Marte es un círculo con una flecha apuntando hacia fuera, que representa la energía y la asertividad del planeta. También se dice que simboliza el escudo y la lanza del dios romano Marte, dios de la guerra y la agricultura.

Glifo de Marte[25]

Palabras clave: Acción, agresión, pasión, coraje, fuerza, competición, afirmación, fuerza de voluntad.

Correspondencias planetarias: Las correspondencias planetarias de Marte incluyen el rojo y el negro, que representan su naturaleza intensa y enérgica. El martes es el día asociado a Marte, ideal para realizar actividades que requieran fuerza, valor y determinación. Los periodos estacionales asociados a Marte son el verano y el principio del otoño, y son las estaciones zodiacales de los signos Aries y Escorpio, que rige Marte. Estas estaciones son ideales para emprender nuevos proyectos, asumir riesgos y afirmarse con mayor convicción. Los metales como el hierro y el acero están asociados a Marte, y las piedras preciosas como el rubí y el granate.

Júpiter

Energía y efecto: Júpiter es el planeta más grande de nuestro sistema solar y representa el crecimiento, la expansión y la abundancia en astrología. Su energía es optimista, confiada y generosa, y nos anima a buscar oportunidades de crecimiento y abundancia. Júpiter está relacionado con el aprendizaje superior, la filosofía y la espiritualidad, y durante una revolución solar, su posición puede indicar un año de expansión, crecimiento y abundancia. También puede sugerir la búsqueda de estudios superiores, viajes espirituales y oportunidades de progreso personal y profesional.

Glifo: El glifo de Júpiter se parece al número 4, con una cruz o media Luna sobre un semicírculo. La media Luna representa la receptividad, mientras que la cruz o línea horizontal representa la materia. El medio círculo o semicírculo se asocia con el reino físico, y la línea vertical representa el espíritu. Juntos, estos símbolos sugieren la naturaleza expansiva, generosa y filosófica de Júpiter.

Glifo de Júpiter[36]

Palabras clave: Expansión, crecimiento, abundancia, generosidad, optimismo, fe, sabiduría, estudios superiores, espiritualidad.

Correspondencias planetarias: Los colores asociados a Júpiter son el azul real y el púrpura, que reflejan su energía regia y expansiva. El jueves es el día asociado a Júpiter, por lo que es ideal para las búsquedas espirituales, el aprendizaje superior y la búsqueda de oportunidades de crecimiento. La energía de Júpiter es más potente durante el invierno, la estación zodiacal de Sagitario, que rige Júpiter. Esta época es ideal para ampliar horizontes, buscar nuevas experiencias y abrazar el sentido de la aventura.

Saturno

Energía y efecto: En astrología, Saturno es el planeta que rige la estructura, la responsabilidad, las limitaciones y la disciplina. Se asocia con el dios romano Saturno, el dios de la agricultura y el tiempo, a menudo representado sosteniendo una guadaña. En astrología, Saturno representa las áreas de la vida en las que es necesario asumir responsabilidades, trabajar duro y aprender lecciones a través de retos y limitaciones. Su energía es firme, paciente y duradera. Le anima a ser responsable y disciplinado en su enfoque de la vida. Cuando se trata del retorno solar, la posición de Saturno puede indicar un año de trabajo duro, desafíos y la necesidad de autodisciplina y perseverancia. También puede indicar un momento para aprender importantes lecciones de vida y asumir mayores responsabilidades.

Glifo: El glifo de Saturno se parece a una cruz con una media luna encima. La cruz representa el mundo material, mientras que la media luna simboliza el alma o el espíritu. Sugiere la necesidad de equilibrio e integración entre los reinos físico y espiritual.

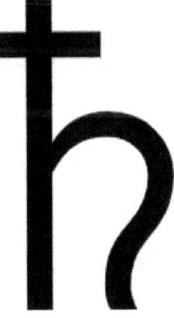

Glifo de Saturno[27]

Palabras clave: Responsabilidad, disciplina, estructura, limitaciones, retos, perseverancia, trabajo duro.

Correspondencias planetarias: Las correspondencias planetarias de Saturno incluyen el negro y el azul oscuro, que representan su energía seria y enraizada. El sábado se asocia con Saturno, un día para la introspección, el trabajo duro y la disciplina. El invierno es la estación asociada a Saturno, una época para la reflexión, el trabajo interior y la asunción de responsabilidades en la vida.

Urano

Energía y efecto: Urano es el planeta de la astrología que rige la innovación, el cambio y la rebelión. Está asociado al dios romano del cielo, Urano, que representa la libertad y el potencial ilimitado. En astrología, Urano representa su necesidad de independencia, individualidad y originalidad. También está relacionado con su capacidad para liberarse de las estructuras tradicionales y adoptar ideas nuevas y poco convencionales. La energía de Urano es eléctrica, impredecible y revolucionaria. Fomenta la innovación, la experimentación y el deseo de ser fiel a uno mismo. Cuando se trata del retorno solar, la posición de Urano puede indicar una época de cambios repentinos, avances y la necesidad de liberarse de viejos patrones y abrazar nuevas posibilidades.

Glifo: El glifo de Urano muestra un círculo que representa la naturaleza ilimitada del universo y una cruz encima que simboliza la materia y la limitación. Las medias lunas a ambos lados del glifo sugieren receptividad y apertura, mientras que la línea horizontal del centro representa un puente entre la materia y el espíritu.

Glifo de Urano

Palabras clave: Innovación, cambio, revolución, individualidad, independencia, experimentación, originalidad.

Correspondencias planetarias relacionadas con eventos: Urano está asociado a los colores azul, verde y al día sábado. Está vinculado al signo zodiacal de Acuario, lo que hace del invierno una época ideal para abrazar el cambio y explorar nuevas posibilidades. La energía de Urano durante este tiempo puede ayudarle a liberarse de viejas estructuras, abrazar la individualidad y experimentar con nuevas ideas.

Neptuno

Energía y efecto: Neptuno rige la imaginación, la intuición y la espiritualidad en astrología y se asocia con el dios romano del mar. Representa cómo conectamos con lo divino y nuestra capacidad de autotrascendencia. La energía de Neptuno nos anima a dejar de lado nuestra mente racional y a conectar con nuestra intuición y nuestras emociones más profundas. Su colocación durante una revolución solar puede indicar un momento de mayor sensibilidad, inspiración artística y crecimiento espiritual, pero también puede sugerir confusión o engaño si no se maneja bien.

Glifo: El glifo de Neptuno está formado por el tridente de Poseidón, el dios romano del mar, y la media luna de la receptividad, que sugiere apertura a la inspiración y la intuición. El tridente representa el poder de Neptuno para transformar, disolver fronteras y crear nuevas realidades.

Glifo de Neptuno[28]

Palabras clave: Imaginación, intuición, creatividad, espiritualidad, sueños, ilusión, engaño, confusión.

Correspondencias planetarias: Las correspondencias planetarias de Neptuno incluyen el azul y el morado, que representan su naturaleza soñadora y mística. El jueves está asociado con Neptuno, ideal para realizar actividades neptunianas como la meditación, la oración y la expresión artística. El invierno es la estación zodiacal de Piscis, el signo regido por Neptuno, y es un momento ideal para conectar con la propia intuición, explorar el reino de los sueños y realizar prácticas espirituales. La energía de Neptuno durante esta estación es potente y puede ayudarle a disolver límites, abrir el corazón y acceder al reino de lo divino.

Plutón

Energía y efecto: Plutón es un planeta que rige la transformación y la regeneración en astrología. Su energía es intensa, poderosa y transformadora. Plutón está asociado al dios romano del inframundo y representa los aspectos sombríos y ocultos de la vida. En astrología, la energía de Plutón está relacionada con cuestiones de poder, control, obsesión y transformación. Es el planeta de los finales, los nuevos comienzos, la muerte y el renacimiento. Cuando Plutón ocupa un lugar destacado en una carta astral o durante un retorno solar, puede indicar un momento de profunda transformación, en el que se abandonan viejos patrones y se abrazan nuevas posibilidades.

Glifo: El glifo de Plutón es un círculo que representa el espíritu o el alma, con una media luna debajo, que simboliza la receptividad del alma. Encima de la media Luna hay una cruz, que representa la intersección del espíritu y la materia. Junto a la cruz hay una línea transversal que representa la energía de la transformación.

Glifo de Plutón [39]

Palabras clave: Transformación, poder, intensidad, renacimiento, regeneración, profundidad, obsesión.

Correspondencias planetarias: Las correspondencias planetarias de Plutón incluyen el color negro, que representa la energía intensa y transformadora del planeta. El martes es el día asociado a Plutón, ideal para profundizar en la propia sombra y explorar aspectos ocultos del ser. La estación asociada a Plutón es el invierno, cuando los días son más cortos y la noche más larga, lo que representa una época de oscuridad, introspección y transformación interior.

Más allá de los planetas

Otros cuerpos celestes son importantes en astrología y merece la pena echarles un vistazo cuando se trata de analizar su carta solar. Entre ellos están Quirón, Ceres y la luna negra Lilith.

Quirón

Energía y efecto: Quirón es un planeta menor en astrología que ha ganado cada vez más atención en los últimos años. En la mitología, Quirón era un centauro sabio conocido por sus habilidades curativas y sus conocimientos de medicina, astrología y artes. En astrología, Quirón representa nuestras heridas más profundas y el potencial de curación y transformación que surge al afrontarlas e integrarlas. Destaca las áreas en las que uno se siente herido, inadecuado o sin sanar y le anima a enfrentarse a estos problemas y a trabajar en ellos. Por lo tanto, la energía de Quirón se asocia al proceso de curación y crecimiento espiritual, así como a la capacidad de trascender las limitaciones personales y convertir el dolor en sabiduría.

Glifo: el glifo de Quirón tiene forma de llave con un círculo en la parte superior, que representa la apertura de puertas y el descubrimiento de conocimientos ocultos. También se dice que el glifo se asemeja al ojo de una cerradura, lo que sugiere la posibilidad de desbloquear partes ocultas o reprimidas de uno mismo.

Palabras clave: Herida, curación, transformación, crecimiento espiritual, sabiduría, integración, dolor, trauma, tutoría.

Glifo de Quirón[80]

Correspondencias planetarias: Quirón no se asocia tradicionalmente con correspondencias planetarias específicas relacionadas con acontecimientos, como colores o días de la semana. Sin embargo, sus temas de sanación y transformación lo convierten en una energía relevante con la que trabajar en momentos de crisis o transformación personal, como durante un retorno solar o durante transiciones vitales significativas. La energía de Quirón le anima a enfrentarse a sus heridas y limitaciones más profundas y a trabajar con ellas, lo que en última instancia conduce al crecimiento, la curación y la sabiduría. Trabajar con la energía de Quirón a través de la meditación, la terapia, el diario u otras formas de autorreflexión y sanación puede ser útil.

Ceres

Energía y efecto: Ceres es un asteroide astrológico que simboliza la nutrición y los ciclos de la vida y la muerte. Su energía es compasiva y protectora, y nos anima a cuidar de nosotros mismos y de los demás, a reconocer el crecimiento y los ciclos, y a honrar la tierra y sus ritmos. La posición de Ceres en una carta astral puede indicar su estilo de cuidado y su relación con la comida y la naturaleza. Por el contrario, en una carta solar, puede sugerir un año de mayor cuidado y crecimiento y una necesidad de autocuidado y una conexión más profunda con la tierra.

Glifo: Ceres está representada en astrología por el glifo de una guadaña o una hoz, que simboliza la cosecha y el cuidado de la vida.

Glifo de Ceres[81]

Palabras clave: Crianza, nutrición, maternidad, crecimiento, agricultura, ciclos de vida y muerte.

Correspondencias planetarias: Las correspondencias planetarias de Ceres incluyen el verde y el marrón, que representan la energía terrenal y nutritiva de este asteroide. En astrología, Ceres no está asociado a ningún día de la semana o estación en concreto, pero a menudo se relaciona con la época de las cosechas en otoño, cuando la gente celebra la abundancia de las cosechas de la Tierra y agradece su generosidad. Ceres también se asocia con el signo zodiacal de Virgo, conocido por su sentido práctico, su atención al detalle y sus cualidades nutritivas.

La luna negra Lilith

Energía y efecto: la luna negra Lilith, también conocida como la "luna oscura", no es un planeta. Es un punto matemático en astrología que representa el apogeo de la Luna, o el punto de la órbita lunar más alejado de la Tierra. En astrología, la luna negra Lilith representa sus deseos más profundos, sus miedos y los aspectos ocultos de usted mismo que puede intentar reprimir o rechazar. Se asocia con el arquetipo de la "mujer salvaje" o "femenino oscuro", que representa el poder y la sabiduría que se pueden encontrar al abrazar a su yo sombrío y conectar con sus instintos primarios.

Glifo: El glifo de la luna negra de Lilith es una luna creciente sobre una cruz, que representa la energía primigenia, salvaje e instintiva de Lilith fusionándose con el mundo material. La luna creciente simboliza la naturaleza cíclica y misteriosa de la feminidad, mientras que la cruz sugiere un punto de intersección entre la materia y el espíritu. Este glifo representa el poder de Lilith como fuerza transformadora, instando a las personas a abrazar su naturaleza primigenia y a liberarse de las normas y limitaciones sociales.

Palabras clave: El yo en la sombra, instintos primarios, emoción cruda, deseos tabú, oscuridad interior, abrazar lo salvaje, poder femenino.

Correspondencias planetarias: La luna negra Lilith no es un planeta y no tiene correspondencias planetarias establecidas, pero algunos astrólogos la asocian con los colores negro y rojo oscuro. Se cree que su ubicación en la carta astral indica las áreas en las que una persona puede tener problemas con su yo sombrío o sus deseos reprimidos y en las que puede necesitar enfrentarse y aceptar estos aspectos de sí misma para encontrar la curación y la plenitud.

Capítulo 3: Cuando los planetas se mueven retrógradamente

Cuando un planeta se vuelve retrógrado, es como una danza celeste en la que el planeta parece retroceder en el cielo. Es como si el planeta diera un paso atrás en su movimiento habitual hacia delante, y esto puede tener algunos efectos interesantes aquí en la Tierra. Quizá se pregunte por qué un planeta se molestaría en hacer esta danza retrógrada. Bueno, se debe a la forma en que los planetas se mueven alrededor del Sol. A veces, cuando el planeta Tierra pasa junto a otro planeta en su órbita alrededor del Sol, puede parecer que ese planeta retrocede durante un tiempo. Esto no es más que una ilusión óptica, pero puede tener efectos muy reales en la vida de todos.

La posición de los planetas y sus movimientos alrededor del Sol definen su retrogradación[32]

Mercurio retrógrado

Durante su retorno solar, la posición de Mercurio puede influir en su pensamiento, comunicación y capacidad de aprendizaje para el próximo año. Supongamos que Mercurio está retrógrado durante su revolución solar. En ese caso, puede indicar un momento de mayor actividad mental y la necesidad de mantenerse informado y flexible en el pensamiento y la comunicación. Puede que se encuentre revisando proyectos o relaciones pasadas, y puede ser un buen momento para la introspección y la reflexión. Es importante ser paciente y cauteloso en la comunicación y los viajes durante este tiempo y comprobar dos veces los detalles importantes para evitar malentendidos y errores. Por otro lado, si Mercurio está directo durante su retorno solar, puede significar un momento de progreso y claridad en la comunicación y el aprendizaje. Puede estar más centrado y ser más productivo en su trabajo, y pueden surgir nuevas oportunidades de crecimiento y expansión. En general, la posición de Mercurio durante su revolución solar puede proporcionarle valiosas ideas sobre la mejor manera de navegar el próximo año. Esta fase retrógrada se producirá de tres a cuatro veces al año.

Venus retrógrado

Durante su retorno solar, Venus retrógrado puede tener un impacto significativo en sus relaciones, finanzas y expresión creativa para el próximo año. Puede ser un momento de introspección, reflexión, reevaluación de sus valores y deseos en estas áreas. En cuanto a las relaciones, Venus retrógrado durante su revolución solar puede sacar a relucir asuntos del pasado o sentimientos no resueltos con su pareja o amigos. También puede conducir a una reevaluación de lo que desea en las relaciones y si ciertas conexiones servirán para su mayor bienestar.

Desde el punto de vista financiero, Venus retrógrado durante su revolución solar puede traerle gastos inesperados o cambios en sus ingresos. Es el momento de ser cauteloso con las inversiones y de reevaluar sus objetivos y prioridades financieras. Creativamente, Venus retrógrado durante su retorno solar puede provocar bloqueos o retrasos en proyectos artísticos. También puede ser un momento para reflexionar sobre sus pasiones creativas y si se alinean con sus valores y propósito. Este retroceso se produce una vez cada 18 a 19 meses.

Marte retrógrado

Durante la fase retrógrada de Marte, es posible que sienta una cierta ralentización o bloqueo en su capacidad para actuar o imponerse. Esto puede ser frustrante, pero es importante recordar que es solo temporal. Este período puede ser un buen momento para la introspección y la reflexión, ya que puede verse obligado a examinar sus motivaciones y deseos más de cerca.

Suponga que Marte está retrógrado en su carta solar. En ese caso, puede indicar que el próximo año será un tiempo de reflexión y reevaluación respecto a sus objetivos y deseos. Puede que se cuestione si va por el buen camino o que se sienta frustrado por retrasos u obstáculos. Sin embargo, también puede ser un momento de profunda perspicacia y crecimiento a medida que profundiza en el funcionamiento interno de su propia psique. Marte retrograda una vez cada dos años.

Júpiter retrógrado

Cuando Júpiter está retrógrado, su energía se vuelve hacia el interior, lo que puede llevarle a revisar sus creencias, valores y filosofía de vida y a realizar los ajustes necesarios. También puede ser un momento para centrarse en el crecimiento y el desarrollo personal, ya que puede sentir la necesidad de explorar nuevas ideas o experiencias. Si Júpiter está retrógrado en su carta solar, puede indicar un periodo de crecimiento interior y transformación. Puede cuestionar sus creencias o buscar una comprensión más profunda del mundo que le rodea. Puede ser una época de gran expansión y aprendizaje, siempre que esté dispuesto a abrirse a nuevas ideas y experiencias.

Sin embargo, Júpiter retrógrado también puede traer algunos retos. Puede que sienta que se le ha acabado la suerte o que sus metas y sueños están fuera de su alcance. Es importante recordar que esto es solo temporal y que el movimiento retrógrado de Júpiter está diseñado en última instancia para ayudarle a crecer y evolucionar. Júpiter retrógrada una vez al año.

Saturno retrógrado

Saturno es un planeta poderoso conocido por su energía seria y estructurada, por lo que las cosas pueden ponerse un poco intensas cuando se pone retrógrado. Ocurre una vez al año, dura cuatro meses y medio, cuando lo hace, la energía de Saturno se vuelve hacia el interior, lo que puede conducir a cierta introspección y reflexión. Es el momento de revisar sus responsabilidades, compromisos y logros y hacer los ajustes necesarios. También puede ser un momento para centrarse en sus límites personales, ya que puede sentir la necesidad de establecer límites y expectativas más claras para usted y para los demás.

Si este planeta está retrógrado en su revolución solar, puede indicar un periodo de trabajo duro y disciplina. Puede que sienta que tiene muchas responsabilidades u obligaciones que cumplir y que el camino que tiene por delante es largo y desafiante. Sin embargo, también puede ser una época de grandes logros y crecimiento, siempre que esté dispuesto a esforzarse y a centrarse en sus objetivos.

Urano retrógrado

En primer lugar, es importante entender qué representa Urano en astrología. A este planeta se le conoce como el "gran despertador" porque su energía se asocia con el cambio repentino, la innovación y la perturbación. Cuando Urano está retrógrado (una vez al año, con una duración de cinco meses), esta energía puede volverse hacia el interior y plantear preguntas y dudas muy arraigadas sobre su camino en la vida. Es posible que se sienta inquieto e inseguro sobre su situación actual y que sienta la tentación de hacer cambios repentinos o asumir riesgos.

Urano se asocia con los cambios repentinos y las perturbaciones, por lo que es posible que experimente acontecimientos inesperados o sorpresas durante este periodo. Esto podría manifestarse como un cambio repentino en su trabajo, el fin de una relación o una oportunidad inesperada. También podría ser un momento de mayor intuición y creatividad. Es posible que tenga ideas o descubrimientos repentinos en su trabajo o en su vida personal, o que se sienta más conectado con su lado creativo.

Neptuno retrógrado

Neptuno es un planeta asociado a menudo con la creatividad, la espiritualidad y la intuición. Y cuando se pone retrógrado, puede crear un cambio en la forma en que experimentamos estas energías. Neptuno es conocido como el "planeta de los sueños" porque su energía se asocia con la imaginación, la intuición y la conciencia espiritual. Cuando Neptuno está retrógrado, usted reflexiona sobre su mundo interior y los significados más profundos de sus experiencias. Es un momento de crecimiento espiritual, por lo que puede sentirse atraído por actividades creativas y espirituales, como el arte, la meditación o el yoga. Puede ser un buen momento para explorar su mundo interior y conectar con su yo más profundo.

Cuando Neptuno se pone retrógrado, su energía se desplaza hacia el interior, haciéndonos reflexionar sobre nuestro yo interior y nuestra conexión con el universo. Puede ser un momento de mayor creatividad, imaginación y percepción espiritual e intuitiva. Es posible que se sienta más en sintonía con su voz interior y más sensible a la energía que le rodea. Neptuno retrógrada anualmente y este periodo dura 6 meses.

Plutón retrógrado

En este momento, puede experimentar un intenso deseo de explorar los aspectos desconocidos u ocultos de usted mismo o de su vida, o una necesidad de enfrentarse a miedos e inseguridades profundamente arraigados. Durante su retorno solar, Plutón retrógrado puede ser un momento particularmente potente para el autodescubrimiento y el crecimiento. Esto puede implicar enfrentarse a viejos patrones o creencias que le frenan y encontrar la fuerza y el coraje para dejarlos ir. También es posible que se sienta atraído por experiencias que le empujen fuera de su zona de confort, ya sea viajar a un lugar nuevo, asumir un nuevo reto o explorar su espiritualidad.

Este puede ser un momento difícil, pero también puede ser increíblemente fortalecedor. Al enfrentarse a sus miedos e inseguridades, puede descubrir fuerzas y recursos ocultos en su interior que no sabía que existían. También puede descubrir que es más capaz de lo que nunca creyó posible de alcanzar sus metas y perseguir sus sueños. Plutón retrógrada anualmente y permanece así durante unos 6 meses.

Quirón retrógrado

Quirón retrógrado es un acontecimiento astrológico que puede afectar profundamente a su vida, en particular durante su retorno solar. A menudo se denomina a Quirón el "sanador herido" y representa la curación de las heridas emocionales y espirituales. Cuando Quirón está retrógrado, su energía se vuelve hacia el interior, lo que le lleva a reflexionar sobre sus propias heridas emocionales y espirituales. Su revolución solar puede significar un momento de curación y autodescubrimiento. Es posible que se sienta atraído por actividades o experiencias que le ayuden a explorar su mundo interior y a comprender más profundamente sus heridas emocionales y espirituales.

Por ejemplo, puede que se sienta obligado a explorar traumas del pasado o a retomar relaciones o situaciones que le provocan dolor emocional. Puede que se sienta atraído por la terapia, la meditación u otras prácticas espirituales que le ayuden a conectar con su yo interior y a procesar emociones difíciles. También puede descubrir que es más sensible a las emociones de los demás y que siente una mayor empatía y compasión por los que tienen dificultades. Este puede ser un momento difícil, ya que requiere que se enfrente a emociones y experiencias difíciles de su pasado. Sin embargo, también puede ser un momento de gran crecimiento y transformación personal, a medida que trabaja estos temas y emerge más fuerte y más consciente de sí mismo en el otro lado. Quirón retrógrada una vez al año, normalmente durante cinco meses.

Ceres retrógrado

Cuando se trata de su retorno solar, la energía retrógrada de Ceres puede significar un momento de reflexión sobre su relación con la crianza, el autocuidado y el amor propio. Es posible que se sienta atraído por actividades o experiencias que le ayuden a conectar con su niño interior y aprovechar sus instintos de crianza, como pasar tiempo en la naturaleza, practicar la atención plena o participar en actividades creativas. Este puede ser un momento para centrarse en el autocuidado y en nutrirse a un nivel más profundo. Puede que se sienta inspirado para explorar nuevas formas de atender sus necesidades físicas y emocionales, como adoptar un estilo de vida más saludable, buscar el apoyo de sus seres queridos o dar prioridad al descanso y la relajación.

También es posible que se encuentre más en sintonía con los ciclos de crecimiento y transformación y que sienta una mayor conexión con el mundo natural que le rodea. Este puede ser un momento poderoso para el crecimiento y la transformación personal, ya que puede aprovechar la energía de Ceres retrógrado y utilizarla para nutrir y apoyar su crecimiento interior. Es importante abordar este proceso con autocompasión y amabilidad, ya que nutrirse a uno mismo no siempre es fácil, especialmente si ha descuidado sus necesidades durante algún tiempo. Sin embargo, con la energía de Ceres retrógrado en su retorno solar, puede profundizar en su conexión consigo mismo y con el mundo que le rodea y emerger más fuerte, más resistente y más en sintonía con sus propias necesidades y deseos. Ceres se pone retrógrado una vez al año, normalmente durante tres meses y medio cada vez.

La luna negra Lilith retrógrada

Durante su retorno solar, la energía de la luna negra Lilith retrógrada puede significar un momento de introspección y reflexión sobre los aspectos más primarios de usted mismo, como sus deseos y miedos más profundos. Es posible que se sienta atraído por actividades o experiencias que le ayuden a explorar estos aspectos de sí mismo, como la participación en el trabajo de sombras, la exploración de su sexualidad o impulsos primarios, o la conexión con el mundo natural. Este puede ser un momento para abrazar su naturaleza interior y volver a conectar con las partes de sí mismo que puede haber reprimido o ignorado en el pasado. Puede que descubra que está más en contacto con sus instintos y su intuición y que puede acceder a una sensación más profunda de poder personal y confianza.

Sin embargo, con la energía de la luna negra Lilith retrógrada, es importante abordar este proceso con precaución y autoconciencia, ya que los aspectos primarios del yo pueden ser intensos y poderosos. Es importante ser consciente de sus límites y acercarse a estas energías con respeto y reverencia. Con la energía de la Luna negra Lilith retrógrada en su retorno solar, puede abrazar su poder interior y explorar los aspectos más oscuros y primarios de sí mismo de forma segura y constructiva. Este puede ser un momento de profundo crecimiento personal y transformación a medida que aprovecha la energía de Lilith y la utiliza para reclamar su poder y conectarse con su ser más verdadero y auténtico.

La Luna en sí no puede retrogradar, ya que siempre avanza en su órbita alrededor de la Tierra. Sin embargo, algunos astrólogos utilizan el término "luna negra Lilith" para referirse a un punto hipotético en el espacio que representa el punto más alejado de la Luna con respecto a la Tierra. Este punto puede cambiar en relación con la Tierra y los demás planetas, y algunos astrólogos creen que sus movimientos pueden influir en la experiencia humana. El hipotético punto en el espacio representado por la Luna negra Lilith puede considerarse en movimiento retrógrado con respecto a la Tierra. Sin embargo, este es un concepto algo controvertido en astrología, y no todos los astrólogos utilizan o están de acuerdo con el uso de la luna negra Lilith en sus interpretaciones.

Capítulo 4: Casas y signos del zodíaco 101

¿Qué son los signos del zodíaco?

Los signos del zodiaco son los 12 signos astrológicos basados en la división de la eclíptica en 12 partes iguales, cada una de las cuales recibe el nombre de una constelación situada en esa parte del cielo en la antigüedad. Los 12 signos son Aries, Tauro, Géminis, Cáncer, Leo, Virgo, Libra, Escorpio, Sagitario, Capricornio, Acuario y Piscis. Cada signo tiene sus propias características, rasgos de personalidad y simbolismo. La astrología los utiliza para ayudar a comprender los rasgos de la personalidad individual y la compatibilidad con los demás, así como para proporcionar una visión de los diferentes aspectos de la vida de una persona.

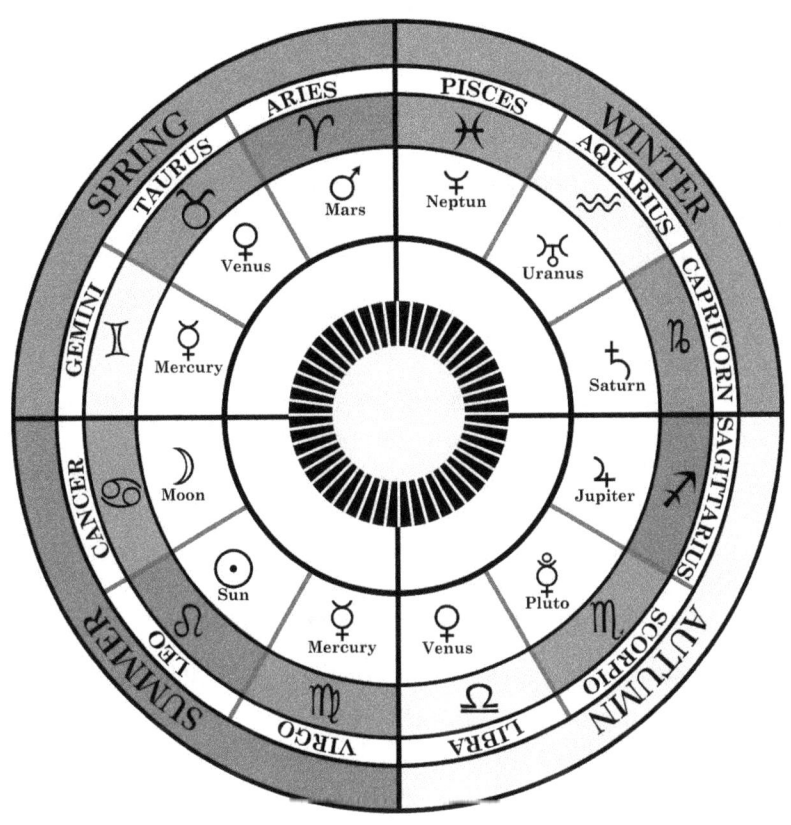

Las casas de la astrología

¿Qué son las casas?

En astrología, cada una de las 12 casas está asociada a un signo concreto del zodíaco, que rige sus temas y energías. Las casas comienzan con el ascendente, que es el signo que estaba en el horizonte en el momento del nacimiento de una persona.

Las casas representan diversos aspectos de la vida de una persona, como la personalidad, el cuerpo físico, las finanzas, el hogar, la pareja, la carrera, la espiritualidad y otros. Al examinar la ubicación de los planetas en las casas de una carta astral, los astrólogos pueden obtener información sobre la trayectoria vital de una persona, sus puntos fuertes y débiles, sus posibles retos y oportunidades. Cada casa tiene un simbolismo, temas y correspondencias únicos, que pueden ayudar a iluminar diferentes áreas de la vida de una persona y guiar su crecimiento y desarrollo personal.

Es importante tener en cuenta que el hecho de que un determinado signo rija una casa no significa que el signo en sí tenga que verse en su casa regente. Por ejemplo, Aries está a cargo de la primera casa, pero el hecho de que usted esté fuertemente influenciado por esta casa no significa necesariamente que tenga mucha energía de Aries en su personalidad. De hecho, otras energías planetarias pueden ser más fuertes en su primera casa. También es importante tener en cuenta que el hecho de que un signo no esté a cargo de una determinada casa no significa necesariamente que ese signo no afecte a ese aspecto de tu vida. Por ejemplo, la segunda casa está regida por Tauro, y tiene que ver con las finanzas y las posesiones materiales. Sin embargo, si resulta que tenía una fuerte energía de Escorpio en su carta astral, es posible que se sienta atraído por el tipo de inversiones financieras que son muy intensas, o que tenga una forma transformadora de tratar el dinero. En otras palabras, cualquier signo puede encontrarse en cualquier casa. Todo se reduce a la colocación de los signos en su carta astral.

La primera casa de Aries

Palabras clave: Identidad, autoexpresión, apariencia, vitalidad.

La primera casa en astrología también se conoce como ascendente y está asociada al signo zodiacal de Aries. Aries es un signo cardinal de fuego con un glifo que representa la cabeza y los cuernos de un carnero. Como signo de fuego, Aries es apasionado, impulsivo y orientado a la acción, mientras que su modalidad cardinal lo convierte en un líder e iniciador natural. Su polaridad es masculina, lo que refleja su energía asertiva y autodirigida. La conexión entre Aries y la primera casa proviene del hecho de que el ascendente es el signo situado en el horizonte oriental en el momento del nacimiento de una persona, y representa su aspecto exterior y cómo se presenta al mundo. Aries, como primer signo del zodíaco, se asocia con los nuevos comienzos, el autodescubrimiento y la acción, todos ellos temas importantes para la primera casa.

La primera casa es una casa angular, lo que significa que es una de las casas más poderosas y significativas de la carta. Representa el yo individual, la identidad, la personalidad, el cuerpo físico y la salud en general. La primera casa también se asocia con los primeros años de vida, con las experiencias y retos que dan forma al sentido del yo de una persona. Tener a Aries como regente de la primera casa en su carta solar indica que es probable que tenga un fuerte sentido del yo y de la identidad personal. Es posible que sea un líder natural o un iniciador que desea tomar las riendas y hacer que las cosas sucedan. Su aspecto físico y su salud también pueden ser importantes, y es posible que tenga un fuerte deseo de mantenerse activo y llevar un estilo de vida saludable.

Sin embargo, Aries también puede ser impulsivo y enfadarse con rapidez, por lo que es posible que deba trabajar para controlar sus emociones e impulsos de forma saludable. La primera casa también puede revelar información sobre sus antecedentes familiares, los retos u obstáculos a los que se haya enfrentado al principio de su vida, que hayan conformado su personalidad y su sentido de sí mismo. Puede comprenderse mejor a usted mismo y su trayectoria vital explorando los temas y energías asociados a la primera casa y a Aries.

La segunda casa de Tauro

Palabras clave: Posesiones materiales, valores, autoestima, seguridad financiera.

La relación entre Tauro y la segunda casa es que ambos representan las posesiones materiales, los recursos y la autoestima. Tauro es un signo de tierra asociado a la practicidad, la estabilidad y la seguridad, que son temas relevantes en la segunda casa. El glifo de Tauro representa la cabeza y los cuernos de un toro, lo que indica la tenacidad, la determinación y la voluntad de avanzar hacia adelante en lo que se desea. Tauro es un signo fijo, lo que significa que se centra en la estabilidad y la resistencia al cambio. Su polaridad es femenina (yin), receptiva, nutritiva e introspectiva.

La segunda casa representa sus recursos personales, incluidas sus posesiones, sus finanzas y su autoestima. Es la casa de la seguridad material y la estabilidad, así como de sus valores y prioridades en la vida. También indica su capacidad para gestionar los recursos, tanto financieros como sus talentos y habilidades. Tener una segunda casa fuerte en su carta solar puede indicar un enfoque en la construcción y acumulación de posesiones materiales y el desarrollo de un fuerte sentido de autoestima y autovaloración. También puede indicar un enfoque en la estabilidad, la gestión financiera, un aprecio por la belleza y los placeres de la vida. Una segunda casa débil o con problemas puede indicar dificultades para gestionar los recursos, problemas de autoestima o inestabilidad financiera.

También puede interesarle desarrollar sus habilidades y talentos para aumentar su potencial de ingresos. Igualmente es posible que necesite examinar su relación con el dinero, las posesiones y desarrollar un sentido más sano de la autoestima.

La tercera casa de Géminis

Palabras clave: Comunicación, aprendizaje, viajes cortos, hermanos.

La tercera casa está relacionada con la comunicación, el aprendizaje y el entorno inmediato. Géminis es un signo de aire con una modalidad mutable y una polaridad positiva, y su glifo representa a los gemelos, lo que significa dualidad y versatilidad. Las energías de la tercera casa reflejan la curiosidad intelectual, la capacidad de comunicación y la adaptabilidad de Géminis. Esta casa se ocupa de cómo se comunica, se expresa y recopila información. También representa su entorno inmediato, como hermanos, vecinos y rutinas diarias.

La tercera casa puede proporcionar información sobre cómo aprende y procesa la información, su estilo de comunicación, su relación con hermanos y vecinos. También muestra cómo se expresa creativamente a través de la escritura, la palabra u otros medios. Además, la tercera casa está relacionada con los viajes cortos, el transporte y la tecnología. Una tercera casa fuerte en una carta solar puede indicar a alguien muy comunicativo, adaptable y curioso. Puede destacar en campos como la escritura, la enseñanza, el periodismo o la oratoria. Sin embargo, una tercera casa débil o afectada puede sugerir dificultades de comunicación o aprendizaje, o problemas con hermanos o vecinos.

La cuarta casa de Cáncer

Palabras clave: Hogar, familia, raíces, seguridad emocional.

La cuarta casa se asocia con el hogar, la familia y la seguridad emocional, todos ellos temas importantes en la energía de Cáncer.

Cáncer es un signo de agua, representado por el glifo del cangrejo. Los signos de agua son conocidos por su profundidad emocional, sensibilidad e intuición. Cáncer es un signo cardinal, lo que significa que se asocia con la iniciativa, el liderazgo y la acción. También es un signo femenino o yin, lo que significa que es receptivo y nutritivo.

En astrología, la cuarta casa representa los cimientos de la vida física y emocional. Se asocia con el hogar, la familia, el sentido de la seguridad y las raíces. Esta casa representa el pasado, especialmente la infancia y la educación. Puede proporcionar información sobre la influencia de la dinámica familiar y su papel en la formación del sentido de identidad y las necesidades emocionales del individuo.

La cuarta casa también rige la vida privada, incluidos los aspectos más íntimos de uno mismo que no siempre son visibles para el público. Esta casa está relacionada con la salud emocional, el bienestar y el sentido de pertenencia y conexión con los demás. También puede proporcionar información sobre el modo en que una persona busca la comodidad y la seguridad en la vida, tanto física como emocionalmente.

Durante un retorno solar, la cuarta casa puede indicar un enfoque en el hogar y los asuntos familiares y una mayor necesidad de seguridad y estabilidad emocional. También puede sacar a relucir cuestiones relacionadas con el pasado, en particular las experiencias de la infancia, y cómo estás siguen influyendo en las necesidades emocionales y el sentido de la identidad. Un fuerte énfasis en la cuarta casa puede sugerir una necesidad de introspección, de trabajo interior y de centrarse en establecer una base sólida para el futuro.

La quinta casa de Leo

Palabras clave: Creatividad, autoexpresión, placer, niños.

La quinta casa está regida por Leo, conectado a esta casa porque ambos se relacionan con la creatividad, la autoexpresión y el placer. Leo es un signo de fuego fijo, representado por el glifo del león, que significa fuerza, valor y liderazgo. Su elemento fuego simboliza la pasión, el entusiasmo y la creatividad, mientras que su modalidad fija representa la estabilidad, la determinación y la persistencia. Su polaridad es yang, lo que significa que es extrovertida, activa y asertiva.

La quinta casa se conoce comúnmente como la casa de la creatividad, y está asociada a todas las formas de expresión personal, como el arte, la música, el teatro y la escritura. También está relacionada con las relaciones románticas, los hijos y las actividades de ocio. Esta casa representa la forma en que uno se expresa creativamente, busca el placer y el disfrute, y se relaciona con los demás en las relaciones románticas y sexuales. En una carta solar, la quinta casa puede proporcionar información sobre su expresión creativa, aficiones y actividades de ocio, así como sobre sus relaciones románticas y su actitud hacia el amor. También puede revelar el tipo de personas que le atraen y las cualidades que busca en una pareja. Además, la quinta casa puede indicar su relación con los hijos y las personas de su entorno.

La sexta casa de Virgo

Palabras clave: Trabajo, salud, rutina, servicio.

Virgo es un signo de tierra con el glifo de una doncella o virgen que sostiene un haz de trigo. Es un signo mutable, lo que significa que es adaptable y flexible, y también es un signo femenino o receptivo. La conexión entre la sexta casa y Virgo radica en su enfoque en los detalles, la organización y el sentido práctico. Virgo se asocia con el concepto de servicio, y la sexta casa suele estar relacionada con el trabajo y la salud, lo que indica un enfoque en ayudar a los demás y cuidar de uno mismo.

La sexta casa rige cómo se ocupa de sí mismo y de sus responsabilidades, y a menudo está vinculada a su relación con compañeros de trabajo y empleados. Una fuerte presencia de planetas en la sexta casa durante un retorno solar puede sugerir un momento de mayor atención al trabajo y a los asuntos de salud. Este puede ser un momento para la mejora personal y el mantenimiento de la rutina, ya sea estableciendo mejores hábitos para la productividad laboral o centrándose en la salud física y el autocuidado. También puede sugerir un momento de mayor responsabilidad y atención a los detalles en la vida cotidiana.

La séptima casa de Libra

Palabras clave: Relaciones, asociaciones, colaboración, matrimonio.

La conexión entre Libra, simbolizado por la balanza, y la séptima casa es que ambos están relacionados con las relaciones, el equilibrio y la armonía. Libra es un signo de aire asociado a la comunicación, las ideas y la estimulación mental. Es un signo cardinal proactivo, orientado a la acción y centrado en iniciar nuevos proyectos. Libra también es un signo masculino asociado con la asertividad y la expresión exterior.

La séptima casa suele denominarse la casa de las asociaciones, el matrimonio y los contratos. Representa sus relaciones con los demás, especialmente con sus socios sentimentales y comerciales. También se asocia con el equilibrio, la armonía, la diplomacia, la negociación y el compromiso. La séptima casa puede dar información sobre el tipo de personas que atrae y su enfoque de las relaciones y asociaciones. La séptima casa también puede revelar información sobre su lado oscuro, incluidas las cualidades y comportamientos que proyecta en sus parejas. También puede poner de manifiesto desequilibrios o problemas en sus relaciones que deben abordarse y resolverse.

La octava casa de Escorpio

Palabras clave: Transformación, recursos compartidos, intimidad, dinámica de poder.

Escorpio es un signo fijo de agua. Su glifo está representado por un escorpión, que simboliza la profunda intensidad emocional del signo y su capacidad para picar cuando se siente amenazado. El elemento agua representa las emociones y la intuición, mientras que la modalidad de fijo significa que Escorpio es estable y persistente en sus propósitos. Escorpio también es un signo femenino y se asocia con la polaridad del yin.

La conexión entre Escorpio y la octava casa se basa en sus temas comunes de transformación, regeneración e intimidad. Escorpio es conocido por su intenso deseo de poder y control, y la octava casa representa los recursos compartidos, como las finanzas, las herencias y las relaciones íntimas. Tanto Escorpio como la octava casa se ocupan de los aspectos más oscuros de la vida, como los secretos, los tabúes y la muerte.

En una carta solar, la octava casa significa transformación psicológica profunda, exploración, recursos compartidos e intimidad con los demás. Esta casa puede proporcionar una visión de las actitudes personales hacia el sexo, la muerte y otros temas tabú. La octava casa también se asocia con las herencias, las inversiones y las finanzas conjuntas, por lo que es un área importante para examinar la planificación financiera y la toma de decisiones. Además, la octava casa está relacionada con el concepto de renacimiento y transformación, lo que indica que esta casa puede proporcionar información sobre el crecimiento y la evolución personal.

La novena casa de Sagitario

Palabras clave: Enseñanza superior, viajes, filosofía, espiritualidad.

Sagitario es un signo de fuego con el glifo de un arquero disparando una flecha hacia el cielo. Es un signo mutable, que indica adaptabilidad y flexibilidad, y su elemento es el fuego, que representa la inspiración, la pasión y la creatividad. La polaridad de Sagitario es el yang, que se asocia con la asertividad, la confianza y la acción.

La conexión entre Sagitario y la novena casa radica en sus temas compartidos de exploración, expansión y aprendizaje superior. Sagitario es conocido por su amor a la aventura y la exploración, y la novena casa lo refleja a través de su asociación con la educación superior, los viajes, la filosofía y la espiritualidad. Tanto Sagitario como la novena casa buscan ampliar sus horizontes a través de actividades físicas o intelectuales.

En cuanto a su significado en una carta solar, la novena casa revela las actitudes de una persona hacia la educación superior, la filosofía y la espiritualidad. Indica su deseo de aprender y explorar el mundo que le rodea, su capacidad para comprender conceptos abstractos y su voluntad de buscar la verdad y el significado. La novena casa también refleja la relación de una persona con culturas extranjeras y su deseo de viajar y experimentar distintas formas de vida. Además de que puede revelar la actitud de una persona hacia la religión y su sentido de la vida.

La décima casa de Capricornio

Palabras clave: Carrera, reputación, imagen pública, autoridad.

Capricornio es un signo de tierra con el glifo de la cabra montés. Es un signo cardinal, lo que significa que se centra en actuar e iniciar el cambio. El elemento de Capricornio es la tierra, lo que lo hace práctico, con los pies en la tierra y centrado en el éxito material. Su modalidad también se asocia con la estructura y la organización, lo que lo convierte en un signo de autoridad y responsabilidad. Capricornio es un signo femenino yin, que representa las cualidades receptivas y reflexivas del universo.

La décima casa se conoce tradicionalmente como la casa de la carrera, la imagen pública y el estatus social. Representa nuestras aspiraciones, objetivos y logros en el mundo exterior. La décima casa es la casa del padre, de las figuras de autoridad y de las instituciones gubernamentales. También representa nuestro sentido del deber, la responsabilidad y la reputación. Esta casa está asociada a su legado y a cómo la sociedad le recuerda cuando ya no esté.

La posición de los planetas en la décima casa puede proporcionar información sobre su carrera y sus actividades profesionales. Muestra su nivel de ambición, su deseo de triunfar y el tipo de trabajo para el que es más apto. También puede revelar su relación con las figuras de autoridad, su necesidad de reconocimiento y aprobación, y su capacidad para asumir responsabilidades. La condición del regente de la décima casa, Saturno, puede indicar cómo maneja los retos y obstáculos en su vida profesional y el nivel de disciplina y concentración que aporta a su trabajo.

La undécima casa de Acuario

Palabras clave: Comunidad, grupos sociales, esperanzas y deseos, humanitarismo.

Acuario se asocia con la idea de comunidad y grupos sociales, y la undécima casa se asocia con las conexiones y redes sociales. Acuario es un signo de aire con el glifo de dos líneas onduladas que representan el agua o la electricidad. Su elemento es el aire, que representa el intelecto, la comunicación y la conexión social. Acuario es un signo fijo, lo que indica una naturaleza estable, persistente, su polaridad es masculina, representando la asertividad y la acción.

La undécima casa se asocia tradicionalmente con las esperanzas, los sueños, las aspiraciones, las amistades, los grupos y las organizaciones. Representa las redes que se forman y los círculos sociales a los que se pertenece. También se asocia con el humanitarismo, la filantropía y las causas sociales.

En una carta solar, también puede indicar sus aspiraciones y objetivos y su capacidad para trabajar con otros hacia un propósito común. El signo que rige la undécima casa también puede dar una idea de su enfoque de la conexión social y sus actitudes hacia la participación en la comunidad.

La duodécima casa de Piscis

Palabras clave: Mente subconsciente, espiritualidad, influencias ocultas, finales.

La duodécima casa se asocia con los finales, la espiritualidad y las influencias ocultas o subconscientes. Está regida por el signo zodiacal Piscis, conocido por sus cualidades oníricas e intuitivas. Piscis y la duodécima casa representan el reino de lo inconsciente y lo espiritual, ambos asociados con la entrega y la liberación.

El glifo de Piscis representa a dos peces nadando en direcciones opuestas, lo que refleja la naturaleza dualista del signo. Piscis es un signo mutable, adaptable y que fluye con las circunstancias cambiantes. El planeta regente de Neptuno se asocia con la imaginación, la intuición y la espiritualidad. El elemento de Piscis es el agua, que enfatiza la profundidad emocional y la sensibilidad, y su polaridad es femenina, que representa una energía pasiva, intuitiva y nutritiva.

La duodécima casa se asocia con la mente subconsciente, la espiritualidad y el final de los ciclos. Representa la necesidad de retiro y reflexión y puede asociarse con influencias ocultas y secretos. Los planetas en esta casa pueden indicar dónde puede experimentar finales o la necesidad de introspección en su vida y proporcionar información sobre su relación con la espiritualidad y su capacidad para rendirse y dejar de lado el control.

Capítulo 5: Su ascendente de revolución solar

En astrología, el ascendente, también conocido como signo ascendente, es el signo zodiacal que se elevaba en el horizonte oriental en el momento del nacimiento. En una carta solar, el ascendente representa la "máscara" que lleva durante el año o cómo se presenta al mundo.

El ascendente en su carta solar puede indicar cómo puede cambiar su aspecto físico o cómo puede proyectar una imagen diferente al mundo. Además, el ascendente puede proporcionar pistas sobre los temas y las áreas de interés del próximo año, ya que marca el tono de toda la carta.

La ubicación del ascendente en una casa de la carta solar también puede ser significativa, ya que muestra qué área de la vida se enfatizará durante el año. Por ejemplo, supongamos que el ascendente cae en la cuarta casa. En ese caso, es posible que el año se centre en la familia, el hogar y la seguridad emocional. Si cae en la décima casa, puede centrarse en la carrera, la imagen pública y los logros.

Ascendentes en los signos

Aries

Cuando el ascendente solar está en Aries, puede indicar un año de nuevos comienzos. El individuo puede sentir una sensación renovada de vitalidad y energía y estar más dispuesto a emprender nuevos proyectos y retos. Esta posición también puede sugerir una necesidad de independencia y un deseo de afirmar la propia voluntad e identidad.

Tauro

En una carta solar, cuando el ascendente está en Tauro, puede indicar un año centrado en la estabilidad, la seguridad y el bienestar material. Puede ser un momento para construir los cimientos de la propia vida, como la compra de una casa o el inicio de un plan de inversión a largo plazo. La estabilidad financiera y la seguridad también pueden ser un foco importante, con oportunidades de crecimiento y expansión en esta área.

Géminis

Cuando el ascendente solar está en Géminis, sugiere que el próximo año será una época de mayor comunicación, trabajo en red y aprendizaje. Esto puede manifestarse como un aumento de la vida social, con oportunidades para conocer gente nueva y entablar conversaciones estimulantes. También puede indicar un mayor interés por aprender cosas nuevas, realizar cursos o cursar estudios superiores.

Cáncer

El ascendente en Cáncer indica que el próximo año será una época de crecimiento emocional e introspección. Esta colocación sugiere que el individuo estará más en contacto con sus sentimientos y puede tener una mayor necesidad de seguridad y estabilidad emocional. Es posible que se sienta más sensible de lo habitual y que necesite dedicar tiempo a cuidarse y a nutrirse.

Leo

En Leo destacan los temas de la autoexpresión, la creatividad y el liderazgo. Es posible que durante el próximo año se encuentre en posiciones de autoridad o liderazgo, y es probable que se sienta cómodo y seguro en estos papeles. También es probable que su energía creativa sea alta y que tenga éxito en sus esfuerzos creativos o artísticos. Es un buen momento para mostrar su talento y compartir su perspectiva única con los demás.

Libra

El ascendente en Libra puede indicar un año centrado en las relaciones y en crear armonía en su vida. El ascendente en Libra puede aportar un sentido de equilibrio y perspectiva al año, ayudando a facilitar las negociaciones y el compromiso en situaciones difíciles. Este puede ser un año en el que las relaciones ocupen el centro del escenario, y puede haber oportunidades para profundizar en las conexiones existentes o formar otras nuevas.

Escorpio

El ascendente en Escorpio en la carta solar puede indicar un año de transformación y renovación. Esto puede implicar dejar ir viejos patrones y creencias y abrazar un sentido más auténtico y poderoso de uno mismo. También puede haber un enfoque en la profundización de las conexiones emocionales con los demás, ya que Escorpio es un signo que es conocido por su capacidad para formar lazos intensos.

Sagitario

El próximo año será un tiempo de aventura, exploración y crecimiento. El individuo puede sentir un fuerte deseo de viajar física y mentalmente, y puede tener oportunidades para hacerlo. También puede sentirse atraído por la educación superior o las búsquedas espirituales.

Capricornio

A Capricornio le espera un año centrado en su carrera y en la consecución de objetivos. Puede ser una época de mayores responsabilidades y de necesidad de disciplina y estructura. También puede sugerir el deseo de establecer o consolidar su reputación o estatus en un campo particular. Esto puede implicar asumir nuevos retos o dar un paso adelante en funciones de liderazgo.

Acuario

Esta colocación puede indicar un año de nuevas ideas, enfoques no convencionales y de liberarse de las normas sociales. Puede haber un deseo de destacar y ser único, lo que podría ser un buen momento para probar cosas nuevas y asumir riesgos. Este emplazamiento también puede indicar un enfoque hacia la justicia social y las causas humanitarias, con oportunidades para influir positivamente en el mundo. Es importante mantener una mente abierta y aceptar el cambio durante este tiempo, ya que la energía de Acuario fomenta la innovación y el pensamiento de futuro.

Piscis

Si el ascendente cae en Piscis, sugiere que el tema del año venidero influirá fuertemente en la energía pisciana, lo que podría significar un enfoque en la espiritualidad, la creatividad y la profundidad emocional. Es posible que se sienta atraído por actividades artísticas o humanitarias y que sienta una mayor conexión con su intuición y sus capacidades psíquicas.

Ascendentes en las casas
Aries

Casa 1: Este emplazamiento indica un año de nuevos comienzos, asertividad e independencia, centrado en tomar la iniciativa y ser audaz en sus propias acciones.

Casa 2: Aquí, el individuo puede centrarse en los recursos personales, los valores y los asuntos financieros durante el año, con un potencial para adoptar un enfoque más asertivo y activo en la gestión de sus recursos.

Casa 3: La comunicación, el aprendizaje y los viajes de corta distancia pueden acentuarse durante el próximo año, centrándose en la independencia y la puesta en práctica de las propias ideas.

Casa 4: Con este emplazamiento, el año se centra en el hogar, la familia y la seguridad emocional. También puede haber una necesidad de afirmarse en estas áreas, lo que puede dar lugar a conflictos o desafíos con los miembros de la familia o problemas relacionados con la independencia y la autonomía dentro de la esfera doméstica.

Casa 5: Espere centrarse en la creatividad, la autoexpresión y asumir riesgos en asuntos del corazón. Este emplazamiento también puede sugerir un período de mayor confianza y energía, un deseo de diversión y aventura.

Casa 6: Aries en la sexta casa sugiere un enfoque en el trabajo, la salud y las rutinas diarias durante el próximo año. Puede haber un mayor impulso para tomar medidas y hacer cambios en estas áreas y una necesidad de equilibrar la asertividad con la cooperación en el lugar de trabajo.

Casa 7: El año que viene se centrará en las relaciones, las asociaciones y la colaboración, con posibles temas de autoafirmación e iniciativa en estas áreas.

Casa 8: Se espera un año centrado en la transformación, las experiencias intensas y la posibilidad de encontrarse con problemas emocionales o psicológicos profundos.

Casa 9: En la novena casa, Aries sugiere un enfoque en la exploración, los viajes, la educación y el crecimiento espiritual durante el próximo año.

Casa 10: Su atención se centrará en su carrera, imagen pública y estatus durante el próximo año.

Casa 11: El año girará en torno a las redes sociales, las amistades y las actividades de grupo, con un potencial para el liderazgo o la asertividad en estas áreas.

Casa 12: Durante el próximo año, es posible que tenga que enfrentarse a patrones subconscientes, emociones y asuntos espirituales.

Tauro

Casa 1: El ascendente en Tauro con retorno solar en la primera casa indica un enfoque en la estabilidad, la seguridad y la comodidad material en el próximo año, con un énfasis potencial en los valores personales y la autoestima.

Casa 2: Este emplazamiento sugiere un enfoque en la estabilidad financiera, las posesiones materiales y la autoestima durante el año del retorno solar.

Casa 3: Aquí, hay un enfoque en la comunicación práctica y las relaciones estables y cómodas con hermanos y vecinos.

Casa 4: Su atención debe centrarse en el hogar y la vida familiar durante el próximo año, haciendo hincapié en la creación de una base estable y segura para usted.

Casa 5: El ascendente en Tauro en la quinta casa sugiere un enfoque en la autoexpresión creativa, el placer y el disfrute, con un énfasis potencial en el romance y las relaciones.

Casa 6: El ascendente en Tauro con retorno solar en la sexta casa sugiere un enfoque en la estabilidad, la rutina en el trabajo y los asuntos de salud durante el próximo año.

Casa 7: Tener a Tauro como ascendente con retorno solar en la séptima casa sugiere un año de estabilidad potencial y arraigo en las asociaciones y relaciones, centrándose en los aspectos materiales y prácticos de los recursos compartidos.

Casa 8: El ascendente en Tauro en la octava casa sugiere un enfoque en la estabilidad financiera, los recursos compartidos y la transformación profunda durante el año del retorno solar.

Casa 9: Tener a Tauro como ascendente con retorno solar en la novena casa sugiere un enfoque en asuntos prácticos relacionados con la educación superior, los viajes o la espiritualidad durante el próximo año.

Casa 10: Un ascendente Tauro con retorno solar en la décima casa sugiere un enfoque en la carrera, la estabilidad y el éxito material durante el próximo año.

Casa 11: El ascendente en Tauro con retorno solar en la undécima casa sugiere un enfoque en las amistades, los grupos sociales y las metas personales, así como una necesidad de estabilidad y practicidad en estas áreas.

Casa 12: El ascendente en Tauro en la duodécima casa sugiere un año de introspección, retiro y la necesidad de examinar y liberarse de viejos patrones y apegos.

Géminis

Casa 1: Con un ascendente con retorno solar Géminis en la primera casa, puede haber un enfoque en la comunicación, la estimulación mental y la versatilidad en el próximo año, con un énfasis potencial en la identidad personal y la autoexpresión.

Casa 2: Este emplazamiento sugiere centrarse en la recopilación de información para aumentar la estabilidad financiera y las posesiones materiales durante el año del retorno solar.

Casa 3: Aquí, puede haber un enfoque en la comunicación con los hermanos y vecinos, así como la estimulación mental y la educación, durante el próximo año.

Casa 4: Su atención debe centrarse en el hogar y la vida familiar, así como en la comunicación dentro de la unidad familiar durante el año del retorno solar.

Casa 5: El ascendente en Géminis en la quinta casa sugiere un enfoque en la comunicación y la estimulación mental, en la autoexpresión creativa y las relaciones románticas.

Casa 6: Este emplazamiento sugiere un enfoque en la estimulación mental y la comunicación en asuntos laborales y de salud, enfatizando la versatilidad y la adaptabilidad.

Casa 7: Con un ascendente con retorno solar Géminis en la séptima casa, puede haber un enfoque en la comunicación y la estimulación mental en las asociaciones y relaciones, con un énfasis potencial en la compatibilidad intelectual.

Casa 8: Este emplazamiento sugiere un enfoque en la comunicación y la recopilación de información para obtener una comprensión más profunda y una transformación en los recursos compartidos y las relaciones íntimas.

Casa 9: Con un ascendente con retorno solar Géminis en la novena casa, puede haber un enfoque en la estimulación mental y los viajes en asuntos relacionados con la educación superior, la espiritualidad o los viajes de larga distancia.

Casa 10: Este emplazamiento sugiere un enfoque en la comunicación, la creación de redes y la versatilidad de la carrera y la imagen pública durante el año del retorno solar.

Casa 11: El ascendente en Géminis con retorno solar en la undécima casa sugiere un enfoque en la comunicación y la estimulación mental en grupos sociales y metas personales, con un énfasis potencial en las conexiones intelectuales y la creación de redes.

Casa 12: Este emplazamiento sugiere un año de introspección y reflexión sobre los patrones de comunicación y los hábitos mentales, así como la necesidad de liberarse de viejos patrones y apegos relacionados con la comunicación y la estimulación mental.

Cáncer

Casa 1: Un ascendente con retorno solar en Cáncer en la primera casa indica un enfoque en la sensibilidad emocional y el cuidado propio, con un énfasis potencial en la autoalimentación y el crecimiento personal.

Casa 2: Esta colocación sugiere un enfoque en la seguridad financiera y la estabilidad emocional, potencialmente enfatizando la creación de una base estable y segura para sí mismo.

Casa 3: Aquí, hay un enfoque en la comunicación y la conexión con los hermanos y vecinos, con un énfasis potencial en el apoyo emocional y la crianza.

Casa 4: Su atención debe estar en el hogar y la vida familiar, con un énfasis potencial en la conexión emocional y la crianza en la esfera doméstica.

Casa 5: El ascendente con retorno solar en Cáncer en la quinta casa sugiere un enfoque en la autoexpresión creativa y la realización emocional, con un énfasis potencial en las relaciones románticas y las pasiones personales.

Casa 6: Un ascendente Cáncer con retorno solar en la sexta casa sugiere un enfoque en el bienestar emocional y el cuidado propio en el trabajo y los asuntos de salud durante el próximo año.

Casa 7: Tener Cáncer como ascendente con retorno solar en la séptima casa sugiere un año de potencial conexión emocional, nutrición en asociaciones y relaciones, enfocándose en crear una base emocional segura y protegida.

Casa 8: El ascendente en Cáncer en la octava casa sugiere un enfoque en la seguridad emocional y la transformación de los recursos compartidos y las relaciones íntimas durante el año del retorno solar.

Casa 9: El ascendente en Cáncer en la novena casa sugiere un enfoque en el crecimiento emocional y la nutrición en asuntos relacionados con la educación superior, los viajes o la espiritualidad durante el próximo año.

Casa 10: Un ascendente con retorno solar en Cáncer en la décima casa sugiere un enfoque en la realización emocional y la crianza en la carrera y la vida pública durante el próximo año.

Casa 11: Un ascendente en Cáncer con retorno solar en la undécima casa sugiere un enfoque en la conexión emocional y el apoyo en amistades, grupos sociales y metas personales.

Casa 12: Un ascendente en Cáncer con retorno solar en la duodécima casa sugiere un año de introspección emocional, retiro y la necesidad de examinar y liberar viejos patrones y apegos emocionales.

Leo

Casa 1: Un ascendente con retorno solar en Leo en la primera casa indica un año de autoexpresión, poder personal e individualidad, con énfasis en la creatividad, la pasión y la confianza.

Casa 2: Tener a Leo como ascendente con retorno solar en la segunda casa sugiere un enfoque en la estabilidad financiera y los valores personales, enfatizando la inversión en usted mismo y en sus pasiones.

Casa 3: Un ascendente en Leo con retorno solar en la tercera casa sugiere un enfoque en la autoexpresión, la comunicación, la creatividad en las relaciones con hermanos y vecinos.

Casa 4: Esta colocación sugiere un enfoque en el hogar y la vida familiar durante el año con retorno solar, enfatizando el poder personal, el liderazgo y la autoexpresión creativa en esta área.

Casa 5: El ascendente en Leo en la quinta casa sugiere un año de autoexpresión apasionada, romance y creatividad, con un énfasis potencial en los niños y la fertilidad.

Casa 6: El ascendente con retorno solar en Leo en la sexta casa sugiere un enfoque en la creatividad, el liderazgo en asuntos de trabajo y salud durante el próximo año.

Casa 7: Esta colocación sugiere un enfoque en el poder personal y el liderazgo en las asociaciones y relaciones, con énfasis en la creatividad, la autoexpresión y la individualidad.

Casa 8: Tener a Leo como ascendente con retorno solar en la octava casa sugiere un enfoque en el poder personal, la estabilidad financiera y la transformación durante el año.

Casa 9: Un ascendente en Leo con retorno solar en la novena casa sugiere un enfoque en la creatividad y la autoexpresión en asuntos relacionados con la educación superior, los viajes o la espiritualidad.

Casa 10: Esta colocación sugiere un enfoque en el liderazgo y el éxito en la esfera pública, con énfasis en la creatividad, la autoexpresión y la individualidad.

Casa 11: Tener a Leo como ascendente con retorno solar en la undécima casa sugiere un año de liderazgo en amistades, grupos sociales y metas personales.

Casa 12: El ascendente con retorno solar en Leo en la duodécima casa sugiere un año de introspección y retiro, potencialmente enfatizando la autoexpresión creativa y la curación.

Libra

Casa 1: Un ascendente con retorno solar en Libra en la primera casa sugiere un enfoque en el equilibrio, la armonía y la estética en el próximo año, con un énfasis potencial en las relaciones personales y las asociaciones.

Casa 2: Tener a Libra como ascendente con retorno solar en la segunda casa sugiere un enfoque en las asociaciones financieras y los recursos compartidos y un deseo de equilibrio y armonía en los asuntos materiales.

Casa 3: Este emplazamiento sugiere un enfoque en la comunicación y las relaciones con hermanos y vecinos, enfatizando potencialmente la creación de conexiones armoniosas y pacíficas.

Casa 4: Un ascendente con retorno solar en Libra en la cuarta casa sugiere un enfoque en el hogar y la vida familiar durante el próximo año, enfatizando la creación de un ambiente doméstico pacífico y armonioso.

Casa 5: Este emplazamiento sugiere un enfoque en la autoexpresión creativa y el placer, potencialmente enfatizando las búsquedas artísticas y las relaciones románticas.

Casa 6: Un ascendente con retorno solar en Libra en la sexta casa sugiere un enfoque en el equilibrio y la armonía en el trabajo y los asuntos de salud, con énfasis en la creación de un ambiente de trabajo pacífico y armonioso.

Casa 7: Tener a Libra como ascendente con retorno solar en la séptima casa sugiere un año de potencial armonía, equilibrio y enraizamiento en las asociaciones y relaciones, con un enfoque en la creación de conexiones armoniosas y equitativas.

Casa 8: Este emplazamiento sugiere un enfoque en los recursos compartidos y la transformación profunda durante el año del retorno solar, con un énfasis potencial en la creación de equilibrio y armonía en estas áreas.

Casa 9: Un ascendente con retorno solar en Libra en la novena casa sugiere un enfoque en la educación superior, los viajes o la espiritualidad durante el próximo año, haciendo hincapié en la creación de una perspectiva armoniosa y equilibrada en estas áreas.

Casa 10: Esta colocación sugiere un enfoque en la carrera y la imagen pública, enfatizando potencialmente la creación de una reputación equilibrada y armoniosa durante el próximo año.

Casa 11: Tener a Libra como ascendente con retorno solar en la undécima casa sugiere un enfoque en las amistades, los grupos sociales y las metas personales, con énfasis en crear conexiones armoniosas y equitativas en estas áreas.

Casa 12: Este emplazamiento sugiere un año de introspección, retiro y necesidad de examinar y liberar viejos patrones y apegos para crear una perspectiva espiritual más equilibrada y armoniosa.

Escorpio

Casa 1: Un ascendente con retorno solar en Escorpio en la primera casa sugiere un año de transformación personal y empoderamiento, potencialmente enfatizando el autodescubrimiento y la intensidad.

Casa 2: El ascendente con retorno solar en Escorpio en la segunda casa sugiere un enfoque en la transformación financiera, la profundización de los propios valores y la intensidad potencial en cuestiones de autoestima.

Casa 3: Tener a Escorpio como ascendente con retorno solar en la tercera casa sugiere un enfoque en la comunicación y las relaciones profundas y transformadoras con hermanos y vecinos.

Casa 4: El ascendente con retorno solar en Escorpio en la cuarta casa sugiere un año de emociones intensas y transformaciones potenciales relacionadas con el hogar y los asuntos familiares.

Casa 5: El ascendente con retorno solar en Escorpio en la quinta casa sugiere un año de profunda conexión emocional e intensidad en la autoexpresión creativa y las relaciones románticas.

Casa 6: El ascendente con retorno solar en Escorpio en la sexta casa sugiere un enfoque en la transformación profunda y la curación en asuntos de trabajo y salud.

Casa 7: Tener Escorpio como ascendente con retorno solar en la séptima casa sugiere un año de profunda conexión emocional e intensidad en las asociaciones y relaciones, con una necesidad potencial de transformación y empoderamiento en estas áreas.

Casa 8: El ascendente con retorno solar en Escorpio en la octava casa sugiere un enfoque en la transformación profunda y el empoderamiento relacionados con los recursos compartidos y la sexualidad durante el año.

Casa 9: El ascendente con retorno solar en Escorpio en la novena casa sugiere un año de profunda transformación e intensidad en la educación superior, los viajes o los asuntos relacionados con la espiritualidad.

Casa 10: Tener Escorpio como ascendente con retorno solar en la décima casa sugiere un enfoque en la transformación profunda y el empoderamiento en la carrera y la vida pública durante el próximo año.

Casa 11: El ascendente con retorno solar en Escorpio en la undécima casa sugiere un enfoque en amistades profundas y transformadoras, grupos sociales y metas personales.

Casa 12: El ascendente con retorno solar en Escorpio en la duodécima casa sugiere un año de reflexión, transformación y necesidad de liberarse de lo viejo.

Sagitario

Casa 1: Con un ascendente con retorno solar en Sagitario en la primera casa, puede haber un enfoque en el crecimiento personal, la libertad y la aventura en el próximo año, así como un deseo de expandir los propios horizontes.

Casa 2: Este emplazamiento sugiere centrarse en el crecimiento financiero, la estabilidad y potencialmente enfatizar los valores personales y la autoestima.

Casa 3: Con Sagitario como ascendente con retorno solar en la tercera casa, puede haber un enfoque en la comunicación, el aprendizaje y los viajes durante el próximo año, con un énfasis potencial en la expansión del conocimiento y la perspectiva de uno.

Casa 4: Esta colocación sugiere un enfoque en el hogar y la vida familiar y la necesidad de libertad e independencia dentro de estas áreas.

Casa 5: Un ascendente con retorno solar en Sagitario en la quinta casa sugiere un enfoque en la autoexpresión creativa, el placer y el disfrute, con un énfasis potencial en los viajes, la aventura y el romance.

Casa 6: Con Sagitario como ascendente con retorno solar en la sexta casa, puede haber un enfoque en el trabajo, la salud y el servicio durante el próximo año, con un énfasis potencial en el crecimiento y la expansión en estas áreas.

Casa 7: Esta colocación sugiere un enfoque en las asociaciones y relaciones, con un énfasis potencial en el crecimiento, la aventura y las experiencias compartidas.

Casa 8: Un ascendente con retorno solar en Sagitario en la octava casa sugiere un enfoque en la transformación profunda y el crecimiento y un énfasis potencial en los recursos compartidos y la estabilidad financiera.

Casa 9: Con Sagitario como ascendente con retorno solar en la novena casa, puede haber un enfoque en la educación superior, los viajes y la espiritualidad durante el próximo año, con un énfasis potencial en el crecimiento y la expansión en estas áreas.

Casa 10: Este emplazamiento sugiere un enfoque en la carrera, la reputación y la imagen pública, así como una necesidad de crecimiento y expansión personal en estas áreas.

Casa 11: Un ascendente con retorno solar en Sagitario en la undécima casa sugiere un enfoque en las amistades, los grupos sociales y los objetivos personales, con un énfasis potencial en el crecimiento, la aventura y las experiencias compartidas.

Casa 12: Este emplazamiento sugiere un año de introspección con énfasis en el crecimiento personal y la expansión espiritual.

Capricornio

Casa 1: El ascendente con retorno solar en Capricornio en la primera casa sugiere un enfoque en la responsabilidad personal, la disciplina y los logros durante el próximo año, con énfasis en la practicidad y el trabajo duro.

Casa 2: Tener a Capricornio como ascendente con retorno solar en la segunda casa sugiere un enfoque en la estabilidad financiera, la seguridad y las posesiones materiales durante el próximo año.

Casa 3: Esta colocación sugiere un enfoque en la comunicación práctica y las relaciones estables con hermanos y vecinos, con un énfasis potencial en asuntos relacionados con la carrera.

Casa 4: Un ascendente con retorno solar en Capricornio en la cuarta casa sugiere un enfoque en el hogar y la vida familiar durante el próximo año, haciendo hincapié en la creación de una base estable y segura para uno mismo.

Casa 5: Este emplazamiento sugiere un enfoque en el trabajo duro, la disciplina y la creatividad práctica, con un énfasis potencial en las relaciones románticas y el placer.

Casa 6: El ascendente con retorno solar en Capricornio en la sexta casa sugiere un enfoque en la responsabilidad y la disciplina en el trabajo y los asuntos de salud durante el próximo año.

Casa 7: Tener a Capricornio como ascendente con retorno solar en la séptima casa sugiere un año de estabilidad potencial y arraigo en las asociaciones y relaciones, con un enfoque en la practicidad y los recursos materiales.

Casa 8: Esta colocación sugiere un enfoque en la transformación profunda y la practicidad en asuntos relacionados con los recursos compartidos, las finanzas y la intimidad.

Casa 9: Un ascendente con retorno solar en Capricornio en la novena casa sugiere un enfoque en asuntos prácticos relacionados con la educación superior, los viajes o la espiritualidad durante el próximo año.

Casa 10: Tener a Capricornio como ascendente con retorno solar en la décima casa sugiere un enfoque en la carrera, el estatus y los logros durante el próximo año, con énfasis en la practicidad y el trabajo duro.

Casa 11: Esta colocación sugiere un enfoque en las amistades, los grupos sociales y los objetivos personales, así como una necesidad de practicidad y disciplina en estas áreas.

Casa 12: Capricornio en la casa 12 indica una naturaleza reservada y seria hacia la exploración de la mente subconsciente y la espiritualidad. Es posible que le cueste expresar sus emociones y que le resulte beneficioso explorar su mundo interior y encontrar formas de conectar con sus sentimientos.

Acuario

Casa 1: Tener a Acuario como ascendente con retorno solar en la primera casa sugiere un enfoque en la individualidad, la innovación y la autoexpresión no convencional durante el próximo año.

Casa 2: Este emplazamiento sugiere un enfoque en la estabilidad financiera, la innovación y la autoestima a través de talentos y recursos únicos durante el año del retorno solar.

Casa 3: Aquí, hay un enfoque en la comunicación innovadora, las relaciones con los hermanos y vecinos, un énfasis potencial en la tecnología y la creación de redes.

Casa 4: Su atención debe estar en el hogar y la vida familiar durante el próximo año, haciendo hincapié en la creación de una situación de vida única y poco convencional.

Casa 5: El ascendente de Acuario en la quinta casa sugiere un enfoque en la autoexpresión creativa, la individualidad y la experimentación, con un énfasis potencial en actividades grupales o colectivas.

Casa 6: El ascendente con retorno solar en Acuario en la sexta casa sugiere un enfoque en la innovación y la experimentación en asuntos laborales y de salud durante el próximo año.

Casa 7: Tener a Acuario como ascendente con retorno solar en la séptima casa sugiere un año de experimentación potencial, asociaciones y relaciones no convencionales, con un enfoque en las conexiones intelectuales y sociales.

Casa 8: El ascendente con retorno solar en Acuario en la octava casa sugiere centrarse en asociaciones financieras y emocionales innovadoras, en la transformación y regeneración durante el año de revolución solar.

Casa 9: Tener Acuario como ascendente con retorno solar en la novena casa sugiere un enfoque en la educación superior no convencional, los viajes o la espiritualidad durante el próximo año.

Casa 10: Un ascendente con retorno solar en Acuario en la décima casa sugiere centrarse en objetivos profesionales únicos y en una imagen pública innovadora durante el próximo año.

Casa 11: El ascendente con retorno solar en Acuario en la undécima casa sugiere centrarse en amistades, grupos sociales y metas personales, priorizando la innovación, la experimentación y la conexión intelectual.

Casa 12: Acuario en la duodécima casa sugiere una persona altamente individualista con puntos de vista poco convencionales respecto a la espiritualidad o la mente subconsciente. Esta colocación también puede sugerir una persona que se beneficia de tiempo a solas y puede tener un profundo interés en la exploración de su mundo interior a través de medios no convencionales.

Piscis

Casa 1: Un ascendente Piscis con retorno solar en la primera casa sugiere una concentración en la sensibilidad emocional, la creatividad y el crecimiento espiritual durante el próximo año.

Casa 2: Este emplazamiento sugiere un enfoque en la autoestima, la seguridad financiera y las posesiones materiales durante el año del retorno solar.

Casa 3: Aquí, hay un enfoque en la comunicación emocional, la creatividad y el crecimiento espiritual en las relaciones con hermanos y vecinos.

Casa 4: Su atención debe centrarse en la estabilidad emocional, la seguridad en el hogar y la vida familiar durante el próximo año, con un énfasis potencial en la crianza y el cuidado de los seres queridos.

Casa 5: El ascendente Piscis con retorno solar en la quinta casa sugiere un enfoque en la autoexpresión creativa, la espiritualidad y las conexiones emocionales con los demás.

Casa 6: Un ascendente Piscis con retorno solar en la sexta casa sugiere un enfoque en la sensibilidad emocional, el crecimiento espiritual en el trabajo y los asuntos de salud durante el próximo año.

Casa 7: Tener Piscis como ascendente con retorno solar en la séptima casa sugiere un año de potencial profundidad emocional y sensibilidad en las asociaciones y relaciones.

Casa 8: El ascendente en Piscis con retorno solar en la octava casa sugiere un enfoque en la transformación emocional, la espiritualidad y las conexiones emocionales profundas durante el año del retorno solar.

Casa 9: Tener Piscis como ascendente con retorno solar en la novena casa sugiere un enfoque en el crecimiento espiritual, la sensibilidad emocional y la creatividad relacionada con la educación superior, los viajes o la filosofía durante el próximo año.

Casa 10: Tener el ascendente con retorno solar en Piscis en la décima casa sugiere una concentración en la sensibilidad emocional, la espiritualidad y la autoexpresión creativa durante el próximo año.

Casa 11: El ascendente con retorno solar en Piscis en la undécima casa sugiere una concentración en las amistades, los grupos sociales, los objetivos personales que se alinean con la sensibilidad emocional, la creatividad y la espiritualidad.

Casa 12: Piscis en la duodécima casa representa una colocación en la que el individuo puede ser altamente intuitivo y sensible al reino espiritual. Es posible que tenga problemas con los límites y que necesite encontrar formas de enraizarse en el mundo físico.

Capítulo 6: Los planetas en las casas

Ha llegado el momento de volver a hablar de los planetas. Este capítulo es muy importante porque tendrá que volver a él cuando lea su carta solar.

La primera casa

Sol: Cuando el Sol se encuentra en la primera casa, puede experimentar un aumento de la confianza y la autoestima. Irradiará energía y se sentirá más firme que de costumbre. También podría sentirte más inclinado a asumir roles de liderazgo y hacer valer su autoridad.

Luna: Cuando la Luna está en la primera casa, sus emociones e instintos se agudizan. Puede encontrarse más sensible de lo habitual y tener una intuición más fuerte. Estará más en sintonía con sus emociones, pero también puede ser más malhumorado e impredecible.

Mercurio: Cuando Mercurio está en la primera casa, estará más comunicativo y hablador de lo habitual. Será rápido para expresar sus pensamientos e ideas y disfrutará compartiendo sus opiniones. Esta colocación también indica una mente aguda y buenas habilidades de comunicación.

Venus: Cuando Venus está en la primera casa, será más atractivo y encantador que de costumbre. Se preocupará más por su apariencia y se inclinará a poner más esfuerzo en su estilo personal. Esta colocación también indica un fuerte deseo de amor y afecto.

Marte: Cuando Marte está en la primera casa, tendrá mucha energía y entusiasmo. Será más asertivo y agresivo de lo normal y puede que se sienta inclinado a correr riesgos. Este emplazamiento también indica un fuerte deseo de actividad física y un espíritu competitivo.

Júpiter: Cuando Júpiter está en la primera casa, se sentirá optimista y entusiasmado con la vida. Tendrá un sentido de propósito y puede que sienta que está en una misión para conseguir algo importante. Esta colocación también indica buena suerte Y éxito.

Saturno: Cuando Saturno está en la primera casa, puede sentirse restringido o limitado de alguna manera. Puede ser más cauteloso de lo normal y tender a contenerse. Esta posición también indica la necesidad de disciplina y estructura en su vida.

Urano: Será más independiente y poco convencional de lo habitual cuando Urano esté en la primera casa. Tendrá un fuerte deseo de libertad y puede que se incline a rebelarse contra la autoridad. Esta colocación también indica una necesidad de emoción y cambio.

Neptuno: Cuando Neptuno está en la primera casa, será más imaginativo e intuitivo de lo normal. Puede que se sienta más inclinado a soñar despierto o a perderse en sus pensamientos. Este emplazamiento también indica un fuerte deseo de actividades espirituales o creativas.

Plutón: Cuando Plutón está en la primera casa, experimentará profundos cambios y transformaciones en su vida. Es posible que tenga un fuerte deseo de poder y control y que se sienta inclinado a enfrentarse a los desafíos de frente. Este emplazamiento también indica una necesidad de crecimiento personal y autodescubrimiento.

Quirón: Cuando Quirón está en la primera casa, es posible que tenga problemas de autoimagen o sentimientos de inadecuación. Sin embargo, esta colocación también indica un fuerte potencial para el autodescubrimiento y el crecimiento personal a medida que trabaja sus heridas y aprende a abrazar su verdadero yo.

Ceres: Representa la crianza, la maternidad y los ciclos de crecimiento y decadencia. Cuando Ceres se encuentra en la primera casa, es posible que sienta un fuerte deseo de cuidar y nutrir a los demás, pero también puede tener problemas con los límites y con ponerse a usted mismo en primer lugar. Esta colocación también indica una necesidad de autocuidado, nutrición y potencial para nuevos comienzos y crecimiento personal.

La luna negra Lilith: Cuando la luna negra Lilith está en la primera casa, es posible que tenga una vena rebelde o poco convencional y que luche con las expectativas o normas sociales. Sin embargo, esta colocación también indica un fuerte potencial para el autodescubrimiento, abrazar sus verdaderos deseos y pasiones, incluso si van en contra del status quo.

La segunda casa

Sol: Cuando el Sol se encuentra en la segunda casa, es posible que sienta una gran autoestima y confianza en su capacidad para atraer la abundancia y las posesiones materiales. Esta colocación también puede indicar un enfoque en la construcción de la seguridad financiera y la estabilidad.

Luna: Cuando la Luna está en la segunda casa, es posible que se sienta fuertemente conectado a sus posesiones y comodidades materiales. También puede estar más atento a sus necesidades emocionales y dar prioridad al autocuidado y a las prácticas de pulcro.

Mercurio: Cuando Mercurio está en la segunda casa, usted puede ser un hábil negociador que articula sus necesidades y deseos financieros. También es posible que le atraiga el trabajo relacionado con las ventas o la gestión financiera.

Venus: Cuando Venus está en la segunda casa, es posible que le gusten el lujo y las posesiones materiales. También puede atraer oportunidades financieras a través de su encanto y habilidades sociales. Esta colocación también puede indicar un deseo de relaciones armoniosas y una necesidad de equilibrar sus deseos materiales con sus necesidades emocionales.

Marte: Cuando Marte está en la segunda casa, puede estar muy motivado para perseguir el éxito financiero y asumir riesgos para lograr sus objetivos. También puede ser competitivo en asuntos financieros y tener problemas con los gastos excesivos o las compras impulsivas.

Júpiter: Cuando Júpiter está en la segunda casa, puede experimentar un crecimiento financiero y oportunidades de éxito material. Esta colocación también puede indicar la necesidad de equilibrar su deseo de posesiones materiales con sus creencias espirituales y filosóficas.

Saturno: Cuando Saturno está en la segunda casa, es posible que experimente dificultades o limitaciones financieras. Esta colocación también puede indicar la necesidad de responsabilidad financiera y de centrarse en objetivos financieros a largo plazo.

Urano: Cuando Urano está en la segunda casa, puede experimentar cambios repentinos e inesperados en su situación financiera. También puede tener un enfoque poco convencional del dinero y estar dispuesto a asumir riesgos y probar cosas nuevas para lograr el éxito financiero.

Neptuno: Cuando Neptuno está en la segunda casa, es posible que tienda a idealizar la riqueza y que tenga problemas con los límites o limitaciones financieras. También es posible que tenga talento para las actividades creativas o artísticas que pueden llevarle a obtener beneficios económicos.

Plutón: Cuando Plutón está en la segunda casa, puede experimentar una transformación en su relación con el dinero y las posesiones materiales. También puede tener talento para comprender los aspectos más profundos y ocultos de las finanzas y ser capaz de utilizar este conocimiento en su beneficio.

Quirón: Cuando Quirón está en la segunda casa, es posible que luche con sentimientos de indignidad o inseguridad relacionados con asuntos financieros. Sin embargo, este emplazamiento también indica un potencial de curación y crecimiento a medida que supera estas heridas y aprende a valorarse a usted mismo y a sus talentos.

Ceres: Cuando Ceres está en la segunda casa, es posible que encuentre alimento emocional a través de sus posesiones y seguridad financiera. También puede tener tendencia a cuidar de los demás por medios económicos y ser generoso con sus recursos. Por otro lado, es posible que luche contra la posesividad o el apego a las posesiones materiales y que necesite trabajar para encontrar la satisfacción emocional más allá de los bienes materiales.

La luna negra Lilith: Cuando la luna negra Lilith está en la segunda casa, puede temer a la pobreza o a la inseguridad financiera, lo que puede llevarle a un fuerte impulso por acumular riquezas. Alternativamente, puede tener una actitud rebelde o inconformista hacia el dinero y puede rechazar las normas sociales en torno a la riqueza y las posesiones materiales. Este emplazamiento también puede indicar un potencial de transformación y crecimiento a medida que se enfrenta a sus miedos y deseos más profundos relacionados con el dinero.

La tercera casa

Sol: Tiene un fuerte deseo de expresarse a través de la comunicación y puede disfrutar compartiendo sus ideas con los demás. Esta colocación también puede indicar una fuerte conexión con los hermanos o un deseo de conectar con su comunidad local.

Luna: Tiene una curiosidad natural y un deseo de aprender sobre diversos temas. También puede tener una estrecha relación con sus hermanos o disfrutar pasando tiempo en su comunidad local. Sin embargo, esta colocación también puede indicar una tendencia a la ansiedad y el nerviosismo en situaciones sociales.

Mercurio: Este es un emplazamiento natural para Mercurio, el planeta de la comunicación y el aprendizaje. Tiene una mente rápida y puede disfrutar aprendiendo y compartiendo información con los demás. También puede ser hábil escribiendo, hablando o enseñando.

Venus: Tiene un estilo de comunicación encantador y amistoso que puede hacerle popular en situaciones sociales. También puede amar el arte, la belleza y la estética y disfrutar expresándose creativamente a través de la escritura o la oratoria.

Marte: Tiene un enfoque competitivo y enérgico de la comunicación, lo que puede convertirle en un eficaz polemista u orador. Sin embargo, esta colocación también puede indicar una tendencia hacia la impaciencia y la impulsividad en su estilo de comunicación.

Júpiter: Tiene un entusiasmo natural por aprender y puede disfrutar explorando nuevos temas o ideas. Esta posición también puede indicar talento para enseñar o guiar a otros.

Saturno: Es posible que luche contra la duda o la ansiedad en torno a sus habilidades comunicativas, lo que le llevará a ser cauteloso o reservado a la hora de hablar o escribir. Sin embargo, esta colocación también puede indicar un potencial para desarrollar una fuerte disciplina y concentración en sus actividades mentales.

Urano: Tiene un enfoque innovador y poco convencional de la comunicación y puede disfrutar explorando ideas nuevas y poco convencionales. Este signo también puede indicar la posibilidad de que se produzcan repentinas ideas o avances en su aprendizaje o actividad mental.

Neptuno: Tiene una gran intuición y puede que le atraigan los temas espirituales o místicos. Sin embargo, esta colocación también puede indicar un potencial de confusión o engaño en sus actividades mentales, por lo que es importante mantener los pies en la realidad.

Plutón: Tiene un fuerte deseo de poder y control en su comunicación y puedes sentirse atraído por temas de investigación. Esta colocación también puede indicar un potencial de profunda transformación y crecimiento en sus actividades mentales.

Quirón: Cuando Quirón se encuentra en la tercera casa, es posible que haya vivido una experiencia difícil o traumática relacionada con la comunicación o el aprendizaje. Sin embargo, este emplazamiento también puede indicar un potencial de profunda curación y transformación a través del desarrollo de sus habilidades comunicativas o la exploración de nuevos temas.

Ceres: Cuando Ceres está en la tercera casa, es posible que le guste cuidar a los demás a través de la comunicación, la enseñanza o la tutoría. Alternativamente, puede luchar con la codependencia o luchar para expresar sus propias necesidades en las relaciones.

La luna negra Lilith: Cuando la luna negra Lilith está en la tercera casa, puede tener un miedo profundo a expresarse o luchar con la comunicación de alguna manera. Esta colocación también puede indicar un potencial de transformación y crecimiento a medida que se enfrenta y trabaja a través de sus miedos y deseos más profundos en torno a la comunicación y el aprendizaje.

La cuarta casa

Sol: Usted siente un profundo apego por su hogar y su familia, y puede darles prioridad por encima de todo. También desea seguridad y estabilidad emocional.

Luna: Este es un emplazamiento natural para la luna, el planeta de las emociones y la crianza. Tiene una profunda conexión emocional con su hogar y su familia y puede que disfrute cocinando, cuidando o atendiendo a los demás.

Mercurio: Tiene una fuerte conexión con sus raíces y la historia familiar y disfruta investigando o aprendiendo sobre su ascendencia. También le interesa mucho la psicología o el funcionamiento interno de la mente.

Venus: Desea belleza, comodidad y armonía en su hogar y puede disfrutar decorando, entreteniendo u organizando reuniones para amigos y familiares.

Marte: Desea poder y control en su hogar y en las relaciones familiares. Existe un potencial de conflicto o tensión dentro de su dinámica familiar.

Júpiter: Anhela expansión y crecimiento dentro de su hogar y vida familiar y una exploración espiritual o filosófica dentro de su dinámica familiar.

Saturno: Posee un fuerte sentido de la responsabilidad o del deber hacia su familia, lo que puede provocar sentimientos de restricción o limitación. Existe la posibilidad de desarrollar fuertes límites o de establecer una base estable dentro de su vida hogareña.

Urano: Busca libertad e independencia en su hogar y en su vida familiar. Esta posición también puede indicar cambios inesperados o repentinos en la dinámica familiar.

Neptuno: Tiene una fuerte conexión con el reino espiritual o místico y puede encontrar consuelo en su hogar o en su vida familiar. Puede experimentar confusión o ilusión dentro de su dinámica familiar.

Plutón: Desea poder y control dentro de su hogar y relaciones familiares y una oportunidad para una profunda transformación o agitación dentro de su dinámica familiar.

Quirón: Cuando Quirón está en la cuarta casa, es posible que haya vivido una experiencia difícil o traumática relacionada con su hogar o su vida familiar. Sin embargo, este emplazamiento también puede ofrecerle una profunda curación y crecimiento a través de la exploración de su historia familiar o la crianza de su niño interior.

Ceres: Es posible que tenga un fuerte deseo de cuidar y alimentar a su familia, pero puede tener problemas de codependencia o de límites. Puede desarrollar una fuerte inteligencia emocional y prácticas de autocuidado.

La luna negra Lilith: Cuando la luna negra Lilith está en la cuarta casa, puede que no se sienta particularmente confiado con respecto a su familia o vida hogareña. Experimentará un crecimiento a medida que se enfrenta y trabaja sus miedos y deseos más profundos en torno a la familia y la seguridad emocional.

La quinta casa

Sol: Es probable que tenga un fuerte impulso creativo y que se sienta atraído por el arte, la música o el teatro. También es posible que le guste correr riesgos y ser el centro de atención.

Luna: Las emociones y la creatividad están estrechamente entrelazadas para esta persona, que puede encontrar la satisfacción emocional a través de la autoexpresión. También querrá nutrir y cuidar a los niños.

Mercurio: Esta posición sugiere una persona muy comunicativa a la que le gusta utilizar el lenguaje de forma creativa. Es posible que le atraigan las actividades intelectuales, como la escritura o la enseñanza.

Venus: El romance y la creatividad están estrechamente ligados a esta persona, que puede disfrutar de fantasías románticas y expresarse a través del arte o la música. Si este es su caso, buscará conectar con los demás a un nivel emocional profundo.

Marte: Usted es muy competitivo y puede disfrutar arriesgándose en actividades creativas. También le gustan las actividades físicas como los deportes o la danza.

Júpiter: Es optimista y le gusta arriesgarse en actividades creativas. Desea explorar nuevas experiencias y puede sentirse atraído por la aventura y los viajes.

Saturno: Es posible que experimente limitaciones o restricciones con respecto a la expresión creativa, pero esta colocación también puede indicar el potencial para desarrollar disciplina y estructura en sus actividades artísticas. También puede tener dificultades o desafíos en sus relaciones románticas.

Urano: Desea la innovación y la experimentación en sus esfuerzos creativos y puede sentirse atraído por expresiones artísticas poco convencionales o vanguardistas.

Neptuno: Tiene una profunda conexión con su intuición creativa y puede encontrar consuelo en actividades artísticas o espirituales. Cuidado con la confusión o la ilusión en las relaciones románticas.

Plutón: Desea poder e intensidad en sus esfuerzos creativos y puede sentirse atraído hacia temas transformadores o tabú. Existe la posibilidad de conexiones emocionales y sexuales profundas en las relaciones románticas.

Quirón: Cuando Quirón está en la quinta casa, es posible que haya vivido una experiencia difícil o traumática relacionada con su expresión creativa o sus relaciones románticas. Sin embargo, esta colocación permite una profunda curación y crecimiento a través de la exploración de sus talentos creativos o el desarrollo de un sano sentido de autoestima en las relaciones.

Ceres: Su deseo de cuidar y nutrir sus relaciones románticas es fuerte, y puede experimentar problemas de codependencia o de límites. Puede desarrollar un fuerte sentido de amor propio e independencia en las relaciones.

La luna negra Lilith: Cuando la luna negra Lilith está en la quinta casa, puede experimentar un profundo miedo o desconfianza en su expresión creativa o relaciones románticas. Espere transformación y crecimiento a medida que se enfrenta y trabaja a través de sus miedos y deseos más profundos en torno a la expresión creativa y la intimidad romántica.

La sexta casa

Sol: El Sol en la sexta casa puede hacer que se concentre mucho en su trabajo y su salud, y puede sentirse muy orgulloso de estar al servicio de los demás.

Luna: Con la Luna en la sexta casa, puede que sea bastante sensible a las necesidades de los que le rodean y que tenga que tener cuidado de no volverse demasiado crítico o autocrítico en su deseo de estar al servicio de los demás.

Mercurio: Mercurio en la sexta casa puede convertirle en un excelente solucionador de problemas y comunicador, especialmente en el ámbito del trabajo y la salud.

Venus: Venus en la sexta casa puede otorgarle talento para crear armonía en su lugar de trabajo y cuidar de sus necesidades de salud y bienestar.

Marte: Con Marte en la sexta casa, puede que sea muy impulsivo y se centre en lograr sus objetivos en el trabajo y la salud, pero es posible que deba tener cuidado de no esforzarse demasiado.

Júpiter: Júpiter en la sexta casa puede traer oportunidades de crecimiento y expansión en su trabajo y salud, pero puede necesitar tener cuidado de no excederse en la comida u otros placeres.

Saturno: Saturno en la sexta casa puede traer un sentido de responsabilidad y disciplina a sus rutinas de trabajo y salud, pero también puede luchar con el perfeccionismo o la autocrítica.

Urano: Urano en la sexta casa puede traer cambios repentinos o interrupciones en sus rutinas de trabajo y salud, el potencial para la innovación y nuevas ideas.

Neptuno: Neptuno en la sexta casa puede dificultar el mantenimiento de los límites y el discernimiento de lo que es real en su vida laboral y sanitaria, pero también le otorga un fuerte sentido intuitivo.

Plutón: Plutón en la sexta casa puede traer intensas transformaciones a sus rutinas de trabajo y salud, pero también puede traer luchas de poder o problemas con el control.

Quirón: Quirón en la sexta casa puede traer viejas heridas o traumas relacionados con su trabajo o salud, pero también le da la oportunidad de sanar y crecer.

Ceres: Ceres en la sexta casa puede indicar un fuerte instinto de crianza o cuidado en su trabajo y vida de salud, y puede encontrar satisfacción en ayudar a los demás.

La luna negra Lilith: La luna negra Lilith en la sexta casa puede traer a colación temas relacionados con el poder y el control en su trabajo o rutinas de salud, y es posible que necesite confrontar y liberar estos patrones para encontrar el equilibrio.

La séptima casa

Sol: Puede sentirse más seguro y expresivo en las relaciones personales cuando el Sol está en su séptima casa, pero tenga cuidado de no dejar que su ego se interponga en el camino del compromiso.

Luna: Puede que esté emocionalmente en sintonía con las necesidades y estados de ánimo de su pareja cuando la Luna se encuentre en su séptima casa, pero sea consciente de las tendencias codependientes y de la necesidad de establecer límites saludables.

Mercurio: La comunicación y la compatibilidad intelectual pueden ser factores importantes en sus asociaciones cuando Mercurio está en su séptima casa, pero tenga cuidado de no volverse demasiado analítico y distante.

Venus: Es posible que priorice la armonía y la belleza en sus relaciones cuando Venus esté en su séptima casa, pero tenga cuidado de no comprometerse demasiado para evitar conflictos.

Marte: Es posible que valore la asertividad y la pasión en sus relaciones de pareja cuando Marte esté en su séptima casa, pero tenga cuidado con la agresividad y la necesidad de una comunicación y negociación sanas.

Júpiter: Es posible que busque el crecimiento y la expansión en sus relaciones cuando Júpiter esté en su séptima casa, pero tenga cuidado con comprometerse demasiado e ignorar las señales de alarma.

Saturno: Puede experimentar desafíos y lecciones en su relación de pareja cuando Saturno está en su séptima casa, pero con paciencia y compromiso, puede construir un vínculo fuerte y duradero.

Urano: Puede que ansíe la libertad y la imprevisibilidad en sus relaciones cuando Urano esté en su séptima casa, pero tenga cuidado con la impulsividad y la necesidad de estabilidad.

Neptuno: Es posible que tenga una visión romántica e idealista de sus relaciones de pareja cuando Neptuno se encuentre en su séptima casa, pero tenga cuidado con las desilusiones y la necesidad de establecer límites claros.

Plutón: Puede experimentar relaciones intensas y transformadoras cuando Plutón está en su séptima casa, pero tenga cuidado con las luchas de poder y la necesidad de respeto y confianza mutuos.

Quirón: Puede encontrar heridas y oportunidades de sanación en sus relaciones de pareja cuando Quirón está en su séptima casa, pero con vulnerabilidad y honestidad, puede profundizar su conexión y crecimiento.

Ceres: Puede valorar la crianza y el cuidado en sus relaciones cuando Ceres está en su séptima casa, pero sea consciente de la codependencia y la necesidad de autocuidado.

La luna negra Lilith: Es posible que se enfrente a problemas de poder y control en sus relaciones de pareja cuando la luna negra Lilith está en su séptima casa, pero con la autoconciencia y el empoderamiento, puede transformar y sanar estas dinámicas.

La octava casa

Sol: El Sol en la octava casa sugiere que puede tener un profundo interés por descubrir verdades ocultas y explorar los misterios de la vida. También es posible que sienta un fuerte deseo de transformarse a sí mismo y a los demás a través del crecimiento personal y el autodescubrimiento.

Luna: La Luna en la octava casa indica que puede tener experiencias emocionales intensas y una fuerte conexión con su mente subconsciente. También puede interesarle la psicología y explorar los aspectos más oscuros de la naturaleza humana.

Mercurio: Mercurio en la octava casa sugiere que tiene una mente aguda y un gran interés por investigar lo desconocido. Puede que se le dé muy bien investigar y descubrir secretos, ya sea en su vida personal o en el trabajo.

Venus: Venus en la octava casa indica un profundo deseo de intimidad y conexión en sus relaciones. Debería considerar explorar los aspectos tabú o poco convencionales del amor y la sexualidad.

Marte: Marte en la octava casa sugiere que tiene un gran impulso para triunfar y superar obstáculos, particularmente en áreas relacionadas con el poder y el control. Pruebe una carrera que implique trabajo de investigación.

Júpiter: Júpiter en la octava casa indica que posee una fuerte intuición y un interés por explorar temas espirituales y metafísicos. Se le pueden dar muy bien los negocios y las finanzas, sobre todo en áreas relacionadas con las inversiones y la investigación.

Saturno: Saturno en la octava casa sugiere que tiene un enfoque serio y disciplinado para explorar los misterios de la vida. Lo más probable es que tenga un don para el liderazgo y la gestión, especialmente en el ámbito de las finanzas y los negocios.

Urano: Urano en la octava casa indica que tiene una actitud única y poco convencional para explorar lo desconocido. Explora su inclinación por la tecnología y la innovación, especialmente en áreas relacionadas con la investigación y el descubrimiento.

Neptuno: Neptuno en la octava casa sugiere que posee una naturaleza altamente intuitiva y empática. Es posible que disfrute explorando los aspectos espirituales y místicos de la vida, la creatividad y las artes.

Plutón: Plutón en la octava casa indica que tiene un poderoso impulso para transformarse a sí mismo y a los demás. Le encanta explorar temas tabú y descubrir verdades ocultas, especialmente en áreas relacionadas con la psicología y el ocultismo.

Quirón: Quirón en la octava casa sugiere que usted tiene una herida profunda relacionada con cuestiones de poder y control. Podría estar entre los mejores en curación y transformación, particularmente en áreas relacionadas con la psicología y el crecimiento personal.

Ceres: Ceres en la octava casa indica que tiene una fuerte conexión con la naturaleza y los ciclos de la vida y la muerte. Le interesa explorar temas relacionados con la alimentación y la nutrición y con la crianza de los demás.

La luna negra Lilith: La luna negra Lilith en la octava casa sugiere que puede que tenga una relación compleja con su poder y sexualidad. Es posible que le guste explorar temas tabú y descubrir verdades ocultas, especialmente en áreas relacionadas con lo femenino y lo oculto.

La novena casa

Sol: Cuando el Sol está en la novena casa, es posible que sienta un fuerte deseo de explorar nuevas culturas y sistemas de creencias. Su sentido de sí mismo puede estar ligado a su capacidad para ampliar sus horizontes y expandir sus conocimientos.

Luna: La Luna en la novena casa sugiere que la realización emocional puede encontrarse a través de los viajes y la exposición a diferentes culturas. Puede que tenga una fuerte conexión con sus creencias espirituales y encuentre consuelo explorando diferentes formas de entender el mundo.

Mercurio: Cuando Mercurio está en la novena casa, es posible que tenga un gran interés por la filosofía, la religión o el mundo académico. Puede que le gusten los debates intelectuales y explorar nuevas ideas.

Venus: Venus en la novena casa indica que puede sentirse atraído por personas de diferentes orígenes y culturas, lo que afecta a su sentido de la belleza y la apreciación de la estética.

Marte: Marte en la novena casa sugiere un impulso por explorar nuevos territorios, física o mentalmente. Le gusta desafiarse a sí mismo superando su zona de confort.

Júpiter: Júpiter en la novena casa es una colocación natural, ya que rige esta casa. Es un lugar excelente para la expansión, el aprendizaje y el crecimiento personal. Usted es afortunado en sus viajes y tiene un optimismo natural que le ayuda a superar los obstáculos.

Saturno: Saturno en la novena casa puede indicar un profundo respeto por la tradición y la autoridad. Usted lucha con deseos contradictorios de explorar el mundo y apegarse a patrones familiares y establecidos.

Urano: Urano en la novena casa sugiere un enfoque poco convencional de la filosofía o los viajes. Se siente atraído por grupos marginales o sistemas de creencias alternativos.

Neptuno: Neptuno en la novena casa puede traer consigo una mayor intuición y un profundo sentido de la espiritualidad. Es probable que se incline de forma natural hacia el misticismo o que se sienta atraído por las prácticas espirituales.

Plutón: Plutón en la novena casa sugiere una experiencia transformadora a través de los viajes o la investigación filosófica. Le interesa el funcionamiento de las estructuras de poder y cómo afectan a la sociedad.

Quirón: Cuando Quirón está en la novena casa, es posible que haya experimentado heridas tempranas relacionadas con sus creencias o su sentido de la aventura. Es posible que desee profundamente explorar temas espirituales o filosóficos y que encuentre sanación en la exploración de nuevas ideas y sistemas de creencias.

Ceres: Con Ceres en la novena casa, es posible que se nutra a través de los viajes y el contacto con nuevas culturas. Usted está fuertemente conectado con sus creencias espirituales o filosóficas y encuentra consuelo en la exploración de nuevas formas de entender el mundo.

La luna negra Lilith: La luna negra Lilith en la novena casa sugiere una profunda desconfianza hacia los sistemas de creencias tradicionales y un deseo de buscar formas alternativas de entender el mundo. Le atraen las enseñanzas esotéricas y rechaza los dogmas establecidos.

La décima casa

Sol: Con el Sol en la décima casa, es posible que tenga un fuerte impulso para triunfar en su carrera o en la vida pública. Necesita ser reconocido por sus logros, desea liderazgo y autoridad.

Luna: La Luna en la décima casa sugiere una profunda conexión emocional con su profesión o imagen pública. Su familia o crianza le influyen en sus elecciones profesionales.

Mercurio: Cuando Mercurio está en la décima casa, es posible que tenga fuertes habilidades de comunicación y una mentalidad estratégica con respecto a su carrera. Puede presentarse bien en público y tiene talento para establecer contactos.

Venus: Con Venus en la décima casa, puede que tenga un encanto natural y gracia en su vida pública. Considera carreras relacionadas con la estética o la belleza. También puede tener talento para la diplomacia y la negociación.

Marte: Marte en la décima casa sugiere un fuerte impulso y ambición con respecto a su carrera o imagen pública. Es posible que sea competitivo y que esté dispuesto a asumir riesgos para alcanzar sus objetivos.

Júpiter: Con Júpiter en la décima casa, puede experimentar éxito y buena fortuna en su carrera o vida pública. Tiene una actitud optimista hacia sus objetivos y es un líder natural.

Saturno: Cuando Saturno está en la décima casa, puede experimentar retrasos o desafíos en su carrera o en su vida pública. Siente un sentido de la responsabilidad y del deber hacia sus objetivos, pero puede tener dudas sobre sí mismo o limitaciones.

Urano: Urano en la décima casa sugiere una necesidad de independencia e innovación en su carrera o imagen pública. Le gustan las carreras poco convencionales o tiene un enfoque único para alcanzar sus objetivos.

Neptuno: Con Neptuno en la décima casa, es posible que desee utilizar su carrera o vida pública como un medio para la expresión espiritual o artística. Busca carreras que impliquen creatividad o humanitarismo.

Plutón: Plutón en la décima casa sugiere una transformación o intensas luchas de poder en su carrera o vida pública. Es posible que tenga un deseo de control y que se sienta atraído por carreras que impliquen poder o influencia.

Quirón: Con Quirón en la décima casa, es posible que haya experimentado heridas tempranas relacionadas con su carrera o imagen pública. Siente un profundo sentimiento de inseguridad o síndrome del impostor con respecto a sus logros.

Ceres: Con Ceres en la décima casa, puede encontrar sustento a través de su carrera o vida pública. Le encanta su trabajo y puede sentir un sentido de propósito o realización a través de sus logros.

La luna negra Lilith: La luna negra Lilith en la décima casa sugiere un rechazo de las trayectorias profesionales tradicionales o de las imágenes públicas. Le gustan las carreras que desafían el status quo o lucha con las expectativas sociales de éxito.

La undécima casa

Sol: Este es un momento de mayor socialización y actividades en grupo. Quiere a sus amigos y colegas y puede estar más motivado para perseguir sus objetivos a largo plazo.

Luna: Con la Luna en la undécima casa, puede experimentar un fuerte sentido de pertenencia y conexión con los demás. Busca grupos o comunidades que compartan sus valores e intereses y experimenta una sensación de realización emocional a través de sus conexiones sociales.

Mercurio: Sus habilidades de comunicación son excelentes en entornos de grupo. Le resulta más fácil expresar sus ideas y opiniones y disfruta intercambiando ideas e información con los demás.

Venus: Experimenta una mayor armonía y disfrute en sus relaciones sociales. Le resulta más fácil conectar con los demás y formar amistades que se apoyan mutuamente.

Marte: Se siente impulsado a perseguir sus objetivos dentro de un contexto grupal. Es competitivo en entornos grupales y está motivado para asumir un papel de liderazgo dentro de sus círculos sociales.

Júpiter: Experimenta mayores oportunidades de crecimiento y expansión a través de sus conexiones sociales. Es optimista sobre su futuro y siente abundancia y generosidad en sus relaciones.

Saturno: Con Saturno en la undécima casa, puede sentirse responsable hacia sus redes sociales y trabajar duro para construir conexiones duraderas. Elige cuidadosamente a sus amigos y adopta un enfoque disciplinado de su vida social.

Urano: Cuando Urano está en la undécima casa, experimenta cambios repentinos o alteraciones en sus redes sociales. Es posible que se sienta atraído por grupos no convencionales o alternativos y que se sienta motivado a desafiar las normas sociales tradicionales.

Neptuno: Puede tener una mayor sensibilidad a la dinámica emocional dentro de sus círculos sociales. Puede que sea más empático y compasivo con los demás y que busque conectar con aquellos que comparten sus intereses espirituales o creativos.

Plutón: Cuando Plutón está en la undécima casa, experimenta intensas luchas de poder o transformaciones dentro de sus redes sociales. Se siente atraído por grupos que tienen un fuerte sentido de propósito o misión y puede sentirse obligado a trabajar por el cambio o la reforma social.

Quirón: Usted lucha con heridas o desafíos relacionados con su sentido de pertenencia dentro de los grupos. Se esfuerza por encontrar su lugar dentro de las redes sociales o puede sentir una sensación de alienación o rechazo por parte de sus compañeros.

Ceres: Cuando Ceres se encuentra en la undécima casa, es posible que experimente una energía nutritiva y de apoyo dentro de sus redes sociales. Es posible que se sienta atraído por grupos que apoyan su crecimiento y desarrollo, y que se sienta motivado a retribuir a sus comunidades.

La luna negra Lilith: Con la luna negra Lilith en la undécima casa, puede experimentar escepticismo hacia las instituciones y redes sociales. Es posible que se sienta atraído por grupos marginales o comunidades alternativas y que se sienta motivado a desafiar las normas sociales dominantes.

La duodécima casa

Sol: Este emplazamiento indica una fuerte necesidad de retirarse de los focos y buscar la soledad. También podría sugerir una necesidad de introspección y reflexión sobre la propia identidad y propósito.

Luna: Las personas con esta posición experimentan intensos altibajos emocionales, sueños vívidos y una fuerte conexión con el subconsciente. También tienen una naturaleza compasiva y empática.

Mercurio: Las personas con esta colocación pueden sentirse atraídas por temas introspectivos o espirituales y pueden destacar en campos creativos o artísticos. También pueden tener problemas de comunicación, sobre todo a la hora de expresar sus pensamientos y emociones más íntimos.

Venus: Esta posición sugiere un profundo anhelo de conexión emocional e intimidad y una necesidad de expresión creativa. Los individuos con este emplazamiento también pueden tener problemas con los límites y el autosacrificio.

Marte: Las personas con este emplazamiento tienen experiencias espirituales intensas y transformadoras o se sienten atraídas por las causas humanitarias. También tienen problemas de asertividad y pueden sentirse agotados por los conflictos interpersonales.

Júpiter: Hay un fuerte sentido de la espiritualidad o interés por la religión y un profundo deseo de crecimiento personal e iluminación. Los individuos con este emplazamiento también pueden tender a entregarse al escapismo o a comportamientos autodestructivos.

Saturno: Las personas con esta colocación tienen una sensación de restricción o confinamiento en sus búsquedas espirituales o creativas. Luchan contra la duda y se benefician de una mayor autodisciplina.

Urano: Esta posición sugiere un deseo de libertad y autonomía en las creencias espirituales y la expresión creativa. Las personas con esta posición también pueden tender a resistirse a la autoridad o a la tradición y pueden sentirse alienadas por la sociedad.

Neptuno: Las personas con esta posición pueden tener una gran sensibilidad a las experiencias espirituales o místicas y una fuerte intuición y naturaleza imaginativa. También pueden tener problemas con los límites y dificultades para distinguir la realidad de la fantasía.

Plutón: Esta posición sugiere un viaje espiritual profundo y transformador o interés por temas esotéricos. Los individuos con este signo también pueden tender a ser reservados o manipuladores en sus relaciones personales.

Quirón: Esta posición puede indicar una necesidad de curación espiritual profunda o un deseo de ayudar a los demás en sus luchas espirituales o emocionales. Los individuos con esta colocación también pueden luchar con sentimientos de victimización o una sensación de inadecuación.

Ceres: Las personas con este emplazamiento pueden conectar fuertemente con la tierra o la naturaleza y tener una sensación de realización espiritual a través de la jardinería u otras prácticas basadas en la tierra. También pueden luchar contra sentimientos de rechazo o abandono en sus relaciones personales.

La luna negra Lilith: Esta posición sugiere un deseo de descubrir verdades ocultas y puede indicar una fascinación por los aspectos más oscuros de la espiritualidad o de la naturaleza humana. Los individuos con este emplazamiento también pueden tener problemas de ira o resentimiento hacia las figuras de autoridad o las normas sociales.

Capítulo 7: Los planetas en los signos

Ahora es momento de hablar de los planetas cuando se encuentran en cada signo del Zodíaco.

Sol

Sol en Aries: Esta colocación dinámica y asertiva puede darle un fuerte sentido de sí mismo y un deseo de pasar a la acción y perseguir sus objetivos.

Sol en Tauro: Con el sol en Tauro, es posible que tengas un enfoque práctico de la vida y una fuerte conexión con la naturaleza y el mundo material.

Sol en Géminis: Este emplazamiento puede darle una naturaleza curiosa y adaptable, un amor por la comunicación y el aprendizaje.

Sol en Cáncer: Con el sol en Cáncer, es posible que tenga una profunda sensibilidad emocional y un instinto de cuidado y protección hacia sus seres queridos.

Sol en Leo: Esta colocación audaz y creativa puede darle un fuerte sentido de confianza y un deseo de brillar en el centro de atención.

Sol en Virgo: Con el sol en Virgo, puede tener un enfoque meticuloso y analítico de la vida y un deseo de servir y ayudar a los demás.

Sol en Libra: Esta colocación puede darle una naturaleza diplomática y armoniosa, un amor por la belleza y la estética.

Sol en Escorpio: Con el sol en Escorpio, puede tener una naturaleza poderosa e intensa y un profundo deseo de transformación y crecimiento.

Sol en Sagitario: Esta colocación puede darle una naturaleza aventurera, de espíritu libre, un amor por la exploración y el aprendizaje.

Sol en Capricornio: Con el sol en Capricornio, puede tener un enfoque disciplinado y ambicioso de la vida, un deseo de logro y éxito.

Sol en Acuario: Esta colocación puede darle una naturaleza única, poco convencional, un amor por la innovación y el progreso.

Sol en Piscis: Con el sol en Piscis, puede tener una naturaleza sensible e intuitiva y una profunda conexión con el reino espiritual.

Luna

Luna en Aries: Tiene una naturaleza emocional impulsiva y directa, con necesidad de acción e independencia. Puede tener problemas de paciencia y tiende a actuar antes de pensar las cosas.

Luna en Tauro: Necesita estabilidad y seguridad, encuentra consuelo en las posesiones materiales y los placeres sensuales. Puede resistirse al cambio y valorar la rutina y la tradición.

Luna en Géminis: Tiene una naturaleza emocional curiosa y adaptable, necesita variedad y estimulación mental. Lucha con la profundidad emocional y tiende a intelectualizar sus sentimientos.

Luna en Cáncer: Tiene una naturaleza emocional sensible y cariñosa, con una fuerte necesidad de seguridad emocional, conexión con la familia y el hogar. Lucha con los límites emocionales y puede ser propenso a los cambios de humor.

Luna en Leo: Tiene una naturaleza emocional dramática y expresiva, que necesita atención y reconocimiento. Necesita trabajar la generosidad emocional y tiene tendencia al egocentrismo.

Luna en Virgo: Tiene una naturaleza emocional práctica y analítica, necesitada de orden y eficacia. Cree que necesita perfeccionismo emocional y puede ser propenso a la preocupación y la ansiedad.

Luna en Libra: Tiene una naturaleza emocional armoniosa y diplomática, que necesita equilibrio y colaboración. Está plagado de indecisión emocional y tiende a evitar los conflictos.

Luna en Escorpio: Tiene una naturaleza emocional intensa y transformadora, necesitada de profundidad e intimidad. El control emocional no es su fuerte, y puede ser propenso a los celos y la obsesión.

Luna en Sagitario: Tiene una naturaleza emocional optimista y aventurera, con necesidad de libertad y exploración. Es emocionalmente impulsivo y tiende a evitar la profundidad emocional.

Luna en Capricornio: Tiene una naturaleza emocional disciplinada y responsable, con necesidad de logros y reconocimiento. Puede ser frío y propenso a reprimir sus sentimientos.

Luna en Acuario: Tiene una naturaleza emocional única y poco convencional, necesitada de independencia y libertad de pensamiento. Puede que le cueste distanciarse emocionalmente y tienda a ser distante.

Luna en Piscis: Tiene una naturaleza emocional sensible e intuitiva, con necesidad de conexión con los reinos divino y espiritual. Es propenso al escapismo y a la adicción.

Mercurio

Mercurio en Aries: Se comunica de forma rápida y directa, pero a veces puede resultar impaciente o pendenciero.

Mercurio en Tauro: Usted tiene un enfoque firme y deliberado de la comunicación, pero puede resistirse al cambio o a las nuevas ideas.

Mercurio en Géminis: Es usted curioso y adaptable por naturaleza, con un don para el lenguaje y la comunicación.

Mercurio en Cáncer: Tiene un estilo de comunicación sensible e intuitivo, pero puede que le cueste dejar atrás el pasado o apegarse demasiado a las emociones.

Mercurio en Leo: Tiene un estilo de comunicación dramático y seguro de sí mismo, pero puede tener dificultades para aceptar críticas o comentarios.

Mercurio en Virgo: Es detallista y analítico, con un don para la organización y la resolución de problemas.

Mercurio en Libra: Tiene un estilo de comunicación encantador y diplomático, pero puede tener problemas para tomar decisiones o adoptar una postura.

Mercurio en Escorpio: Tiene un estilo de comunicación profundo e intenso, pero puede tener problemas de confianza o ser demasiado reservado.

Mercurio en Sagitario: Tiene un estilo de comunicación aventurero y expansivo, pero puede tener problemas con la impulsividad o con ser demasiado franco.

Mercurio en Capricornio: Tiene un enfoque práctico y disciplinado de la comunicación, pero puede tener problemas por ser demasiado rígido o cerrado de mente.

Mercurio en Acuario: Tiene un estilo de comunicación innovador y poco convencional, pero puede tener problemas por ser demasiado distante.

Mercurio en Piscis: Tiene un estilo de comunicación soñador e intuitivo, pero puede tener problemas por ser demasiado vago o poco claro.

Venus

Venus en Aries: Es apasionado, impulsivo y directo en sus relaciones, con tendencia a tomar la iniciativa y a asumir riesgos.

Venus en Tauro: Aprecia profundamente la belleza y el placer y puede disfrutar entregándose a experiencias sensuales con un enfoque firme y paciente.

Venus en Géminis: Es encantador, ingenioso y versátil en sus relaciones, con una habilidad natural para adaptarse y comunicarse eficazmente con los demás.

Venus en Cáncer: Es usted cariñoso, empático y profundamente conectado con sus emociones y su vida familiar, con tendencia a buscar seguridad y estabilidad en sus relaciones.

Venus en Leo: Es seguro de sí mismo, dramático y generoso en sus relaciones, con un deseo de atención y admiración por parte de los demás.

Venus en Virgo: Es práctico, detallista y considerado en sus relaciones, con un enfoque hacia el servicio y la ayuda a los demás.

Venus en Libra: Es armonioso, diplomático y romántico en sus relaciones, con una habilidad natural para crear equilibrio y belleza en su entorno.

Venus en Escorpio: Es intenso, apasionado y profundamente leal en sus relaciones, con tendencia a buscar conexiones profundas.

Venus en Sagitario: Es aventurero, optimista y de espíritu libre en sus relaciones, deseoso de exploración y crecimiento personal.

Venus en Capricornio: Es responsable, disciplinado y reservado en sus relaciones, centrándose en construir estabilidad y seguridad a largo plazo.

Venus en Acuario: Es poco convencional, independiente e intelectualmente estimulante en sus relaciones, con tendencia a buscar parejas progresistas y con visión de futuro.

Venus en Piscis: Es sensible, romántico y profundamente intuitivo en sus relaciones, con un deseo de conexión espiritual y profundidad emocional.

Marte

Marte en Aries: Es asertivo y directo en la comunicación y puede disfrutar de una buena discusión o debate.

Marte en Tauro: Es deliberado y práctico en su comunicación, pero puede tener problemas con el cambio o la adaptación a nuevas ideas.

Marte en Géminis: Es usted ingenioso y adaptable. Destacas escribiendo, hablando o enseñando.

Marte en Cáncer: Es sensible y emocional en su comunicación y no se lleva demasiado bien con la confrontación o la crítica.

Marte en Leo: Se comunica de forma dramática y expresiva y disfruta siendo el centro de atención en situaciones sociales.

Marte en Virgo: Tiene un estilo de comunicación preciso y analítico. Le va bien la investigación, el análisis o la resolución de problemas.

Marte en Libra: Es diplomático y encantador, pero no es el más indicado para tomar decisiones o imponerse.

Marte en Escorpio: Es intenso y apasionado. Le encanta ahondar en temas profundos o tabú.

Marte en Sagitario: Es aventurero y expansivo cuando comparte sus pensamientos. Le encanta explorar nuevas ideas o filosofías.

Marte en Capricornio: Tiene un estilo de comunicación disciplinado y práctico. Sin embargo, no es bueno expresando emociones o vulnerabilidad.

Marte en Acuario: Es innovador y poco convencional en su estilo de comunicación.

Marte en Piscis: Tiene un estilo de comunicación soñador e imaginativo, pero puede tener problemas con los límites o la practicidad.

Júpiter

Júpiter en Aries: Tiene un espíritu pionero y disfruta arriesgándose para alcanzar el éxito.

Júpiter en Tauro: Tiene una sólida ética de trabajo y puede experimentar éxito y abundancia material.

Júpiter en Géminis: Le encanta aprender y disfruta explorando una variedad de temas e ideas.

Júpiter en Cáncer: Conecta fuertemente con su familia, su hogar y experimenta la plenitud emocional a través de la crianza de los demás.

Júpiter en Leo: Tiene un carisma natural, puede que le guste ser el centro de atención y utilizar su talento y creatividad para triunfar.

Júpiter en Virgo: Tiene una mente detallista y analítica. Experimenta el éxito a través de la organización y la eficiencia.

Júpiter en Libra: Tiene un fuerte sentido de la justicia y obtendrá grandes resultados en su carrera a través de las asociaciones y la colaboración.

Júpiter en Escorpio: Tiene una poderosa intuición. La transformación y la introspección profunda le llevarán muy lejos.

Júpiter en Sagitario: Notará que se siente libre y aventurero, esto le abre a nuevas experiencias y crecimiento en todos los aspectos de su vida.

Júpiter en Capricornio: Espera mayor éxito y reconocimiento en su carrera y vida pública, puede tener oportunidades de estabilidad y crecimiento a largo plazo.

Júpiter en Acuario: Hay espacio para ampliar sus círculos sociales e intelectuales, lo que le llevará a nuevas percepciones y a un sentido más profundo de comunidad.

Júpiter en Piscis: Descubrirá una mayor conexión con su intuición y espiritualidad, lo que le conducirá a una sensación más profunda de paz interior y plenitud.

Saturno

Saturno en Aries: Debe tener cuidado con la impulsividad, puede que necesite desarrollar paciencia y autocontrol en sus búsquedas.

Saturno en Tauro: Con esta colocación, nada importa más que la estabilidad financiera, así que trate de evitar ser demasiado rígido en sus creencias y valores.

Saturno en Géminis: Es posible que luche contra la indecisión y necesite desarrollar concentración y disciplina en su comunicación y aprendizaje.

Saturno en Cáncer: La seguridad emocional es muy importante para usted, puede que se encuentre constantemente atascado por la duda y el miedo al rechazo en su vida personal.

Saturno en Leo: Tenga cuidado con el orgullo y el ego. Es importante desarrollar la humildad y la voluntad de colaborar con los demás.

Saturno en Virgo: Hay una tendencia a buscar la perfección cuando no le sirve, y puede que le cueste ser demasiado critico consigo mismo y con los demás.

Saturno en Libra: El equilibrio y la armonía pueden ser esquivos en sus relaciones, y puede que necesite desarrollar un sentido más fuerte de sus mismo y de sus límites.

Saturno en Escorpio: Puede que no le resulte fácil renunciar al poder, ya que tiene problemas para soltar lastre en su vida personal y profesional. Trabaje para desarrollar la confianza y la vulnerabilidad en sus relaciones.

Saturno en Sagitario: Le aterroriza lo desconocido. Debería trabajar en desarrollar un sentido más fuerte de propósito y dirección en su vida.

Saturno en Capricornio: Este es un emplazamiento natural para Saturno, y puede que tenga un fuerte sentido de la responsabilidad y la disciplina en su vida personal y profesional.

Saturno en Acuario: Debe evitar ser demasiado rígido en sus creencias. Decida abrirse a ideas nuevas y poco convencionales.

Saturno en Piscis: Los límites importan. Necesita conocerse mejor y tener claros sus valores y creencias.

Urano

Urano en Aries: Puede sentir un fuerte deseo de independencia y la necesidad de afirmar su identidad única.

Urano en Tauro: Experimenta cambios repentinos o interrupciones en su mundo material, lo que le obliga a adaptarse y ser flexible.

Urano en Géminis: Es posible que sienta una gran estimulación mental e ideas innovadoras, que le lleven a avances y descubrimientos repentinos.

Urano en Cáncer: Busque cambios inesperados en su mundo emocional, que le lleven a una necesidad de mayor libertad y expresión personal.

Urano en Leo: No desea nada más que liberarse de las limitaciones y afirmar su individualidad, lo que posiblemente le lleve a búsquedas creativas poco convencionales.

Urano en Virgo: No se sorprenda por cambios repentinos en sus rutinas diarias o en

su entorno laboral, lo que le exigirá ser adaptable y flexible.

Urano en Libra: Tiene un enfoque innovador de las relaciones y asociaciones.

Urano en Escorpio: Espere cambios en su vida que le lleven a una comprensión más profunda de su verdadero ser y propósito.

Urano en Sagitario: Es hora de explorar nuevos horizontes y liberarse de creencias o filosofías limitantes.

Urano en Capricornio: Las cosas podrían cambiar a lo grande en su carrera o imagen pública, lo que lleva a una necesidad de mayor autenticidad y expresión personal.

Urano en Acuario: Es conocido por su excentricidad y singularidad.

Urano en Piscis: Tendrá avances repentinos en sus habilidades intuitivas o en su práctica espiritual, lo que le llevará a una mayor liberación y libertad personal.

Neptuno

Neptuno en Aries: Le atraen las prácticas espirituales que hacen hincapié en el autodescubrimiento y el autoconocimiento.

Neptuno en Tauro: Tiene una fuerte conexión con la naturaleza y aprecia la belleza y la abundancia del mundo físico.

Neptuno en Géminis: Posee una curiosidad natural y se interesa por una gran variedad de temas, pero puede tener problemas de concentración.

Neptuno en Cáncer: Su intuición es fuerte y tiene una habilidad natural para cuidar de los demás. Puede tener problemas con los límites emocionales y el cuidado de usted mismo.

Neptuno en Leo: Desea fuertemente la autoexpresión creativa y se siente atraído por las artes escénicas u otras formas de expresión creativa.

Neptuno en Virgo: Su mente es crítica y analítica, pero debe luchar contra el perfeccionismo y la autocrítica.

Neptuno en Libra: Posee un fuerte sentido de la justicia y disfruta con el activismo u otras formas de trabajo por la justicia social.

Neptuno en Escorpio: Puede tener una habilidad natural para profundizar en los misterios de la vida y la muerte.

Neptuno en Sagitario: Le encanta la aventura y desea la exploración espiritual o filosófica. Sin embargo, tiene que lidiar con sentirse atrapado o limitado.

Neptuno en Capricornio: Prefiere los enfoques prácticos y disciplinados de la espiritualidad u otras formas de crecimiento personal. Tiene que trabajar en su rigidez o miedo al cambio.

Neptuno en Acuario: Es un visionario. Elige el enfoque no convencional de la espiritualidad o el crecimiento personal y está muy involucrado en el trabajo por la justicia social u otras formas de activismo.

Neptuno en Piscis: Este es el emplazamiento natural de Neptuno, puede indicar una naturaleza profundamente espiritual o mística, una sensibilidad natural y empatía hacia los demás.

Plutón

Plutón en Aries: Desea poder y control en su vida.

Plutón en Tauro: Tiene potencial para la transformación y el crecimiento en áreas relacionadas con las posesiones materiales y la seguridad.

Plutón en Géminis: Encuentra profunda transformación y crecimiento en su comunicación y búsquedas intelectuales.

Plutón en Cáncer: Es emocionalmente intenso y desea seguridad emocional.

Plutón en Leo: Desea poder y control en la expresión creativa.

Plutón en Virgo: En las áreas relacionadas con el trabajo, la salud y el servicio, le va fenomenalmente bien.

Plutón en Libra: Desea fuertemente el poder y el control en las relaciones, lo que puede conducir a cambios positivos y al crecimiento en esta área.

Plutón en Escorpio: Posee una profunda intensidad, deseo de poder y transformación en todas las áreas de la vida.

Plutón en Sagitario: Le preocupan mucho los pensamientos de la colectividad, especialmente en lo que se refiere a los sistemas de creencias que sirven de base a la sociedad.

Plutón en Capricornio: Cuando se trata de su carrera, quiere tener el control. Cree que es importante que se haga un lugar en la sociedad.

Plutón en Acuario: Espera un profundo crecimiento en las áreas de justicia social, innovación y pensamiento no convencional.

Plutón en Piscis: Tiene una profunda sensibilidad y deseo de transformación y crecimiento espiritual, que puede manifestarse de diversas maneras en su vida.

Quirón

Quirón en Aries: Puede que le cueste expresar su individualidad o identidad.

Quirón en Tauro: Puede tener dificultades para sentirse seguro y arraigado.

Quirón en Géminis: La comunicación o el sentirse comprendido puede ser un problema para usted.

Quirón en Cáncer: Puede tener heridas profundas relacionadas con su familia y su hogar.

Quirón en Leo: Expresar su creatividad o singularidad será un reto.

Quirón en Virgo: Puede tener dificultades con el perfeccionismo o sentirse inadecuado.

Quirón en Libra: Sus obstáculos incluyen encontrar equilibrio y armonía en sus relaciones.

Quirón en Escorpio: Puede tener heridas profundas relacionadas con el poder y el control.

Quirón en Sagitario: Su obstáculo tiene que ver con encontrar significado y propósito en su vida.

Quirón en Capricornio: Puede tener heridas profundas relacionadas con la autoridad y la estructura.

Quirón en Acuario: Puede sentirse como un extraño o luchar por sentirse conectado con la sociedad.

Quirón en Piscis: El principal problema al que se enfrentará tiene que ver con los límites o con sentirse abrumado por sus emociones.

Ceres

Ceres en Aries: Ceres en Aries puede indicar un estilo de crianza que enfatiza la independencia, la asertividad y la toma de medidas para satisfacer las necesidades personales.

Ceres en Tauro: Proveerse a uno mismo y a los seres queridos a través de comodidades y placeres materiales puede aportar una sensación de profunda satisfacción emocional.

Ceres en Géminis: Ceres en Géminis sugiere una necesidad de estimulación mental diversa y curiosidad en su enfoque para nutrirse a usted mismo y a los demás.

Ceres en Cáncer: Con Ceres en Cáncer, puede haber una profunda conexión emocional con el hogar y la familia y un deseo de crear un sentido de pertenencia y seguridad en estas áreas de la vida.

Ceres en Leo: Necesita fuertemente la autoexpresión creativa y el deseo de ser reconocido por sus talentos y habilidades únicas.

Ceres en Virgo: Se centra en el autocuidado práctico y en el deseo de crear un entorno sano y organizado.

Ceres en Libra: Nada le importa más que la armonía en las relaciones y asociaciones y el deseo de ayudar a los demás a crecer mediante la cooperación y la diplomacia.

Ceres en Escorpio: Ceres en Escorpio muestra que tiene un profundo deseo de experiencias intensas que le permitan la catarsis emocional y el crecimiento.

Ceres en Sagitario: Puede haber una tendencia a buscar la realización emocional a través de la exploración de nuevas perspectivas e ideas y la expansión de los propios horizontes.

Ceres en Capricornio: Se centra en establecer formas prácticas y estructuradas de proporcionar y recibir cuidados, apoyo y alimento.

Ceres en Acuario: Nada desea más que fomentar un sentido de comunidad y pertenencia a través de medios no convencionales o innovadores.

Ceres en Piscis: Representa una profunda conexión emocional con los ciclos de la naturaleza y un enfoque espiritual de la alimentación y el sustento.

Luna negra Lilith

Luna negra Lilith en Aries: Tiende a ser impulsivo o agresivo, especialmente en las relaciones.

Luna negra Lilith en Tauro: Puede luchar con la posesividad o temer perder lo que más valora.

Luna negra Lilith en Géminis: Tiene dificultades para comunicarse y expresar sus necesidades en las relaciones.

Luna negra Lilith en Cáncer: Tiene profundas heridas emocionales relacionadas con la vida familiar u hogareña, lo que le lleva a tener miedo a la vulnerabilidad en las relaciones.

Luna negra Lilith en Leo: Constantemente lucha con problemas de poder y control en las relaciones o teme ser visto como débil.

Luna negra Lilith en Virgo: Es bastante perfeccionista, lo que crea desafíos en las relaciones y le lleva a sentirse inadecuado.

Luna negra Lilith en Libra: Tiene que lidiar con la codependencia o la dificultad para establecer límites en las relaciones.

Luna negra Lilith en Escorpio: Le preocupa ser controlado o manipulado en las relaciones, lo que le lleva a reacciones emocionales intensas.

Luna negra Lilith en Sagitario: No es muy valiente con respecto al compromiso o lucha por encontrarle sentido a las relaciones.

Luna negra Lilith en Capricornio: El miedo al fracaso le atormenta. Tiene una tendencia hacia la adicción al trabajo que crea desafíos en las relaciones.

Luna negra Lilith en Acuario: Su mayor preocupación implica perder su independencia o individualidad en las relaciones o luchar para conectarse emocionalmente.

Luna negra Lilith en Piscis: Puede tender hacia el escapismo o el victimismo en las relaciones, o luchar para hacer valer sus propias necesidades y deseos.

Capítulo 8: Los principales aspectos del retorno solar I

¿Sabía que su carta solar puede decirle todo lo que necesita saber sobre su futuro? Puede saber lo que le deparan los astros observando cómo interactúan los planetas entre sí durante el retorno o revolución solar. Por lo tanto, es importante entrar en el meollo de los diferentes aspectos del retorno solar. En este capítulo, aprenderá sobre los más importantes. Estos son:

- La conjunción
- El sextil
- La cuadratura
- El trígono
- La oposición

La conjunción

En astrología, una conjunción es un aspecto entre dos o más planetas situados muy cerca el uno del otro en el mismo signo o grado zodiacal. Este aspecto se considera uno de los más importantes de la astrología porque representa la fusión de energías entre los planetas implicados.

Sol-Sol: La conjunción Sol-Sol refuerza la energía solar y puede indicar una fuerte identidad propia, fuerza de voluntad y potencial de liderazgo.

Sol-Luna: Sol-Luna combina aspectos conscientes e inconscientes y puede indicar profundidad emocional, sensibilidad e intuición.

Sol-Mercurio: Sol-Mercurio conecta la mente racional y el yo, indicando buenas habilidades de comunicación, agilidad mental y creatividad.

Sol-Venus: Sol-Venus combina los valores personales y la estética, indicando una naturaleza encantadora, sociable y artística.

Sol-Marte: Sol-Marte representa una fuerte voluntad y vitalidad física, indicando pasión, competición y estar orientado a la acción.

Sol-Júpiter: Sol-Júpiter amplía el yo, indicando optimismo, generosidad, deseo de crecimiento y expansión.

Sol-Saturno: Sol-Saturno representa el deber, la responsabilidad y la disciplina, indicando un carácter serio, maduro y prudente.

Sol-Urano: Sol-Urano representa la individualidad y la rebeldía, indicando una naturaleza única, poco convencional y amante de la libertad.

Sol-Neptuno: Esta conjunción representa una mezcla de los aspectos espirituales y creativos del ser y puede indicar sensibilidad, intuición y talento artístico.

Sol-Plutón: Sol-Plutón representa una energía intensa y transformadora, que indica una voluntad poderosa, una profunda perspicacia y un potencial de transformación personal.

Luna-Luna: Refuerzo de la energía lunar en la carta de una persona. Puede indicar intensidad emocional, sensibilidad y una fuerte conexión con lo femenino.

Luna-Mercurio: La mezcla de energías emocionales y racionales; muestra buenas habilidades de comunicación, una fuerte intuición y una profunda comprensión de la psicología humana.

Luna-Venus: Una fuerte conexión entre las emociones y el sentido estético. Revela amor por la belleza, la armonía y las artes.

Luna-Marte: Esta conjunción representa una fuerte conexión entre las emociones y la voluntad, puede indicar una naturaleza apasionada, impulsiva y orientada a la acción.

Luna-Júpiter: Hay una mezcla de profundidad emocional y energía expansiva y optimista. Esta conjunción muestra una naturaleza generosa, abierta y filosófica.

Luna-Saturno: Demuestra sensibilidad emocional y sentido del deber o la responsabilidad, revelando una naturaleza seria, reservada y cautelosa.

Luna-Urano: Sus emociones son profundas. Desea la libertad, el cambio y la innovación, es único, poco convencional y a veces impredecible.

Luna-Neptuno: Pose una profunda conexión con el reino espiritual, talento artístico, habilidad psíquica y una fuerte intuición.

Luna-Plutón: No solo siente las cosas intensamente, sino que también es portador de energía transformadora y tiene una profunda visión de la psicología humana, la transformación personal y el potencial de renacimiento emocional.

Mercurio-Venus: Tiene un profundo amor por la belleza, la armonía y las artes, así como buenas habilidades de comunicación en las relaciones.

Mercurio-Marte: Es racional y asertivo. Tiene usted una mente rápida, una voluntad fuerte y buenas dotes de comunicación en situaciones conflictivas.

Mercurio-Júpiter: Es expansivo en su pensamiento, y esto demuestra que tiene una naturaleza filosófica, buenas habilidades de comunicación, talento para enseñar y compartir conocimientos.

Mercurio-Saturno: No solo es racional, sino también disciplinado. Sus dotes organizativas, su sentido práctico y su enfoque serio de la comunicación son impresionantes.

Mercurio-Urano: Su mente es constantemente innovadora y tiene un don para el pensamiento rápido y original, así como un interés por la ciencia y la tecnología.

Mercurio-Neptuno: Esta conjunción representa una mezcla de energías racionales y espirituales, puede indicar talento para el arte, la música y la escritura, así como buena intuición y capacidad psíquica.

Mercurio-Plutón: Esta conjunción es una combinación de energías racionales y transformadoras, puede indicar un talento para la investigación y la búsqueda, un profundo conocimiento de la psicología humana, un potencial para la transformación personal a través de la comunicación y la escritura.

Venus-Marte: Es apasionado y creativo, además de tener talento para el baile, la actuación y otras formas de arte escénico.

Venus-Júpiter: Le encantan los viajes, la aventura y el aprendizaje. Se le conoce por ser generoso y optimista.

Venus-Saturno: Tiene un enfoque práctico y realista de la belleza y las relaciones y sentido de la responsabilidad y el deber en los asuntos del corazón.

Venus-Urano: Le gusta la libertad, la independencia y la originalidad. Tiene talento para las formas de arte modernas y poco convencionales.

Venus-Neptuno: Esta conjunción indica talento para la música, la danza y otras formas de expresión artística, así como sensibilidad y compasión en los asuntos del corazón.

Venus-Plutón: La psicología y el asesoramiento son su fuerte. No solo eso, tiene el potencial para una profunda transformación y renovación en asuntos de amor y relaciones.

Marte-Júpiter: Es audaz y aventurero. Se le da bien el riesgo y el liderazgo.

Marte-Saturno: Tiene un fuerte sentido de la responsabilidad, del trabajo duro y potencial para la frustración y la ira.

Marte-Urano: Se le da muy bien el pensamiento original y la resolución creativa de problemas, le encantan la tecnología y la ciencia.

Marte-Neptuno: Tiene potencial para la habilidad psíquica, un amor por el misticismo, la espiritualidad, y un potencial para la adicción o el escapismo.

Marte-Plutón: Hay un fuerte potencial para la transformación profunda, un talento para la investigación, la búsqueda, un potencial para la ira y las luchas de poder.

Júpiter-Saturno: Esto representa un fuerte sentido de la responsabilidad, trabajo duro y potencial para el conservadurismo o la cautela.

Júpiter-Urano: Lo más probable es que le guste la tecnología, la ciencia y el cambio social, así como la rebeldía o la inquietud.

Júpiter-Neptuno: Su vida está profundamente arraigada en el misticismo, la espiritualidad y la caridad, así como un potencial para el escapismo o el engaño.

Júpiter-Plutón: Nada es más importante para usted que la transformación profunda, la búsqueda y la investigación. También existe el potencial para las luchas de poder o la obsesión.

Saturno-Urano: Se le da muy bien pensar fuera de la caja y no tiene problemas en estar solo en algún tema en particular si nadie más le apoya.

Saturno-Neptuno: Tiene una gran conexión con todas las cosas espirituales, así como un potencial para la confusión, el engaño o la adicción.

Saturno-Plutón: Tenga mucho cuidado porque su deseo de poder podría volverse bastante obsesivo. Canalizado correctamente, esto puede ser una herramienta para la transformación profunda a mejor.

Urano-Neptuno: No es ajeno a las experiencias místicas y las percepciones espirituales. También existe la posibilidad de confusión o desilusión.

Urano-Plutón: Con esta conjunción, puede esperar que se produzca una revolución completa y total de las cosas que no son deseables en su vida.

Neptuno-Plutón: Tiene habilidades psíquicas extremadamente poderosas que puede utilizar en su beneficio si decide desarrollarlas.

El sextil

En astrología, un sextil es un aspecto entre dos planetas que se encuentran a 60 grados de distancia el uno del otro. Este aspecto se considera armonioso y beneficioso, ya que permite que los planetas implicados trabajen juntos de forma positiva y se apoyen.

Sol-Sol: El sextil entre el Sol y el Sol representa un intercambio armonioso de energía entre dos individuos con identidades similares, promoviendo el apoyo mutuo y la cooperación hacia objetivos comunes.

Sol-Luna: El sextil Sol-Luna fomenta un intercambio de energía fluido entre las partes consciente e inconsciente del ser, promoviendo la estabilidad emocional y la capacidad de integrar los sentimientos en la toma de decisiones racionales.

Sol-Mercurio: El sextil Sol-Mercurio refleja un flujo armonioso de energía entre las mentes consciente y racional, promoviendo una comunicación eficaz, un intelecto agudo y una capacidad de toma de decisiones sólida.

Sol-Venus: El sextil Sol-Venus encarna la conexión entre el yo consciente y los valores estéticos, promoviendo un encanto natural, el aprecio por la belleza y las relaciones armoniosas.

Sol-Marte: El sextil Sol-Marte representa el hilo que une la conciencia con el impulso para la acción, promoviendo la motivación, la energía y una voluntad fuerte.

Sol-Júpiter: Este sextil indica optimismo, confianza y sensación de abundancia.

Sol-Saturno: Este sextil muestra sentido práctico, responsabilidad y un fuerte sentido de propósito.

Sol-Urano: Se siente a gusto con la originalidad, la independencia y el deseo de cambio.

Sol-Neptuno: Tiene una gran sensibilidad, creatividad y deseo de crecimiento espiritual.

Sol-Plutón: Puede afrontar retos, poder personal y deseo de cambios profundos.

Luna-Luna: Este sextil tiene que ver con la comprensión mutua, el apoyo emocional y un profundo vínculo afectivo.

Luna-Mercurio: Este sextil tiene que ver con la inteligencia emocional, la comunicación efectiva de los sentimientos y la capacidad de expresarse a través de la escritura o la palabra.

Luna-Venus: Ama profundamente la belleza, la conexión emocional en las relaciones y el deseo de entornos armoniosos.

Luna-Marte: Este sextil tiene que ver con su motivación, asertividad y fuerte voluntad.

Luna-Júpiter: Este sextil revela optimismo, generosidad y sentido de la abundancia.

Luna-Saturno: Posee madurez emocional, responsabilidad y un fuerte sentido de los límites.

Luna-Urano: Su inteligencia emocional es fuera de serie. Su forma de expresarse es muy auténtica y no hay nada que desee más que el cambio.

Luna-Neptuno: Es una persona muy sensible a la que no le cuesta empatizar con los demás. Una de las cosas que más le importan es el crecimiento espiritual.

Luna-Plutón: Sus emociones son muy profundas y es muy consciente del poder que lleva para afectar cualquier cambio que desee en la vida. Puede transmutarlo en algo mejor siempre que note un patrón emocional que no le sirve.

Mercurio-Venus: Con este sextil, es obvio que lo que más le importa es la capacidad de comunicarse clara y eficazmente con su pareja en una relación.

Mercurio-Marte: Es muy asertivo siempre que se comunica con los demás y tienes el impulso de hacer que las cosas sucedan, llevándolas de las ideas a la ejecución.

Mercurio-Júpiter: Tiene una alegría natural por aprender cosas nuevas. No hay nada que le entusiasme más que adquirir más conocimientos sobre una variedad de temas.

Mercurio-Saturno: Posee un pensamiento claro y estructurado, una comunicación práctica y un fuerte sentido de la responsabilidad.

Mercurio-Urano: No tiene problemas para comunicar eficazmente ideas nuevas y creativas, también tiene deseos de cambio y progreso.

Mercurio-Neptuno: Es la persona con la que la gente puede contar para tomar conceptos abstractos y aterrizarlos en la realidad. Esto le convierte en un eficaz maestro espiritual si decide seguir ese camino.

Mercurio-Plutón: Las cosas que más le importan son el crecimiento y la evolución personal.

Venus-Marte: Este sextil representa el amor por la actividad física, la comunicación eficaz de los deseos y pasiones, el deseo de equilibrio, armonía entre el amor y la asertividad.

Venus-Júpiter: Le encanta aprender y viajar. Usted tiene un deseo de crecimiento y progreso en las relaciones, una capacidad para encontrar alegría y placer en el mundo que le rodea.

Venus-Saturno: Le gusta la estructura y la estabilidad, la comunicación eficaz en las relaciones y el deseo de compromiso y responsabilidad en el amor.

Venus-Urano: Usted es la persona que tiende a tener ideas poco convencionales en las relaciones y un deseo de libertad e independencia en el amor.

Venus-Neptuno: Nada le excita más que una profunda conexión espiritual y emocional con otras personas. También disfruta de todo lo bello que le rodea.

Venus-Plutón: Cree en el amor como vehículo de crecimiento y evolución personal. Su amor no es ordinario porque es muy intenso y verdadero.

Marte-Júpiter: Nada le parece más excitante que la posibilidad de lanzarse a la aventura. Le encanta correr riesgos porque se da cuenta de que es precisamente, así como puede crecer en la vida. Conquistar retos personales y laborales le emociona porque se siente satisfecho con cada logro.

Marte-Saturno: Le gusta la estructura y la rutina, la comunicación eficaz en los negocios y en la vida personal, el deseo de éxito, reconocimiento a través del trabajo duro y la perseverancia.

Marte-Urano: Lo que más busca son los cambios, el entusiasmo, la comunicación eficaz de ideas nuevas, poco convencionales en los negocios, en la vida personal, y el deseo de libertad e independencia en la acción.

Marte-Neptuno: Cree en hacer práctico lo espiritual pasando a la acción. Le encanta aplicar las leyes espirituales en los aspectos prácticos de la vida, como los negocios, las relaciones, la salud, etc. También está muy en contacto con su lado creativo.

Marte-Plutón: Está constantemente a la búsqueda de cualquier experiencia que transforme su vida en algo más grande de lo que ya es.

Júpiter-Saturno: Cree que el crecimiento y el progreso solo pueden venir a través del trabajo duro y de mantener constantemente ese ímpetu. La mayoría de las veces, esta mentalidad da sus frutos.

Júpiter-Urano: Puede comunicar eficazmente ideas nuevas y poco convencionales en su vida personal y de negocios, a menudo estas ideas conducen al crecimiento y la evolución.

Júpiter-Neptuno: Este sextil representa el crecimiento y la espiritualidad, puede indicar amor por la creatividad y las actividades artísticas, comunicación eficaz de conceptos espirituales y abstractos en los negocios, en la vida personal, deseo de crecimiento y progreso a través del crecimiento y la evolución personal.

Júpiter-Plutón: Anhela intensidad y poder, comunicación eficaz de emociones complejas en los negocios y en la vida personal.

Saturno-Urano: Para usted, su vida es básicamente un gran experimento científico. Le encanta echar un vistazo a ideas poco convencionales y ver si realmente tendrán éxito en la vida real. Es una persona que no tiene problemas para adaptarse a la situación, sea como sea.

Saturno-Neptuno: Tiene un profundo amor por la aplicación de conceptos metafísicos en los negocios y la vida personal y un deseo de progreso y éxito a través del crecimiento y la evolución personal.

Saturno-Plutón: Posee un enfoque disciplinado del poder, la intensidad y la comunicación eficaz de emociones complejas en los negocios y la vida personal.

Urano-Neptuno: Tiene talento para la visualización creativa y la manifestación, deseo de experiencias místicas y crecimiento espiritual, voluntad para liberarse de creencias y percepciones limitantes.

Urano-Plutón: Desea la evolución personal y colectiva, está dispuesto a liberarse de sistemas y estructuras opresivas, tiene talento para liderar e inspirar a otros hacia un cambio radical.

Plutón-Neptuno: Tiene un talento asombroso para la manifestación transformadora, visionaria y la voluntad de liberarse de creencias y percepciones limitantes.

El cuadrado

En astrología, un cuadrado es un aspecto que se produce cuando dos planetas están separados por 90 grados o tres signos en el zodíaco. Este aspecto se considera un aspecto difícil o duro, ya que crea tensión y conflicto entre las energías de los dos planetas implicados.

Sol-Sol: El choque de dos voluntades fuertes conduce a luchas de poder y a la necesidad de establecer el dominio.

Sol-Luna: Conflicto entre los deseos conscientes del individuo y sus necesidades emocionales, lo que provoca agitación interior y dificultad para encontrar el equilibrio emocional.

Sol-Mercurio: Desafío en la comunicación y la autoexpresión, que conduce a malentendidos, discusiones y dificultad para transmitir lo que se quiere decir.

Sol-Venus: Lucha por equilibrar el deseo de amor y armonía con la necesidad de independencia y autoexpresión, lo que provoca problemas en las relaciones y dificultades para encontrar puntos en común.

Sol-Marte: Choque entre el deseo de acción y asertividad del individuo, su necesidad de armonía y cooperación, lo que conduce a un comportamiento impulsivo y a conflictos con los demás.

Sol-Júpiter: Tendencia a extralimitarse o a asumir más de lo que uno puede manejar, lo que conduce a expectativas poco realistas, despilfarro y necesidad de aprender a moderarse.

Sol-Saturno: Desafío para establecerse y alcanzar sus objetivos, lo que provoca dudas sobre sí mismo, miedo al fracaso y tendencia a ser excesivamente crítico o restrictivo.

Sol-Urano: Un conflicto entre la necesidad de libertad del individuo y su deseo de estabilidad, seguridad, que conduce a la impulsividad, la rebelión y la imprevisibilidad.

Sol-Neptuno: Lucha por mantener la claridad y la concentración, lo que lleva a la confusión, el engaño y una tendencia a ser demasiado idealista o escapista.

Sol-Plutón: Choque de voluntades entre el individuo y los demás o con el propio subconsciente, que conduce a luchas de poder, manipulación y necesidad de control.

Luna-Luna: Choques emocionales y cambios de humor entre dos individuos o dentro de uno mismo, que conducen a la hipersensibilidad, la necesidad y la falta de estabilidad emocional.

Luna-Mercurio: Dificultad para expresar las propias emociones y comprender las de los demás, lo que lleva a malentendidos, discusiones y distanciamiento emocional.

Luna-Venus: Lucha por conciliar las propias necesidades emocionales con el deseo de amor y armonía, lo que provoca turbulencias emocionales en las relaciones y una necesidad de equilibrio entre intimidad e independencia.

Luna-Marte: Propensión a actuar impulsivamente con base en impulsos emocionales, lo que lleva a conflictos y agresiones, y necesidad de equilibrar la expresión emocional con el autocontrol.

Luna-Júpiter: La tentación de entregarse en exceso a los placeres emocionales o de idealizar las experiencias afectivas conduce a expectativas poco realistas, al despilfarro y a la necesidad de aprender la moderación emocional.

Luna-Saturno: Tendencia a restringir la propia expresión emocional o a sentirse emocionalmente bloqueado, lo que conduce a sentimientos de aislamiento, soledad y necesidad de desarrollar resiliencia emocional.

Luna-Urano: Necesidad de libertad e independencia emocional, que conduce a un comportamiento emocional impredecible, rebeldía y necesidad de encontrar estabilidad y coherencia emocional.

Luna-Neptuno: Tendencia constante a desdibujar los límites entre la realidad y la fantasía, lo que conduce a la confusión, el escapismo y la necesidad de desarrollar límites emocionales y claridad.

Luna-Plutón: Lucha por afrontar y transformar problemas y patrones emocionales profundos, lo que conduce a luchas de poder, manipulación emocional, necesidad de desarrollar la autoconciencia emocional y la curación.

Mercurio-Sol: Una lucha interminable por expresarse con eficacia y confianza, que conduce a malentendidos, choques de ego y la necesidad de equilibrar la autoexpresión con la escucha activa.

Mercurio-Luna: Dificultad para comunicar las propias emociones y comprender las de los demás, lo que lleva a malentendidos, distanciamiento emocional y necesidad de desarrollar la inteligencia emocional.

Mercurio-Venus: Malinterpretación constante de las señales y mensajes sociales en las relaciones, lo que lleva a malentendidos, conflictos y a la necesidad de desarrollar mejores habilidades de comunicación.

Mercurio-Marte: Tendencia a discutir, debatir o actuar impulsivamente basándose en pensamientos e ideas, lo que lleva a conflictos y malentendidos, a la necesidad de equilibrar pensamiento y acción.

Mercurio-Júpiter: La exageración y simplificación excesiva de ideas y creencias, lo que lleva a malentendidos, exceso de confianza y una necesidad de desarrollar habilidades de pensamiento crítico.

Mercurio-Saturno: Una inclinación natural a ser excesivamente crítico o autocrítico, lo que lleva al pesimismo, la duda de sí mismo y la necesidad de desarrollar una autoconversación positiva y una retroalimentación constructiva.

Mercurio-Urano: Ser demasiado rebelde o poco convencional en el pensamiento, lo que lleva a malentendidos, impulsividad y necesidad de desarrollar un pensamiento más estratégico.

Mercurio-Neptuno: Inclinarse demasiado hacia el idealismo o ser poco realista en el pensamiento, lo que lleva a la confusión, la decepción y la necesidad de desarrollar una perspectiva más fundamentada.

Mercurio-Plutón: Intensidad y obsesión extremas en el pensamiento, que llevan a luchas de poder, manipulaciones y a la necesidad de desarrollar más desapego y autoconciencia.

Venus-Marte: Tendencia a ser demasiado asertivo o pasivo-agresivo en las relaciones, lo que lleva a conflictos y malentendidos, una necesidad de desarrollar la asertividad y la comunicación sana.

Venus-Júpiter: Ser demasiado optimista o indulgente en las relaciones, lo que lleva a expectativas poco realistas, exceso de confianza y necesidad de desarrollar expectativas y límites realistas.

Venus-Saturno: Pesimismo excesivo, duda de sí mismo y necesidad de desarrollar una autoconversación positiva y una retroalimentación constructiva.

Venus-Urano: Elección de ser poco convencional en las relaciones, lo que lleva a malentendidos, impulsividad y necesidad de desarrollar más empatía y comprensión.

Venus-Neptuno: Expectativas poco realistas en las relaciones, que conducen a la confusión, la decepción y la necesidad de desarrollar una perspectiva más fundamentada.

Venus-Plutón: Luchas de poder, manipulaciones y necesidad de desarrollar más confianza y vulnerabilidad en las relaciones con los demás.

Marte-Júpiter: Incapacidad para controlar el comportamiento impulsivo o imprudente, que conduce a la sobreextensión, los conflictos y la necesidad de desarrollar más cautela y pensamiento estratégico.

Marte-Saturno: Ser crítico hasta el punto de perder el control de sí mismo, lo que lleva a la frustración, a la duda de sí mismo y a la necesidad de desarrollar más confianza en sí mismo y asertividad.

Marte-Urano: Espíritu rebelde que provoca inquietud, accidentes y necesidad de desarrollar más paciencia y autocontrol.

Marte-Neptuno: Engaño, confusión y necesidad de desarrollar más claridad y autoconciencia por no estar en contacto con la realidad.

Marte-Plutón: Obsesión que conduce a luchas de poder, manipulación y necesidad de desarrollar más confianza y límites saludables.

Júpiter-Saturno: Frustración debida a expectativas rígidas y necesidad de desarrollar un enfoque más equilibrado de los propios objetivos.

Júpiter-Urano: Impulsividad, inquietud, que conducen a la necesidad de desarrollar una perspectiva con más fundamento y respeto por la tradición.

Júpiter-Neptuno: Se necesita más claridad y pensamiento crítico para evitar caer constantemente en el engaño.

Júpiter-Plutón: Aquí, expresar confianza y tener límites sanos es importante para mantenerse al margen de luchas de poder innecesarias.

Saturno-Urano: Debe ser más flexible y adaptable para evitar decepciones y frustraciones.

Saturno-Neptuno: Tendencia a ser demasiado temeroso o delirante, lo que lleva a la confusión, al autoengaño y a la necesidad de desarrollar más claridad y autoconciencia.

Saturno-Plutón: Es posible que se obsesione con el poder. Por esta razón, necesita saber qué líneas no cruzar con los demás.

Urano-Neptuno: A veces puede ser delirante o poco realista. Esto le hace sentir confuso y se pierde intentando escapar del mundo real. Desarrolle más autoconciencia y aterramiento.

Urano-Plutón: No está muy abierto al cambio. Debe aprender a ser más aceptante y encontrar la manera de que los nuevos cambios en su vida funcionen con usted y para usted.

Neptuno-Plutón: Puede ser bastante reservado, hasta el punto de ser perjudicial para usted. Haga lo posible por compartir sus pensamientos con los demás, ya que esto permitirá un mayor crecimiento y expansión en su vida.

Trígonos

En astrología, un trígono es un aspecto que se produce cuando dos planetas están aproximadamente a 120 grados de distancia, creando una energía armoniosa y fluida entre ellos. Se considera uno de los aspectos más positivos y beneficiosos de la astrología. Los trígonos se asocian con la facilidad, la cooperación y la creatividad. Suelen considerarse un talento o don natural que posee una persona, más que algo por lo que haya que trabajar duro.

Sol-Sol: Aspecto armonioso que favorece la confianza en uno mismo, la creatividad y la vitalidad.

Sol-Luna: Aspecto de apoyo que favorece el equilibrio emocional, la comprensión y una profunda armonía interior.

Sol-Mercurio: Aspecto beneficioso que ayuda a la comunicación, la claridad mental y la capacidad de expresarse con eficacia.

Sol-Venus: Aspecto armonizador que fomenta la armonía social, la cooperación y el sentido de la belleza estética.

Sol-Marte: Aspecto dinámico que potencia la energía, la pasión, la asertividad y promueve la acción positiva hacia los objetivos.

Sol-Júpiter: Aspecto afortunado que favorece el optimismo, el crecimiento, la abundancia, potencia la confianza y la generosidad.

Sol-Saturno: Aspecto enraizado que promueve la disciplina, la responsabilidad y un enfoque práctico de la vida y le ayuda a establecer límites y alcanzar metas a largo plazo.

Sol-Urano: Aspecto innovador que favorece el cambio, el progreso y la disposición a asumir riesgos, potencia la originalidad y la creatividad.

Sol-Neptuno: Aspecto intuitivo que favorece la sensibilidad, la imaginación, la creatividad y promueve un enfoque espiritual o místico de la vida.

Sol-Plutón: Este aspecto promueve el poder personal, la intensidad y la regeneración, aumenta la capacidad de afrontar retos y superar obstáculos.

Luna-Luna: Espere seguridad emocional, cuidado, sensibilidad y una sensación de paz interior y satisfacción.

Luna-Mercurio: Aquí se experimenta una magnífica comunicación, agilidad mental y adaptabilidad, y favorece la comprensión de las propias necesidades emocionales y las de los demás.

Luna-Venus: Un aspecto armonioso que propaga la conexión emocional, la intimidad y la creatividad, promueve un sentido de belleza y armonía en las relaciones.

Luna-Marte: Este aspecto fomenta la asertividad emocional, la pasión, la iniciativa y promueve la acción positiva hacia los objetivos.

Luna-Júpiter: Aspecto afortunado que permite el optimismo emocional, el crecimiento, la abundancia, el sentido de la generosidad y la expansividad.

Luna-Saturno: Aspecto de enraizamiento. Fomenta la disciplina emocional, la responsabilidad, un enfoque práctico de la vida y ayuda a establecer límites emocionales y a alcanzar objetivos emocionales a largo plazo.

Luna-Urano: Experimentará libertad emocional, independencia y disposición a asumir riesgos emocionales. Tendrá tendencia a expresar originalidad y creatividad emocional.

Luna-Neptuno: Aquí reinan la sensibilidad, la imaginación y la creatividad. Este es el aspecto que promueve un enfoque espiritual o místico de la vida.

Luna-Plutón: Con este aspecto, puede esperar intensidad emocional, poder personal y regeneración emocional, ayuda a la transformación emocional y a la curación.

Mercurio-Venus: Aspecto armonioso que potenciará sus habilidades sociales, diplomacia y creatividad, además de desarrollar el sentido de la belleza y la armonía en las relaciones.

Mercurio-Marte: Experimentará una mayor agilidad mental, asertividad e iniciativa. Y no solo eso, emprenderá acciones positivas hacia sus objetivos.

Mercurio-Júpiter: Disfrutará de crecimiento mental, optimismo y abundancia. Tendrá un mayor sentido de la generosidad y la expansividad.

Mercurio-Saturno: Su disciplina mental, concentración y enfoque práctico de la vida reciben un impulso. Este aspecto también ayuda a establecer límites mentales y alcanzar objetivos mentales a largo plazo.

Mercurio-Urano: Aspecto innovador que potencia la libertad mental, la originalidad y la disposición a asumir riesgos mentales, fomenta la creatividad y la curiosidad intelectual.

Mercurio-Neptuno: Sus caminos espirituales y creativos florecerán y prosperarán con este aspecto.

Mercurio-Plutón: Aquí tiene profundidad mental, poder personal y regeneración mental. Este aspecto ayuda a la transformación mental y a la curación.

Venus-Marte: Disfrute de la aventura en las relaciones y tomé acciones positivas hacia metas románticas.

Venus-Júpiter: Espere más abundancia, optimismo, una sensación de disfrute y placer en la vida. Es probable que tenga una actitud generosa y expansiva hacia el amor y las relaciones.

Venus-Saturno: Este aspecto aporta estabilidad, aumenta el compromiso, la responsabilidad y un enfoque práctico del amor y las relaciones, ayuda a establecer límites y alcanzar objetivos de relación a largo plazo.

Venus-Urano: No es un aspecto ordinario. Aumenta la independencia, la originalidad y la voluntad de asumir riesgos en el amor y las relaciones, promueve una sensación de entusiasmo y espontaneidad.

Venus-Neptuno: Aumenta la sensibilidad, la empatía y un enfoque espiritual o místico del amor y las relaciones. También tendrá un sentido de idealismo y una profunda conexión con los demás.

Venus-Plutón: Este aspecto aumenta la pasión, el poder personal y la regeneración emocional, ayuda a la transformación y curación de las relaciones.

Marte-Júpiter: Gozará de optimismo, energía y disposición a asumir riesgos, y favorece el éxito en los empeños personales y profesionales.

Marte-Saturno: Su perseverancia, determinación y fuerte sentido de la responsabilidad recibirán un impulso aquí. Este aspecto ayuda a conseguir objetivos a largo plazo a través de un esfuerzo concentrado.

Marte-Urano: Disfrute de un aumento de la individualidad, la innovación y la capacidad de cambio y evolución. Este aspecto permite habilidades proactivas y creativas para resolver problemas.

Marte-Neptuno: Tendrá mayor empatía y compasión, acción positiva hacia metas espirituales y artísticas.

Marte-Plutón: Con este aspecto, tendrá más poder personal, determinación y capacidad para la transformación profunda, ayuda para la curación y la transformación a través del esfuerzo enfocado.

Júpiter-Saturno: Aspecto disciplinado que potencia el sentido de la responsabilidad, el sentido práctico y la capacidad de esfuerzo enfocado, ayuda a conseguir objetivos a largo plazo a través de la persistencia y el trabajo duro.

Júpiter-Urano: Aspecto innovador que potencia el sentido de la aventura, la individualidad, la capacidad de cambio y evolución, y promueve el crecimiento, la expansión positiva y transformadora.

Júpiter-Neptuno: Un aspecto de sintonía espiritual que potencia la intuición, la creatividad y el sentido de la empatía, la compasión, promueve esfuerzos espirituales y artísticos, positivos e inspiradores.

Júpiter-Plutón: Este aspecto hará maravillas con respecto a su poder personal, crecimiento y capacidad de transformación profunda, ayuda a la sanación y transformación a través del trabajo espiritual y psicológico.

Saturno-Urano: Aspecto estabilizador que potencia el sentido de independencia, la innovación, la capacidad de cambio, evolución, y favorece el equilibrio entre estabilidad y cambio.

Saturno-Neptuno: Un aspecto de enraizamiento que aumenta el sentido práctico, la autoconciencia y la capacidad de compasión y empatía, promueve esfuerzos espirituales, creativos, realistas y enraizados.

Saturno-Plutón: Este aspecto le da más profundidad de carácter y le ayudará a sanar su psique para que le sea más fácil manejar los desafíos que la vida le envíe.

Urano-Neptuno: Con este aspecto, experimentará una mayor intuición, compasión, capacidad de evolución espiritual y creativa. Este aspecto también promueve el éxito en campos creativos, artísticos o espirituales.

Urano-Plutón: Este aspecto hace posible que encuentre un éxito extremo en los campos más innovadores.

Neptuno-Plutón: Espere una mayor intuición, perspicacia y capacidad para una profunda transformación espiritual. Este aspecto favorecerá el éxito en campos relacionados con la sanación espiritual o psicológica o en campos transformadores e innovadores.

La oposición

En astrología, la oposición es un aspecto que se produce cuando dos cuerpos celestes están exactamente a 180 grados el uno del otro. Esto significa que se encuentran en lados opuestos del círculo zodiacal. La oposición se considera un aspecto importante de la astrología, ya que representa un punto de tensión y conflicto potencial entre las dos energías implicadas.

Sol-Sol: Esta oposición puede provocar luchas de poder y conflictos con figuras de autoridad, así como una necesidad de equilibrio entre el deseo de autoexpresión y las necesidades de los demás.

Sol-Luna: Tensión entre las emociones y el sentido de identidad propia, necesidad de equilibrar el deseo de independencia con la necesidad de apoyo emocional y cariño.

Sol-Mercurio: Notará bastante conflicto entre sus pensamientos y la forma en que los comunica, su deseo de encontrar algún tipo de equilibrio intelectual con la forma en que expresa sus pensamientos para solo traer armonía a sus círculos sociales.

Sol-Venus: Puede notar que sus valores y deseos no están alineados. Por lo tanto, es importante que se dé cuenta de que a medida que avanza en el proceso de autogratificación, debe hacerlo de una manera que traiga armonía en sus relaciones.

Sol-Marte: Esta oposición puede provocar conflictos entre la voluntad personal y el deseo de acción, así como la necesidad de equilibrar el deseo de autoafirmación con la necesidad de compromiso y cooperación.

Sol-Júpiter: Hay una falta de alineación entre sus creencias y su sentido de la moralidad. Aunque es natural que busque expandirse en muchos sentidos, también debe asegurarse de que está anclado en la realidad.

Sol-Saturno: Quiere tener éxito por todos los medios, pero también comprende que es responsable ante usted mismo y ante los demás. Le ayudaría encontrar la manera de equilibrar su autodisciplina con la libertad y la espontaneidad.

Sol-Urano: El conflicto con esta oposición radica en la diferencia entre su sentido de la individualidad y su deseo de ser libre y rebelarse contra el statu quo. Busca el cambio, pero también desea estabilidad en su vida.

Sol-Neptuno: Su sentido del yo, su identidad y sus aspiraciones espirituales o artísticas están en conflicto. Por muy creativo que sea, necesita encontrar la manera de aterrizar su imaginación salvaje en el mundo práctico y realista.

Sol-Plutón: Esta oposición puede provocar conflictos entre el propio deseo de poder y transformación y la necesidad de equilibrar el deseo de control e intensidad con la necesidad de aceptación y de dejarse llevar.

Luna-Luna: Choque de emociones, posibilidad de sensibilidad exacerbada y cambios de humor, necesidad de compromiso y comprensión en las relaciones.

Luna-Mercurio: Conflicto entre las emociones y el pensamiento lógico, dificultad para expresar las emociones o encontrar las palabras adecuadas para comunicarse.

Luna-Venus: Tensión entre las necesidades emocionales y los deseos en las relaciones, potencial de emociones intensas y pasión, necesidad de equilibrar, dar y recibir amor.

Luna-Marte: Potencial de estallidos emocionales y conflictos, dificultad para controlar los impulsos y la agresividad, necesidad de autocontrol y regulación emocional.

Luna-Júpiter: Puede experimentar excesos emocionales e indulgencia, necesidad de encontrar un equilibrio entre el bienestar emocional y las consideraciones prácticas.

Luna-Saturno: Tensión entre las necesidades emocionales y las responsabilidades, posibilidad de sentimientos de soledad o aislamiento, necesidad de autodisciplina y madurez emocional.

Luna-Urano: Cuidado con la imprevisibilidad emocional y los cambios repentinos, necesidad de flexibilidad y adaptabilidad en las respuestas emocionales.

Luna-Neptuno: Notará mayor sensibilidad emocional, confusión, tendencia a la idealización y al escapismo emocional, necesidad de enraizamiento y claridad en las experiencias emocionales.

Luna-Plutón: Potencial para experiencias emocionales intensas y luchas de poder, necesidad de transformación emocional y sanación.

Mercurio-Venus: Conflictos en las relaciones o situaciones sociales, posibles faltas de comunicación o de comprensión en asuntos de amor o placer.

Mercurio-Marte: Desacuerdos en la toma de decisiones o en la acción, posibilidad de impulsividad o agresividad en la comunicación.

Mercurio-Júpiter: Desafíos para equilibrar los detalles y el panorama general, potencial para sobreestimar las propias capacidades o hacer planes o promesas poco realistas.

Mercurio-Saturno: Retrasos u obstáculos en la comunicación, posibilidad de hablar mal de uno mismo o de dudar de uno mismo, posibles conflictos con figuras de autoridad.

Mercurio-Urano: Posibilidad de comportamiento imprevisible o ideas inusuales.

Mercurio-Neptuno: Posible confusión o malentendidos en la comunicación, posibilidad de engaño o pensamiento poco claro, tendencia a soñar despierto o al escapismo.

Mercurio-Plutón: Tendencia a las luchas de poder o a la manipulación en la comunicación, posibilidad de obsesión o fijación por ciertas ideas o temas.

Venus-Marte: Puede notar una mayor atracción sexual y deseo de emoción en sus relaciones, pero también crea conflictos y luchas de poder. Puede que necesite encontrar la forma de equilibrar su asertividad y pasión con la cooperación y el compromiso.

Venus-Júpiter: Experimenta abundancia, optimismo y generosidad en sus relaciones, pero también exageración y excesos. Puede desear intensamente el amor, el placer y la aventura, pero debe evitar ser demasiado extravagante o poco realista.

Venus-Saturno: Se enfrenta a retos, limitaciones y retrasos en sus relaciones, pero también a oportunidades de crecimiento y compromiso. Puede tener un sentido de la responsabilidad, el deber o la seriedad en su vida amorosa, pero también teme el rechazo, la soledad o la inadecuación.

Venus-Urano: Está acostumbrado a los cambios repentinos, las sorpresas y las experiencias poco convencionales en sus relaciones, pero también a la inestabilidad y la imprevisibilidad. Puede que sienta necesidad de libertad, experimentación y autenticidad en su vida amorosa, pero también miedo al compromiso, al aburrimiento o al rechazo.

Venus-Neptuno: Disfrutará del idealismo romántico, la imaginación y la conexión espiritual en sus relaciones, pero también experimentará confusión, engaño y desilusión. Puede que sienta un fuerte impulso de fusionarse con su pareja o experimentar una conexión de alma gemela, pero debe ser consciente de sus límites y evitar volverse demasiado dependiente o poco realista.

Venus-Plutón: Este aspecto puede traer pasión intensa, transformación y dinámicas de poder en sus relaciones, pero también obsesión, control y manipulación. Puede sentir una profunda conexión emocional o atracción por alguien, pero debe ser consciente de los motivos ocultos o los patrones destructivos.

Marte-Júpiter: El deseo de éxito y logros puede llevar a un exceso de confianza y a asumir riesgos Innecesarios.

Marte-Saturno: Puede haber frustraciones y obstáculos en la consecución de los propios objetivos, lo que lleva a sentimientos de resentimiento o a una sensación de estar frenado.

Marte-Urano: Un cambio repentino de planes o acontecimientos inesperados pueden conducir a acciones impulsivas e imprudentes.

Marte-Neptuno: La confusión y la incertidumbre pueden provocar malentendidos y expectativas poco realistas.

Marte-Plutón: Pueden producirse luchas de poder y manipulaciones que lleven a enfrentamientos intensos o incluso a la violencia.

Júpiter-Saturno: Este aspecto puede indicar un periodo de crecimiento y expansión en la carrera o en las ambiciones personales, pero también puede traer una sensación de restricción o limitaciones que hay que superar.

Júpiter-Urano: Puede encontrar oportunidades repentinas de crecimiento y expansión, pero también pueden conducir a la impulsividad y a la falta de consideración por las consecuencias a largo plazo de las propias acciones.

Júpiter-Neptuno: Este aspecto puede aportar una sensación de crecimiento espiritual o creativo, pero también puede conducir a expectativas poco realistas o a una tendencia a pasar por alto consideraciones prácticas.

Júpiter-Plutón: Este aspecto puede indicar un período de poderosa transformación y crecimiento, pero también puede traer luchas de poder y una tendencia a ser controlador o manipulador en las propias búsquedas.

Saturno-Urano: Este aspecto puede provocar un choque entre los enfoques tradicionales y los innovadores o no convencionales, lo que lleva a la inestabilidad o a la interrupción y a una oportunidad para la resolución creativa de problemas y la reestructuración.

Saturno-Neptuno: Siente una sensación de confusión o desilusión, que le lleva a un período de duda o decepción, pero también a una oportunidad de desarrollar una mayor claridad, discernimiento y madurez espiritual.

Saturno-Plutón: Espere una sensación de intensidad, crisis o transformación, que conduzca a un período de cambios profundos o desafíos, pero también una oportunidad para la fuerza interior, la resistencia y el poder personal.

Oposición Urano-Neptuno: Este aspecto puede crear un deseo de experiencias espirituales y místicas. El individuo puede sentirse atraído por formas no convencionales de espiritualidad y tener habilidades psíquicas o intuiciones. Sin embargo, este aspecto también puede crear confusión y falta de claridad en torno a las creencias y valores personales.

Oposición Urano-Plutón: Este aspecto puede traer experiencias transformadoras repentinas e intensas. El individuo puede sentirse atraído por el poder y querer desafiar a las figuras de autoridad o a las estructuras de poder tradicionales. Este aspecto también puede crear una tendencia al extremismo y un deseo de sobrepasar los límites más allá de lo que la sociedad considera aceptable.

Neptuno-Plutón: Esto puede indicar un profundo viaje de transformación hacia el crecimiento espiritual o psicológico y una tendencia hacia experiencias y crisis emocionales intensas.

Capítulo 9: Aspectos menores del retorno solar II

En astrología, los aspectos menores son menos utilizados o discutidos que los mayores. Algunos de los aspectos menores del retorno solar son:

Semisextil

Se obtiene un semisextil cuando ambos planetas se encuentran a 30 grados de distancia el uno del otro. Este aspecto puede indicar una ligera tensión o ajuste entre dos planetas o puntos de una carta.

Sol-Luna: Potencial de conflicto interno o desafíos para equilibrar el ego y las emociones.

Sol-Mercurio: Aumento de la comunicación y de las capacidades intelectuales.

Sol-Venus: Potencial de talento artístico o relaciones armoniosas.

Sol-Marte: Impulso y determinación hacia metas personales y ambición.

Sol-Júpiter: Equilibrio entre confianza y exceso de confianza, potencial de suerte y oportunidades.

Sol-Saturno: Necesidad de estructura y disciplina, posibilidad de dudas sobre uno mismo o miedo al fracaso.

Sol-Urano: Necesidad de independencia y libertad, potencial de pensamiento no convencional e ideas únicas.

Sol-Neptuno: Mayor intuición e imaginación, potencial para actividades artísticas o espirituales.

Sol-Plutón: Energía transformadora y poderosa, potencial para el crecimiento y la evolución personal.

Luna-Mercurio: Comprensión y comunicación intuitivas.

Luna-Venus: Conexión emocional y apreciación de la belleza.

Luna-Marte: Impulso interior y energía emocional trabajando juntos.

Luna-Júpiter: Perspectiva emocional positiva y sentimientos expansivos.

Luna-Saturno: Disciplina emocional y responsabilidad.

Luna-Urano: Avances emocionales y sentimientos poco convencionales.

Luna-Neptuno: Sensibilidad emocional y capacidad imaginativa.

Luna-Plutón: Profunda transformación e intensidad emocional.

Mercurio-Venus: El talento artístico y el encanto social también pueden conducir a la superficialidad o la indecisión.

Mercurio-Marte: Las opiniones firmes y la capacidad de persuasión también pueden conducir a discusiones o impaciencia.

Mercurio-Júpiter: Perspectiva amplia y optimismo, pero también puede llevar al exceso de confianza o a la exageración.

Mercurio-Saturno: Un enfoque práctico y disciplinado para resolver problemas, pero también puede conducir al pesimismo o la rigidez.

Mercurio-Urano: Pensamiento innovador y original, que también puede conducir a la impulsividad o al comportamiento errático.

Mercurio-Neptuno: La intuición y la inspiración creativa también pueden llevar a la confusión o a la ilusión.

Mercurio-Plutón: La capacidad de profundizar en temas complejos también puede llevar a la obsesión o a luchas de poder.

Venus-Marte: Los deseos apasionados y la fuerte atracción pueden conducir a desacuerdos o competitividad.

Venus-Júpiter: La generosidad y el amor por el placer también pueden conducir a la sobreindulgencia o la extravagancia.

Venus-Saturno: Un enfoque serio y responsable de las relaciones, pero también puede llevar al distanciamiento emocional o a la soledad.

Venus-Urano: El deseo de libertad e independencia en las relaciones también puede conducir a la imprevisibilidad o a cambios repentinos.

Venus-Neptuno: Los ideales románticos y la inspiración creativa también pueden llevar a la confusión o a la decepción.

Venus-Plutón: Deseos intensos y capacidad para transformarse a uno mismo y a las relaciones, pero también puede llevar a luchas de poder u obsesión.

Marte-Júpiter: La ambición y el impulso de triunfar también pueden conducir al exceso de confianza o a la impulsividad.

Marte-Saturno: La disciplina y la determinación para alcanzar objetivos también pueden llevar a la frustración o a la restricción.

Marte-Urano: Espíritu rebelde e innovador, pero también puede conducir a la imprevisibilidad o a cambios repentinos.

Marte-Neptuno: Un impulso creativo e imaginativo, pero también puede llevar a la confusión o al engaño.

Marte-Plutón: Energía intensa y capacidad para transformarse a uno mismo y las situaciones, pero también puede llevar a luchas de poder o tendencias destructivas.

Júpiter-Saturno: El equilibrio entre expansión y limitación también puede provocar conflictos entre tradición y progreso.

Júpiter-Urano: Disposición a asumir riesgos y a abrazar el cambio, pero también puede conducir a la inquietud o a la rebelión.

Júpiter-Neptuno: Inspiración espiritual y artística, pero también puede llevar al engaño o al escapismo.

Júpiter-Plutón: El deseo de poder y transformación también puede conducir a la obsesión o la manipulación.

Saturno-Urano: El deseo de cambio e innovación también puede llevar al conflicto entre tradición y progreso.

Saturno-Neptuno: La necesidad de practicidad y estructura también puede llevar a la desilusión o a la falta de imaginación.

Saturno-Plutón: La necesidad de control y poder también puede llevar a la obsesión o la paranoia.

Urano-Neptuno: El deseo de trascender lo mundano y una mayor sensibilidad al inconsciente colectivo también pueden llevar a la confusión o al escapismo.

Urano-Plutón: Un intenso deseo de cambio y una necesidad de transformarse a sí mismo y a la sociedad también pueden conducir al extremismo o al radicalismo.

Neptuno-Plutón: La capacidad de transformar y trascender a un nivel espiritual profundo, pero también puede llevar a la confusión o a la pérdida de los límites del ego.

Sesquicuadratura

Este aspecto tiene a ambos planetas separados 135 grados entre sí y puede indicar una sensación de discordia o tensión entre dos planetas o puntos de una carta.

Sol-Luna: Potencial de comportamiento compulsivo.

Sol-Mercurio: Tensión mental, dificultad en la comunicación o en la toma de decisiones.

Sol-Venus: Tensión entre valores personales y relaciones, potencial de autoexpresión creativa.

Sol-Marte: Conflicto interior entre fuerza de voluntad y acción, posibilidad de impulsividad o agresividad.

Sol-Júpiter: Posible exceso de indulgencia o grandiosidad.

Sol-Saturno: Exceso de dudas sobre uno mismo o restricción.

Sol-Urano: Rebeldía, cambio repentino, deseo de un cambio en el statu quo.

Sol-Neptuno: Puede experimentar confusión o engaño.

Sol-Plutón: Aquí hay una oportunidad de transformación o una tendencia a la manipulación.

Luna-Mercurio: Ansiedad mental, dificultad para comprender o expresar emociones.

Luna-Venus: Tensión entre las necesidades emocionales y las relaciones, posibilidad de cambios de humor o manipulación emocional.

Luna-Marte: Falta de alineación entre las emociones y la acción, potencial de impulsividad o agresividad.

Luna-Júpiter: Probabilidad de sobreindulgencia o exceso emocional.

Luna-Saturno: Aquí es posible la represión emocional o el aislamiento.

Luna-Urano: La tensión de lidiar con las propias emociones e individualidad puede llevar a un repentino desapego emocional.

Luna-Neptuno: En la batalla por encontrar un equilibrio entre su vida espiritual y emocional, lo más probable es que experimente confusión o excesiva sensibilidad emocional.

Luna-Plutón: Pero existe la posibilidad de experimentar vivencias emocionales intensas o de ser manipulado.

Mercurio-Venus: Dificultad para expresar pensamientos o ideas en las relaciones, posibilidad de malentendidos o falta de comunicación.

Mercurio-Marte: Tensión mental entre pensamientos y acciones, posibilidad de comportamiento impulsivo o imprudente.

Mercurio-Júpiter: Dificultad para conciliar los detalles con el panorama general, potencial de exceso de confianza o exageración.

Mercurio-Saturno: Tensión mental, dificultad para tomar decisiones y posibilidad de pensamientos negativos o dudas sobre uno mismo.

Mercurio-Urano: Hay una batalla en su mente entre el pensamiento convencional contra el pensamiento no convencional y el potencial para percepciones repentinas o rebeldía.

Mercurio-Neptuno: Confusión y dificultad para distinguir la realidad de la fantasía, potencial para el engaño o el escapismo.

Mercurio-Plutón: Tensión mental y luchas de poder, potencial para la manipulación o la obsesión.

Venus-Marte: Puede experimentar bastantes conflictos y volatilidad emocional en sus relaciones.

Venus-Júpiter: Mucho cuidado con la tentación de la extravagancia o los excesos.

Venus-Saturno: Es posible que luche con sentimientos de soledad o dudas sobre usted mismo.

Venus-Urano: Lucha por encontrar el equilibrio entre sus valores personales y su individualidad. Esto podría dejarte abierto a cambios repentinos o acabar en relaciones poco convencionales.

Venus-Neptuno: En el proceso de ordenar sus valores espirituales, puede prestarse a confusiones o a ser engañado.

Venus-Plutón: Tensión entre los valores personales y la dinámica de poder en las relaciones, posibilidad de experiencias emocionales intensas o manipulación.

Marte-Júpiter: Se encontrará luchando por mantener sus ambiciones al tiempo que se asegura de no cruzar ninguna línea moral. Tenga cuidado porque puede ceder a un comportamiento imprudente o sentirse demasiado confiado y asumir más de lo que puede manejar.

Marte-Saturno: A la hora de conseguir sus objetivos, es posible que experimente algunas dificultades y frustraciones en el camino.

Marte-Urano: Sentirá un deseo abrumador de actuar impulsivamente. Lo mejor sería que pudiera mantener esto bajo control.

Marte-Neptuno: En el proceso de encontrar su verdad espiritual, tenga cuidado de no acabar engañándose a sí mismo.

Marte-Plutón: Mientras toma acciones constructivas hacia sus metas, puede encontrarse en medio de luchas de poder. Debe ser consciente de ser susceptible a la manipulación.

Júpiter-Saturno: Necesita encontrar el equilibrio entre sus valores personales y las consideraciones prácticas a medida que alcanza sus sueños.

Júpiter-Urano: Existe la posibilidad de que experimente cosas buenas, pero debe estar preparado para lo inesperado o para que su rutina habitual se vea alterada.

Júpiter-Neptuno: Aunque es admirable que se sumerja en el espiritualismo y se muestre optimista sobre su camino, debe tener cuidado para no perder el contacto con la realidad.

Júpiter-Plutón: Es posible que se encuentre optimista sobre un proyecto o una persona en particular hasta el punto de la obsesión. Dependiendo de sus decisiones, esto puede ser bueno o malo.

Saturno-Urano: Por un lado, desea mantener el statu quo y, por otro, no hay nada que le gustaría más que sacudir las cosas. Necesita encontrar el equilibrio entre ambos deseos.

Saturno-Neptuno: Puede sentirse decepcionado o desilusionado si no encuentra la diferencia entre ilusión y realidad.

Saturno-Plutón: Aquí tiene una oportunidad única para cambiar a mejor o entregarse a la corrupción.

Urano-Neptuno: Está encontrando su verdadera identidad dentro de su camino espiritual. En el proceso, quizá se encuentre lleno de creencias poco convencionales que pueden no servirle a la hora de la vida práctica.

Urano-Plutón: Existe la oportunidad de un cambio radical y de que tenga la sartén por el mango en cuanto a dinámicas de poder.

Neptuno-Plutón: Cuidado con las personas que le rodean y sus posibles intenciones ocultas. También puede esperar experimentar un gran cambio a través de su viaje espiritual.

Quincuncio

En el quincuncio ambos planetas se encuentran a 150 grados el uno del otro. Este aspecto puede indicar una necesidad de ajuste o realineación entre dos planetas o puntos de una carta.

Sol-Luna: La necesidad de ajuste entre el ego y las emociones puede provocar tensión o incertidumbre.

Sol-Mercurio: Tratar de equilibrar la autoexpresión y la comunicación puede llevar a malentendidos o ansiedad.

Sol-Venus: Buscar el punto dulce entre la autoestima y las relaciones puede llevar a indecisiones o conflictos.

Sol-Marte: Puede sentir cierta frustración o impulsividad al buscar el equilibrio entre su voluntad y sus acciones.

Sol-Júpiter: Si no tiene cuidado, será susceptible a expectativas poco realistas o a un exceso de optimismo si no se toma el tiempo necesario para encontrar la alineación entre sus valores y creencias.

Sol-Saturno: En el proceso de expresarse y ser una persona responsable, puede encontrarse sucumbiendo al miedo o dudando de sus capacidades.

Sol-Urano: Cuidado con ceder repentinamente a la impulsividad o la rebeldía mientras intenta encontrar el equilibrio entre su individualidad y la expresión de sí mismo.

Sol-Neptuno: Aunque su amor por la espiritualidad es admirable, debe tener cuidado con ceder al idealismo y encontrarse en una situación en la que solo habla y no actúa.

Sol-Plutón: Necesita ser consciente de que es muy susceptible a la manipulación o al control, especialmente mientras encuentra la forma de ajustarse entre su ego y la dinámica de poder.

Luna-Mercurio: Con la Luna y Mercurio en este aspecto, es natural esperar que los cambios de humor o la falta de comunicación sean la norma. Así que tenga mucho cuidado con lo que dice o cómo interpreta lo que alguien le dice.

Luna-Venus: Con este aspecto, encontrar el equilibrio entre sus relaciones y las emociones que le provocan podría llevarle a la codependencia o a las turbulencias emocionales.

Luna-Marte: La necesidad de ajustar entre emociones y acciones puede llevarle a la impulsividad o a estallidos emocionales.

Luna-Júpiter: Hay una gran posibilidad de que se vuelva demasiado indulgente o tenga expectativas poco realistas, especialmente al considerar sus valores personales y cómo se siente de un momento a otro.

Luna-Saturno: Si no encuentra una forma saludable de manejar sus responsabilidades y abordar sus emociones, puede sentirse emocionalmente alejado de la vida o luchar contra la depresión.

Luna-Urano: El deseo de equilibrar las emociones y la individualidad puede conducir a la inestabilidad emocional o a la rebeldía.

Luna-Neptuno: Puede experimentar confusión emocional o escapismo.

Luna-Plutón: Puede que sea susceptible a la manipulación emocional o al control.

Mercurio-Venus: Póngase como objetivo evitar malentendidos o desequilibrios en sus relaciones con los demás.

Mercurio-Marte: Puede verse envuelto en discusiones o tomar decisiones impulsivas de las que luego se arrepienta.

Mercurio-Júpiter: Aunque ser optimista es un rasgo deseado, debe tener mucho cuidado de no exagerar los posibles resultados que puede obtener de un proyecto o de lo que sea en lo que esté trabajando.

Mercurio-Saturno: Cuando se enfrenta a las energías de Mercurio y Saturno en oposición, necesita tener cuidado porque puede luchar con dudas o inhibiciones, especialmente cuando descubre cómo comunicarse eficazmente con los demás.

Mercurio-Urano: Mercurio y Urano en oposición tienden a prestar a la energía de la impulsividad en la excentricidad. Esto puede ser algo bueno o malo. Solo tiene que ser consciente y hacer las cosas con moderación.

Mercurio-Neptuno: Aunque es comprensible que necesite hacer ajustes entre su estilo de comunicación y su espiritualidad, también debe ser consciente de que existe la posibilidad de engaño o confusión en el proceso.

Mercurio-Plutón: Mercurio y Plutón en oposición, son la receta perfecta para que se desarrolle la obsesión o la manipulación.

Venus-Marte: Arroje a Venus y Marte en oposición entre sí, y puede experimentar mucho desequilibrio en sus relaciones.

Venus-Júpiter: Tenga cuidado porque hay una tendencia a tener expectativas poco realistas y a permitirse cosas más de lo debido cuando estos dos planetas, Venus y Júpiter, están en oposición.

Venus-Saturno: Estar enamorado es hermoso, pero siempre hay una tendencia a olvidarse de uno mismo y de sus responsabilidades. Por lo tanto, debe tener cuidado con eso para no experimentar apego emocional o volverse mortalmente temeroso de la intimidad.

Venus-Urano: Es posible que se encuentre en las relaciones menos convencionales o que experimente cambios repentinos que nunca había previsto.

Venus-Neptuno: El hecho de que haya encontrado un equilibrio entre su amor por alguien y su amor por la espiritualidad es algo estupendo. Pero debe ser consciente de que podría caer en la trampa del engaño o idealizar a esa otra persona en su propio detrimento.

Venus-Plutón: Con Venus y Plutón en oposición, debe tener cuidado porque hay muchas posibilidades de que caiga en pensamientos obsesivos.

Marte-Júpiter: En oposición entre sí, Marte y Júpiter es la receta perfecta para confiarse demasiado y actuar de forma imprudente. Por favor, tenga cuidado para no tener que enfrentarse a consecuencias de las que se arrepienta más tarde.

Marte-Saturno: Marte y Saturno en oposición le impulsarán a tomar medidas y a ser responsable de sí mismo, pero el problema es que, en el proceso, puede experimentar mucha frustración, especialmente porque siente que sus objetivos están muy lejos de su alcance.

Marte-Urano: Puede que se sienta un poco impulsivo en respuesta a los cambios repentinos que se producen a su alrededor, pero es importante que se tome su tiempo y piense bien las cosas antes de emprender cualquier acción.

Marte-Neptuno: Marte y Neptuno y la oposición ofrecen la posibilidad de que se engañe a usted mismo en un asunto muy importante, por lo que necesita dar prioridad a ser honesto consigo mismo.

Marte-Plutón: Existe una gran posibilidad de que se vea envuelto en una lucha de poder, por lo que debe asegurarse de no ceder a esta tentación. De lo contrario, le coloca en la posición perfecta para ser manipulado en una situación que no le parece nada deseable.

Júpiter-Saturno: Puede que le resulte especialmente difícil equilibrar sus consideraciones prácticas con sus creencias personales.

Júpiter-Urano: Puede sentirse un poco rebelde o pensar de forma poco convencional debido a que intenta encontrar la alineación entre lo que valora y su sentido de la individualidad.

Júpiter-Neptuno: Júpiter y Neptuno en oposición es otro aspecto que hace posible que le engañen. Este engaño puede ser propio o de otra persona.

Júpiter-Plutón: Debido a que desea lo que quiere, sin importar el costo, existe la posibilidad de que se encuentre abusando del poder. Téngalo en cuenta.

Saturno-Urano: Puede que se encuentre en un tira y afloja entre elegir hacer lo responsable y apegarse a la tradición frente a elegir ser su yo individual y progresar en el proceso.

Saturno-Neptuno: Tenga cuidado con esta oposición porque existe la posibilidad de que se encuentre sumido en la confusión, especialmente con respecto a sus prácticas espirituales.

Saturno-Plutón: Mientras intenta encontrar el equilibrio entre su responsabilidad y la dinámica del poder, puede encontrarse en una posición única en la que puede abusar del poder o cambiar para mejor.

Urano-Neptuno: Aunque generalmente todo el mundo encuentra su sentido de la espiritualidad siguiendo la corriente de los demás al principio, debe tener en cuenta que, en algún momento, deberá encontrar su propio y verdadero camino. Si no lo hace, luchará con la confusión o idealizando las cosas equivocadas.

Urano-Plutón: Con Urano y Plutón en oposición entre sí, podría encontrarse en una racha un poco rebelde. Debe tener cuidado de que esto no le lleve por un camino del que luego se arrepienta.

Neptuno-Plutón: La necesidad de ajustarse entre la espiritualidad y la transformación puede llevar a experiencias espirituales intensas o a la obsesión por el poder.

Quintil

El quintil tiene a ambos planetas separados 72 grados entre sí. Este aspecto implica creatividad y habilidades únicas.

Sol-Luna: Soluciones creativas a conflictos emocionales.
Sol-Mercurio: Pensamiento innovador y resolución de problemas.
Sol-Venus: Expresión y apreciación estética.
Sol-Marte: Confianza e inspiración.
Sol-Júpiter: Encontrar oportunidades y ampliar su visión.
Sol-Saturno: Disciplina, concentración y trabajo duro.
Sol-Urano: Originalidad e innovación.
Sol-Neptuno: Expresión artística y visión espiritual.
Sol-Plutón: Poder transformador y regeneración.
Luna-Mercurio: Intuición y pensamiento imaginativo.
Luna-Venus: Conexión emocional y relaciones armoniosas.
Luna-Marte: Acción instintiva y autoconservación.
Luna-Júpiter: Generosidad emocional y crecimiento.
Luna-Saturno: Madurez emocional y responsabilidad.
Luna-Urano: Independencia emocional y pensamiento progresista.
Luna-Neptuno: Sensibilidad emocional y expresión artística.
Luna-Plutón: Intensidad emocional y transformación.
Mercurio-Venus: Comunicación creativa y gracia social.
Mercurio-Marte: Comunicación persuasiva y acción asertiva.
Mercurio-Júpiter: Pensamiento expansivo y comunicación persuasiva.
Mercurio-Saturno: Pensamiento disciplinado y enfoque intelectual.
Mercurio-Urano: Pensamiento y comunicación innovadores.
Mercurio-Neptuno: Pensamiento creativo y perspicacia espiritual.
Mercurio-Plutón: Perspicacia penetrante y comunicación transformadora.
Venus-Marte: Pasión creativa y acción armoniosa.
Venus-Júpiter: Creatividad expansiva y autoexpresión gozosa.
Venus-Saturno: Creatividad disciplinada y perseverancia.
Venus-Urano: Expresión única y poco convencional.

Venus-Neptuno: Expresión artística y amor espiritual.

Venus-Plutón: Transformación emocional y curación.

Marte-Júpiter: Acción inspirada y expansión.

Marte-Saturno: Acción disciplinada y concentración.

Marte-Urano: Acción original e innovadora.

Marte-Neptuno: Acción inspirada y expresión creativa.

Marte-Plutón: Acción transformadora y poder personal.

Júpiter-Saturno: Visión práctica y expansión disciplinada.

Júpiter-Urano: innovación visionaria y crecimiento no convencional.

Júpiter-Neptuno: Crecimiento espiritual y expresión artística.

Júpiter-Plutón: Profundo crecimiento y transformación personal.

Saturno-Urano: Equilibrando la tradición con la innovación y el cambio.

Saturno-Neptuno: Práctica espiritual disciplinada y servicio compasivo.

Saturno-Plutón: Profunda transformación a través del trabajo duro y la autodisciplina.

Urano-Neptuno: Ideas visionarias e imaginación creativa.

Urano-Plutón: Cambio radical y avances transformacionales.

Neptuno-Plutón: Transformación y regeneración espiritual.

Capítulo 10: Interpretar una carta solar

Una carta solar se crea elaborando una carta para el momento exacto en que el Sol vuelve a su posición natal cada año. La posición del Sol en ese momento es la base de la carta, que luego se calcula para el lugar donde el individuo vivirá durante el año.

La carta solar se calcula utilizando los mismos datos astrológicos que una carta natal, incluidas las posiciones de los planetas, los ángulos entre ellos y sus posiciones en las doce casas. La carta suele interpretarse en el contexto de la carta natal del individuo para ver cómo puede afectar el año entrante a su trayectoria vital en general.

Es importante tener en cuenta que la carta solar no sustituye a la carta natal, sino que es una herramienta complementaria para comprender mejor los temas y retos específicos que pueden surgir a lo largo del año.

La importancia de la carta natal

La carta natal es la carta astrológica fundamental que representa las posiciones planetarias en el momento del nacimiento de un individuo. Es el punto de partida de todas las interpretaciones y análisis astrológicos, incluida la interpretación de una carta solar. La carta solar se elabora calculando el momento exacto en el que el Sol en tránsito regresa a la misma posición que ocupaba en el momento del nacimiento del individuo. Esto ocurre una vez al año, en torno al cumpleaños del individuo. La carta resultante representa las influencias astrológicas que estarán presentes en la vida de la persona durante el año siguiente.

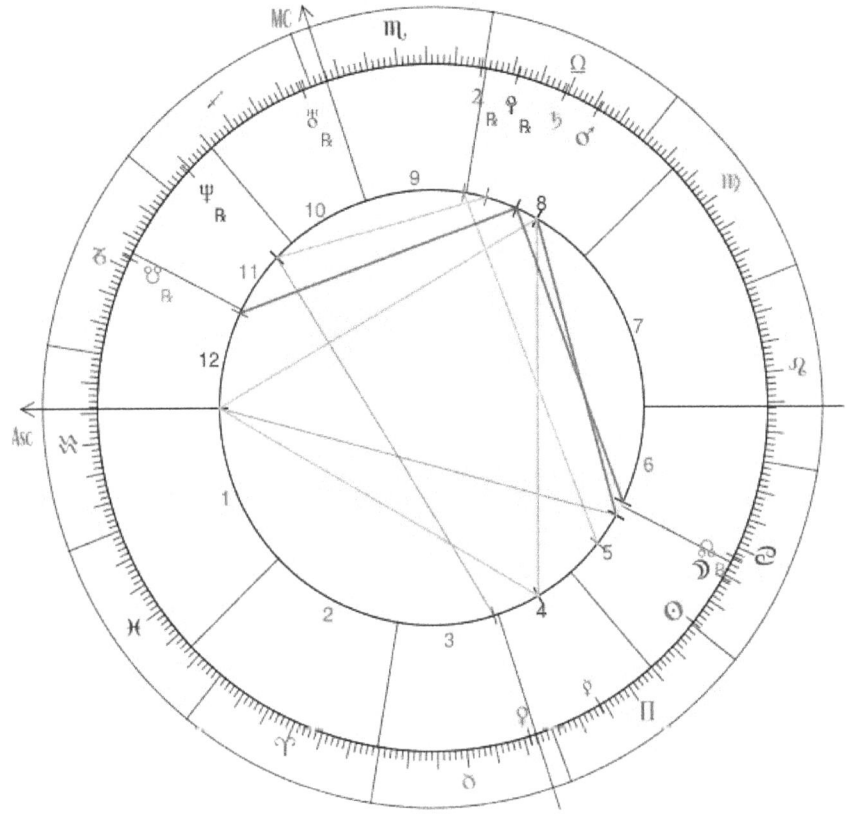

Ejemplo de carta natal[88]

Sin embargo, la interpretación aislada de una carta solar puede ser limitada, ya que solo tiene en cuenta las posiciones planetarias en un momento determinado. Para comprender plenamente el significado y la importancia de las posiciones planetarias en una carta solar, los astrólogos también las comparan y contrastan con sus posiciones correspondientes en la carta natal del individuo.

Por ejemplo, supongamos que Marte se encuentra en la casa 10 de la profesión y la imagen pública. Esta posición puede indicar un año de mayor ambición y asertividad en el ámbito profesional. Sin embargo, para comprender plenamente el impacto potencial de esta colocación, un astrólogo también tendría en cuenta la posición de Marte en la carta natal del individuo.

Si Marte se encuentra en un aspecto desafiante de la carta natal, como una cuadratura o una oposición, podría indicar que este aumento de la ambición y la asertividad provocará conflictos o desafíos en la vida profesional del individuo. Sin embargo, supongamos que Marte está en un aspecto armonioso, como un trígono o un sextil, con otro planeta, como Júpiter. En ese caso, puede sugerir que este crecimiento y éxito serán más expansivos y beneficiosos, lo que conducirá a mayores logros y oportunidades.

Al examinar la relación entre la carta del retorno solar y la carta natal, los astrólogos pueden comprender mejor las áreas de la vida que se verán más afectadas durante el próximo año y los temas y retos generales que pueden surgir. Este enfoque holístico de la interpretación es esencial para crear una evaluación matizada y precisa de las influencias astrológicas del individuo.

El ascendente y su planeta regente

El ascendente y su planeta regente son factores importantes que deben tenerse en cuenta al interpretar una carta solar. El ascendente establece el escenario para toda la carta, indicando la energía general y el enfoque del año entrante. El regente del ascendente representa el enfoque personal del individuo ante el año venidero y cómo afrontará sus retos y oportunidades. El examen de la posición del ascendente, sus aspectos y la posición y el regente de la casa pueden proporcionar información valiosa sobre la experiencia general del individuo en el año que comienza.

El significado del Sol y la Luna

El Sol y la Luna son dos de los factores más importantes de cualquier carta astrológica, incluida la carta del retorno solar. La posición del Sol representa el enfoque del individuo y las áreas de la vida que se destacarán en el próximo año. La posición de la Luna indica las necesidades emocionales del individuo y cómo tratará de satisfacerlas en el año venidero. El examen de la posición, los aspectos y la posición de las casas del Sol y de la Luna puede dar una idea de la experiencia general del individuo en el año que comienza y de los posibles retos u oportunidades a los que puede enfrentarse.

Identificar los aspectos y las configuraciones importantes

Los aspectos y las configuraciones de la carta solar pueden proporcionar información importante sobre la experiencia del individuo en el próximo año. Por ejemplo, los aspectos desafiantes entre planetas pueden indicar áreas de dificultad o conflicto, mientras que los aspectos armoniosos pueden indicar áreas de facilidad y oportunidad. Las configuraciones como stellium o los grandes trígonos pueden indicar áreas de especial atención o fortaleza en la vida de la persona durante el próximo año. Examinar los aspectos y las configuraciones de la carta puede proporcionar una valiosa visión de la experiencia del individuo en el año que comienza y ayudar a identificar áreas potenciales de crecimiento y desafío.

El impacto de los tránsitos planetarios

Los tránsitos planetarios pueden influir significativamente en la experiencia indicada por la carta solar. Examinar los tránsitos que se producirán a lo largo del año puede proporcionar información sobre los posibles retos y oportunidades que pueden surgir durante periodos específicos. Por ejemplo, supongamos que se indica un tránsito desafiante para un mes en particular. En ese caso, puede ser útil planificar en consecuencia o tomar medidas para mitigar las posibles dificultades. Del mismo modo, si se indica un tránsito beneficioso, puede ser un buen momento para aprovechar oportunidades o hacer progresos significativos en ciertas áreas de la vida. Comprender el impacto de los tránsitos planetarios puede ayudar a las personas a sacar el máximo partido de la información proporcionada por la carta solar y a navegar por el próximo año con mayor perspicacia y conciencia.

Interpretación de las posiciones de las casas

Interpretar las posiciones de las casas en la carta solar es un aspecto importante para comprender las áreas de la vida que se destacarán durante el próximo año. Cada casa de la carta corresponde a un área específica de la vida y puede revelar información importante sobre lo que cabe esperar en esas áreas. Estos son algunos consejos para interpretar las posiciones de las casas en la carta solar:

Empiece por identificar la casa en la que se encuentra el Sol en su retorno solar. Esta área de la vida será el centro de atención durante el próximo año, y será importante prestar mucha atención a cualquier aspecto que se haga con este planeta.

Observe la casa en la que se encuentra la luna. Esto le dará una idea del enfoque emocional del año y de los posibles cambios en el hogar o en la vida familiar.

Examine la casa donde se encuentra el ascendente con retorno solar y el planeta que rige el Ascendente. Esto dará una idea del enfoque personal del individuo y de su autoexpresión durante el año.

Preste atención al stellium o grupos de planetas en una casa concreta. Esto puede indicar una concentración de energía en un área concreta de la vida y revelar temas importantes para el año.

Fíjese en los planetas situados en las casas angulares, especialmente en la primera, cuarta, séptima y décima. Los planetas en estas casas influirán mucho en la vida del individuo durante el año.

Tenga en cuenta los regentes de cada casa y los aspectos que les afectan. Esto puede dar una idea de cómo se verá afectada cada área de la vida durante el año y revelar temas y oportunidades importantes.

Examinando la carta de progreso en relación con la carta de retorno solar

El examen de la carta progresada o de progreso en relación con la carta solar puede proporcionar información valiosa sobre el clima astrológico general para el próximo año.

La carta de progreso es una carta que se crea avanzando la carta natal en el tiempo. Cada día después del nacimiento representa un año de progreso en la carta progresada. Por ejemplo, si una persona tiene 30 años, su carta de progreso correspondería al año 30 después de su nacimiento.

Al examinar la carta de progreso en relación con la carta solar, es importante fijarse en los ángulos, como el ascendente, el medio cielo y el descendente, y en la Luna progresada, ya que indican las áreas clave de interés para el año. Supongamos que se producen tránsitos o progresiones significativos en estas áreas. En ese caso, es probable que influyan en la carta solar.

Además, puede ser útil observar las posiciones planetarias de la carta progresada y compararlas con las posiciones de la carta solar. Cualquier conjunción, cuadratura u oposición significativa entre los planetas progresados y los planetas solares puede indicar temas importantes para el año.

También es importante tener en cuenta que, mientras que la carta solar representa el clima astrológico del próximo año, la carta progresada ofrece una perspectiva más gradual y a largo plazo. Por lo tanto, el análisis conjunto de ambas cartas puede proporcionar una comprensión completa de las influencias astrológicas generales en juego.

Ejemplo de carta solar para Rihanna en 2021

Lo primero que hay que destacar es que la carta solar de Rihanna para 2021 tiene el Sol en Piscis en la cuarta casa, lo que indica que este será un año centrado en el hogar y los asuntos familiares, y puede que busque más privacidad y reclusión. La Luna está en Acuario en la tercera casa, lo que sugiere que la comunicación y el trabajo en red serán temas importantes para ella este año.

El ascendente está en Tauro, lo que indica que este año puede adoptar un enfoque más práctico y realista de sus objetivos y centrarse en conseguir estabilidad y seguridad. El regente de su ascendente, Venus, está en Piscis en la cuarta casa, enfatizando aún más los temas de la familia y el hogar y sugiriendo que puede encontrar consuelo y alivio en actividades creativas y artísticas.

En términos de aspectos importantes, hay un stellium en Piscis con el sol, Venus y Neptuno en conjunción, lo que sugiere que la expresión creativa, la espiritualidad y la sensibilidad emocional serán temas fuertes para ella este año. Además, hay un aspecto cuadrado entre el stellium en Piscis y Marte en Géminis en la casa 7, indicando que puede haber conflictos o tensiones en sus asociaciones y relaciones.

Si observamos la carta de progresión en relación con la carta solar, vemos que su Sol en progresión está en Acuario, lo que sugiere que este año su atención puede orientarse hacia ideas y actividades innovadoras y poco convencionales. Su Luna en progresión está en Escorpio, en la casa 11, lo que indica que las amistades y las relaciones sociales pueden ser importantes áreas de crecimiento y desarrollo para ella.

En general, la carta solar de Rihanna para 2021 sugiere un año centrado en el hogar, la familia y la expresión creativa, con posibles conflictos en las relaciones de pareja. La combinación del stellium en Piscis y el Sol en progresión en Acuario también sugiere un fuerte énfasis en la espiritualidad y el pensamiento no convencional, con un potencial de crecimiento en las conexiones sociales y las amistades indicado por la Luna progresada en Escorpio.

Conclusión

En conclusión, los retornos solares son una poderosa herramienta de la astrología predictiva que puede proporcionar información y orientación para el año que comienza. Como ha visto a lo largo de este libro, el retorno solar a su posición natal cada año proporciona una instantánea de las energías y temas presentes en su vida durante los próximos 12 meses.

Ha aprendido a crear una carta de retorno solar, a interpretar las posiciones del Sol, la Luna, los planetas y las casas en la carta, a identificar aspectos y configuraciones importantes que pueden proporcionarle pistas sobre los acontecimientos y las experiencias que puede encontrar. También ha explorado el impacto de los tránsitos planetarios en la carta astral y cómo utilizar la carta de progreso en relación con la carta astral para comprender mejor el año que se avecina.

No se puede exagerar la importancia de la carta natal en la creación e interpretación de la carta solar. Esencialmente, es una instantánea de las energías que estarán activas durante el próximo año, pero la carta natal proporciona la base y el contexto para estas energías. Es importante recordar que la astrología no es una práctica determinista y que la carta natal no es un destino fijo al que está abocado. Es más bien un mapa de las energías y oportunidades que estarán a su disposición, y la forma en que decida trabajar con ellas depende de usted.

Como ha visto en el ejemplo de la carta de Rihanna, cada carta es única y proporciona un mapa personalizado de las energías y temas que estarán presentes en su vida durante el próximo año. La interpretación requiere conocimientos técnicos, intuición y experiencia, es importante tener en cuenta todos los factores para obtener una comprensión global de la carta. También es importante recordar que la carta del retorno solar no es la única herramienta disponible en astrología predictiva, y debe utilizarse junto con otras técnicas y métodos para obtener una comprensión más holística del año que se avecina.

En conclusión, el estudio de los retornos solares es valioso para cualquier persona interesada en la astrología predictiva. Proporciona una forma poderosa de obtener información sobre las energías y los temas que estarán presentes en nuestras vidas durante el próximo año. Mediante el uso de las técnicas y métodos descritos en este libro, puede obtener una comprensión más profunda de sus propias cartas y utilizar este conocimiento para navegar por los desafíos y oportunidades que se presentan en su camino con mayor sabiduría y claridad.

Glosario de términos y símbolos astrológicos

Símbolos planetarios y abreviaturas

Sol: ☉, abreviado como "SOL"

Luna: ☽, abreviado como "LUN"

Mercurio: ☿, abreviado como "MER"

Venus: ♀, abreviado como "VEN"

Marte: ♂, abreviado como "MAR"

Júpiter: ♃, abreviado como "JUP"

Saturno: ♄, abreviado como "SAT"

Urano: ♅, abreviado como "URA"

Neptuno: ♆, abreviado como "NEP"

Plutón: ♇, abreviado como "PLU"

Símbolos de signos y abreviaturas

Aries: ♈, abreviado como "ARI"

Tauro: ♉, abreviado como "TAU"

Géminis: ♊, abreviado como "GEM"

Cáncer: ♋, abreviado como "CAN"

Leo: ♌, abreviado como "LEO"

Virgo: ♍, abreviado como "VIR"

Libra: ♎, abreviado como "LIB"

Escorpio: ♏, abreviado como "SCO"

Sagitario: ♐, abreviado como "SAG"

Capricornio: ♑, abreviado como "CAP"

Acuario: ♒, abreviado como "ACUA"

Piscis: ♓, abreviado como "PIS"

Otros símbolos y abreviaturas

Ascendente: ASC
Medio Cielo: MC
Nodo Norte: ☊
Nodo Sur: ☋
Retrógrado: Rx
Directo: D

Extra: Sus gráficos de retorno solar

Este capítulo adicional le ofrece una herramienta útil para registrar y analizar sus cartas astrales. Después de estudiar los principios de las cartas astrales y aprender a interpretarlas, puede utilizar estas plantillas en blanco para crear sus propias cartas astrales personalizadas. Estas plantillas pueden fotocopiarse y añadirse a su diario o libro de sombras junto con sus notas e interpretaciones. A medida que haga predicciones y observe cómo se desarrollan los acontecimientos del próximo año, puede utilizar estas cartas para reflexionar sobre lo que se ha cumplido y lo que no.

Al crear sus cartas astrales y utilizarlas para hacer predicciones, puede profundizar en su comprensión de la astrología y obtener valiosos conocimientos sobre su vida. Tanto si es un principiante como un astrólogo experimentado, estas plantillas pueden ayudarle a aprovechar el poder de los retornos solares y desvelar los secretos del año que se avecina. No dude en utilizar estas plantillas para registrar sus cartas astrales y reflexionar sobre sus predicciones a medida que avance el año. Con práctica y paciencia, puede aprender a utilizar la antigua sabiduría de la astrología para guiarse en su viaje por la vida.

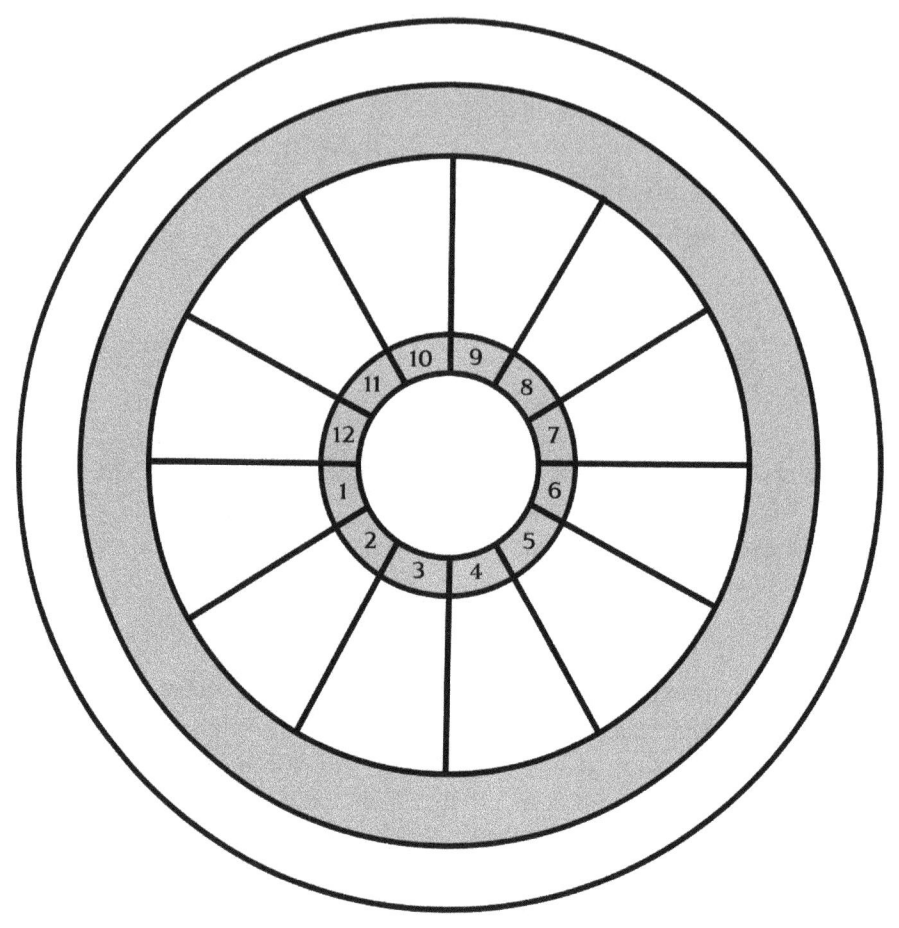

Hoja de datos del horóscopo

Nombre: _____

Lugar: _____

Lat.: _____

Longitud: _____

Fecha de nacimiento: Día: _____ Mes: _____
Año: _____

Hora: _____

Min.: _____ a. m.   p. m. (Hora estándar)

Hora estándar: Centro-Oriental
Pacífico de montaña

Tache todas las zonas horarias excepto la suya

Hora local verdadera: _____

Hora Cale. Sid.: _____

Hora Sid. Más Cercana: _____

Hora del meridiano de Greenwich: _____

Cale. Adj. Cale: _____

Elementos	Planetas	Declinación de los planetas	Aspectos						
Cardinal									
Fijo									
Común									
Fuego									
Tierra									
Aire									
Agua									
Esencialmente dignificado									
Exaltado									
Detrimento									
Caída									
Angular									
Crítico									

Vea más libros escritos por Mari Silva

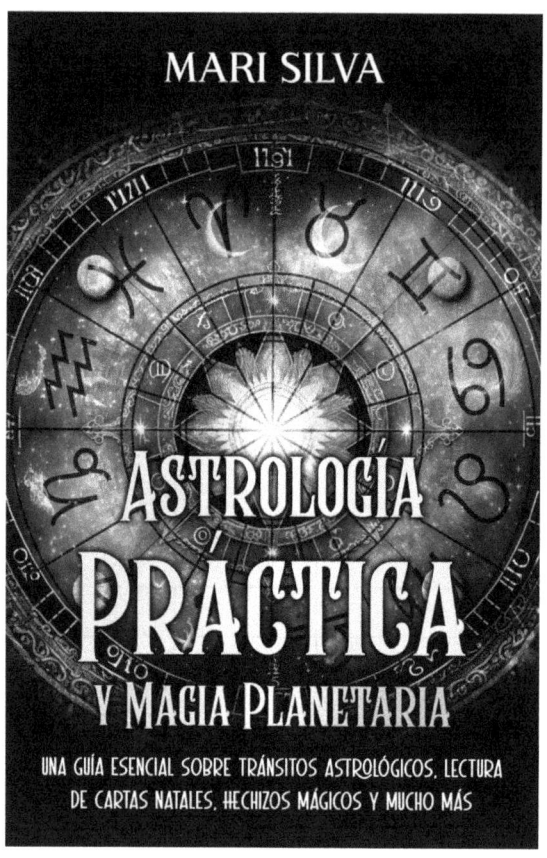

Su regalo gratuito

¡Gracias por descargar este libro! Si desea aprender más acerca de varios temas de espiritualidad, entonces únase a la comunidad de Mari Silva y obtenga el MP3 de meditación guiada para despertar su tercer ojo. Este MP3 de meditación guiada está diseñado para abrir y fortalecer el tercer ojo para que pueda experimentar un estado superior de conciencia.

https://livetolearn.lpages.co/mari-silva-third-eye-meditation-mp3-spanish/

¡O escanee el código QR!

Referencias

Primera Parte: Astrología horaria

(N.d.). Symbolspy.com. https://www.symbolspy.com/zodiac-symbols-text.html

"A Brief Introduction to Astrology: Aspects." n.d. Astro.com. . https://www.astro.com/astrology/in_aspect_e.htm.

"Aquarius Papers - Global Astrology." n.d. Aquarius Papers - Global Astrology. . https://www.aquariuspapers.com/astrology/2018/05/astrology-class-on-the-specializing-aspects-pt-1-the-quintile-and-biquintile.html.

"Horary Astrology Lesson 4, Aspects and Their Perfection." n.d. Tripod.com. . https://mithras93.tripod.com/lessons/lesson4/lesson4.html.

"Minor Aspects - Meaning." 2011. Astrologers' Community. February 13, 2011. https://www.astrologyweekly.com/forum/index.php?threads/minor-aspects-meaning.33323/.

"The Aspects." n.d. Astrograph.com. . https://www.astrograph.com/learning-astrology/aspects.php.

"The Aspects." n.d. Astrograph.com. . https://www.astrograph.com/learning-astrology/aspects.php.

"The Meaning of the Aspects in Astrology." 2015. Cafeastrology.com. Cafe Astrology .com. April 15, 2015.
https://cafeastrology.com/articles/aspectsinastrology.html.

"The Most & Least Lucky Aspects to Have on Your Zodiac Chart, from Astrologers." 2022. Mindbodygreen. April 19, 2022.
https://www.mindbodygreen.com/articles/aspects-in-astrology.

Aries 101: Everything you need to know about the kickstarter of the zodiac. (2021, March 26). Mindbodygreen.
https://www.mindbodygreen.com/articles/aries-sign-101

Aries traits. (2021, October 4). GaneshaSpeaks. https://www.ganeshaspeaks.com/zodiac-signs/aries/traits/

Astrogle. (2009, September 6). FAQs about combust planets and their effects. Vedic Astrology & Ayurveda. https://www.astrogle.com/astrology/faqs-about-combust-planets-and-their-effects.html

Astrologernyc. (n.d.). Livejournal.com. https://astrology8.livejournal.com/1513.html

Beare, K. (2007, May 2). Zodiac signs and the words that describe them. ThoughtCo. https://www.thoughtco.com/zodiac-personality-4122956

Brennan, C. (n.d.). The planetary joys and the origins of the significations of the houses and triplicities. Hellenisticastrology.com. https://www.hellenisticastrology.com/the-planetary-joys.pdf

Broadwater, A. (2023, February 13). Mental restriction can be a major roadblock for intuitive eating – here's what helps. Well+Good. https://www.wellandgood.com/mental-restriction/

Brown, M. (2021a, October 11). A guide to air signs: Gemini, Libra, and Aquarius. InStyle. https://www.instyle.com/lifestyle/astrology/air-signs

Brown, M. (2021b, November 17). A guide to fire signs: Aries, Leo, and Sagittarius. InStyle. https://www.instyle.com/lifestyle/astrology/fire-signs

Brown, M. (2022, May 25). What each zodiac sign can expect while Mars is in Aries. Yahoo Life.

Bunch, E. (2020, January 21). The zodiac wheel is divided by extroverted and introverted energy – here's what it means for you. Well+Good. https://www.wellandgood.com/polarity-in-astrology/

Campbell, S. (2022, June 7). StyleCaster. StyleCaster. https://stylecaster.com/body-parts-zodiac/

Campbell, S. (2022, September 16). What does retrograde mean? How each planet's retrograde affects you. StyleCaster. https://stylecaster.com/feature/what-does-retrograde-mean-1134829/

Dictionary.com. (2022, January 21). Zodiac signs: Learn the names, symbols, and more! Dictionary.com. https://www.dictionary.com/e/horoscope-meaning/

Ep. 145 Transcript: The Origins of Horary Astrology. (2022, December 29). The Astrology Podcast. https://theastrologypodcast.com/transcripts/ep-145-transcript-the-origins-of-horary-astrology/

Finding the answers with Horary astrology. (2009, November 19). WellBeing Magazine. https://www.wellbeing.com.au/mind-spirit/Finding-the-answers-with-Horary-astrology.html

Getting started with horary astrology. (2018, October 5). Soul Friend Astrology. https://soulfriendastrology.com/2018/10/04/entries-into-horary-astrology/

Grabianowski, E. (2005, May 26). What Is Astrology? HowStuffWorks. https://entertainment.howstuffworks.com/horoscopes-astrology/question749.htm

Horary: Where is it? by Deborah Houlding. (n.d.). Skyscript.co.uk. https://www.skyscript.co.uk/wit.html

Houlding, D. (n.d.). Skyscript: Horary Love Charts. Skyscript.co.uk. https://www.skyscript.co.uk/relationships.html

Houlding, Deborah. n.d. "An Introduction to Aspects and Chart Shaping in Natal Astrology by Nicholas Campion." Skyscript.co.uk. . https://www.skyscript.co.uk/aspects2.html.

How to thrive as A water sign (looking at you, Cancer, Scorpio & Pisces). (2021, August 5). Mindbodygreen. https://www.mindbodygreen.com/articles/water-signs

How to thrive as an air sign (shoutout Gemini, Libra & Aquarius). (2021, September 13). Mindbodygreen. https://www.mindbodygreen.com/articles/air-signs

Ht, P. L. C., & More, R. (2022, March 3). What Is Horary Astrology? Complete Beginner's Guide. LoveToKnow. https://horoscopes.lovetoknow.com/astrology-basics/what-is-horary-astrology-complete-beginners-guide

Johnson, S. (n.d.). The essentials of essential dignities. Seeingwithstars.net.

Kahn, Nina. 2019. "What Conjunction, Trine, Square, Opposition, and Sextile Mean in Astrology & Birth Charts." Bustle. January 26, 2019. https://www.bustle.com/life/what-conjunction-trine-square-opposition-sextile-mean-in-astrology-birth-charts-13108526.

Katee, A. (2023, January 7). The 4 essential dignities of planets in astrology the keys to understanding your strengths and weaknesses. Well+Good. https://www.wellandgood.com/essential-dignities-planet-astrology/

Kelly, A. (2018, February 2). The personality of a Cancer, explained. Allure. https://www.allure.com/story/cancer-zodiac-sign-personality-traits

Libra zodiac sign: Symbols. (2019, June 18). Cafeastrology.com; Cafe Astrology.com. https://cafeastrology.com/libra-symbols.html

Mahtani, N. (2021, March 15). Horary Astrology Is Like a Q&A Session About Your Chart – Here's What To Know About it. Well+Good. https://www.wellandgood.com/horary-astrology/

Miller, K. (2019, July 20). What it means if you're A cardinal sign in astrology, according to experts. Women's Health. https://www.womenshealthmag.com/life/a28280252/cardinal-signs/

Miller, K. (2020, October 29). The zodiac's fire signs: Aries, Leo, and Sagittarius personality traits, explained by astrologers. Women's Health. https://www.womenshealthmag.com/life/a34329807/fire-signs-zodiac-traits/

Muniz, H. (n.d.). The 7 fundamental Cancer traits and what they mean for you. Prepscholar.com. https://blog.prepscholar.com/cancer-traits-personality

New insights into Mutual Reception. (2016, November 1). Sky Writer. https://skywriter.wordpress.com/2016/11/01/new-insights-into-mutual-reception/

Padmadeo, B. B. (n.d.). Astroturf. The Pioneer. https://www.dailypioneer.com/2017/sunday-edition/astroturf--the-precision-of-horary-astrology.html

Padmadeo, B. B. (n.d.). Astroturf. The Pioneer. https://www.dailypioneer.com/2017/sunday-edition/astroturf--the-precision-of-horary-astrology.html

Robinson, K. (2022, June 9). Decans (Decantes): Definition, Zodiac Signs, How to Find. Astrology.Com. https://www.astrology.com/article/decans-astrology/

Rose, K. (2020, August 22). What does the Aries symbol & glyph mean? YourTango. https://www.yourtango.com/2020336399/aries-symbol-zodiac-sign-glyphs-meanings

Rose, K. (2021, April 9). What does the Capricorn symbol & glyph mean? YourTango. https://www.yourtango.com/2020336299/capricorn-symbol-zodiac-sign-glyphs-meanings

Rose, M. (2022, August 17). StyleCaster. StyleCaster. https://stylecaster.com/different-types-of-each-zodiac-sign/

Rose, M. (2022a, December 29). Air signs, explained: Here's what it means to be a Gemini, Libra, or Aquarius. Glamour. https://www.glamour.com/story/zodiac-air-signs

Rose, M. (2022b, December 29). Earth signs, explained: Here's what it means to be a Taurus, Virgo, or Capricorn. Glamour. https://www.glamour.com/story/zodiac-earth-signs

Ross, H., Clarke, J., Young, E., & Bishop, K. (2018, December 18). What is my ruling planet, according to the zodiac, and what does it mean for me? Repeller. https://repeller.com/ruling-planets-and-what-they-mean-for-you-according-to-the-zodiac/

Sam, T. +., & Wander, T. (2021, June 7). What Are The 12 Houses In Astrology - . Two Wander x Elysium Rituals. https://www.twowander.com/blog/what-are-the-12-houses-astrology

Sam, T. +., & Wander, T. (2022, August 15). How To Read A Horary Astrology Chart - . Two Wander x Elysium Rituals. https://www.twowander.com/blog/how-to-read-a-horary-astrology-chart

Sam, T. +., & Wander, T. (2022, February 7). Planetary dignities and joys - . Two Wander x Elysium Rituals. https://www.twowander.com/blog/planetary-dignities-and-joys

Sidharth, A. (2016, February 29). Horary astrology Hindu traditional system. The Astrology Online | Best Astrologer in India, Online Astrologer in India, KP Experts in India; Astrologer Sidharth. https://theastrologyonline.com/horary-astrology/

Sloan, E. (2021, October 16). Here's what the modality of your zodiac sign actually means, according to an astrologer. Well+Good. https://www.wellandgood.com/modality-astrology/

Spanner, H. (2023, January 4). Retrograde motion of the planets: Everything you need to know. BBC Science Focus Magazine. https://www.sciencefocus.com/space/retrograde/

Stardust, L. (2020a, March 12). Cardinal signs: The CEOs of your group chat. Cosmopolitan. https://www.cosmopolitan.com/lifestyle/a31434873/cardinal-signs-zodiac-astrology-meaning/

Stardust, L. (2020b, August 12). Everything you need to know about earth signs. Cosmopolitan. https://www.cosmopolitan.com/lifestyle/a33588028/earth-signs-astrology/

Stardust, L. (2021, October 15). Introduction to Horary Astrology: What Is It and How to Use It. Astrology.Com. https://www.astrology.com/article/what-is-horary-astrology/

Stardust, L. (2021, October 15). Introduction to Horary Astrology: What Is It and How to Use It. Astrology.Com. https://www.astrology.com/article/what-is-horary-astrology/

Stardust, L. (2021, October 15). Introduction to horary astrology: What is it and how to use it. Yahoo Life. https://www.yahoo.com/lifestyle/introduction-horary-astrology-235556300.html

Stardust, L. (2021, October 15). Introduction to horary astrology: What is it and how to use it. Yahoo Life. https://www.yahoo.com/lifestyle/introduction-horary-astrology-235556300.html?guccounter=1&guce_referrer=aHR0cHM6Ly93d3cuZ29vZ2xlLmNvbS8&guce_referrer_sig=AQAAADqJUemWCHLj9rVLm09sQ2l6nkP1vHgARcd4VQ_da5MxxoZ9g153UVQc1gDQj-4ABeWWfPZdZ_K-QAh08kG77IOb2Ccm5cFZWbWrnS-gbkyAWlj1I-zIrGKBsP6TCnytlUcvUUnY6OYBX91jUxue4zDji1gJTJLqwVOWv0d56MLI

Surtees, K. (2018, May 28). What is horary astrology? We take an in-depth look at the planets. WellBeing Magazine. https://www.wellbeing.com.au/mind-spirit/astrology/what-is-horary-astrology-we-take-an-in-depth-look-at-the-planets.html

Surtees, K. (2018, May 28). What is horary astrology? We take an in-depth look at the planets. WellBeing Magazine. https://www.wellbeing.com.au/mind-spirit/astrology/what-is-horary-astrology-we-take-an-in-depth-look-at-the-planets.html

Surtees, Kelly. 2018. "What Is Horary Astrology? We Take an in-Depth Look at the Planets." WellBeing Magazine. May 28, 2018. https://www.wellbeing.com.au/mind-spirit/astrology/what-is-horary-astrology-we-take-an-in-depth-look-at-the-planets.html.

Tarot.com Staff. (2017, February 9). Your Zodiac Sign's Power Color. Tarot.Com. https://www.tarot.com/astrology/zodiac-sign-colors

The 12 Houses of Astrology - The Astrological Houses and Your Natal Chart. (2020, August 14). Labyrinthos. https://labyrinthos.co/blogs/astrology-horoscope-zodiac-signs/the-12-houses-of-astrology-the-astrological-houses-and-your-natal-chart

The 12 zodiac signs: Traits, meanings, symbols, colors, and more! (n.d.). Tarot.com. https://www.tarot.com/astrology/zodiac

The Astrology Dictionary. (2012, July 24). The Astrology Dictionary. https://theastrologydictionary.com/d/decans/

The astrology dictionary. (2012, September 12). The Astrology Dictionary. http://theastrologydictionary.com/j/joys/

The Axis In Astrology - Ac, Ic, Dc And Mc. (2021, January 14). Star Sign Style. https://starsignstyle.com/astrology-axis-points-four-angles-explained/

Thiessen, A. (2017, November 2). The ASCENDANT and DESCENDANT Axis - . Canary Quill Astrology. http://www.canaryquillastrology.com/articles/2017/9/26/the-ascendant-and-descendant-axis

Thomas, Kyle. 2021. "Your Guide to Planetary Aspects." Cosmopolitan. August 18, 2021. https://www.cosmopolitan.com/lifestyle/a37341996/astrology-aspects-list/.

Time Nomad. 2019. "Minor Astrological Aspects and the Domain of Magic." Time Nomad. May 30, 2019. https://timenomad.app/posts/astrology/philosophy/2019/05/30/minor-aspects-domain-of-magic.html.

TIMESOFINDIA.COM. (2021, August 16). What does the symbol of each zodiac sign mean? Times of India. https://timesofindia.indiatimes.com/life-style/relationships/love-sex/what-does-the-symbol-of-each-zodiac-sign-mean/photostory/85349448.cms?picid=85349511

Transits: Predictions, Dates and Timings. (n.d.). Astrosage.com. https://www.astrosage.com/transits/

Wroskopos's blog. (2010, February 13). Wroskopos's Blog. https://wroskopos.wordpress.com/2010/02/13/starting-with-horary-the-basic-steps

Segunda Parte: Retornos solares

Brady, B. (1998). Astrología predictiva: El águila y la alondra. Weiser Books.

Clow, B. H. (1987). Quirón: Puente arcoíris entre los planetas interiores y exteriores. Llewellyn Worldwide.

DeVore, N. (2005). Enciclopedia de astrología. Astrology Center of America.

Fagan, C., & Firebrace, R. C. (2008). Manual de Astrología Sideral (No. 1). American Federation of Astr.

Forrest, S. (1986). El cielo cambiante: Guía práctica de la nueva astrología predictiva. Bantam Books.

Frawley, D. (1992). La astrología de los videntes: Una guía comprensiva de la Astrología Védica. Motilal Banarsidass Publisher.

Gerwick-Brodeur, M., y Lenard, L. (2003). La completa guía de la astrología para idiotas. Penguin.

Laishley, L. (2007). La astrología como religión: Teoría y práctica. Diario para el estudio de la religión, la naturaleza y la cultura.

Orion, R. (2011). Astrología para tontos. John Wiley & Sons.

Page, S. (2002). La astrología en los manuscritos medievales. University of Toronto Press.

Robson, V. E. (2010). Una guía para principiantes de astrología práctica. Astrología clásica.

Simmonite, W. J. (2009). Astrología horaria. American Federation of Astr.

Sutherland, P. (2012). Cómo la astrología me salvó la vida. Clarion Reviews.

Teal, C. (2009). La predicción de eventos con la astrología. Llewellyn Worldwide.

Woolfolk, J. M. (2012). El único libro de astrología que necesitará: Ahora con un CD interactivo compatible con PC y Mac. Taylor Trade Publications.

Fuentes de imágenes

1 https://pixabay.com/es/illustrations/planetas-espacio-tierra-j%C3%BApiter-7612566/
2 https://openclipart.org/detail/326713/vintage-zodiac-wheel-colour
3 https://pixabay.com/es/illustrations/astrolog%c3%ada-simbolos-acuario-aries-6808362/
4 Coddod, CC BY-SA 4.0 <https://creativecommons.org/licenses/by-sa/4.0>, vía Wikimedia Commons https://commons.wikimedia.org/wiki/File:Imum_Coeli_Bearzot.png
5 Attribution 2.0 Generic, CC BY 2.0, <https://creativecommons.org/licenses/by/2.0/> https://www.flickr.com/photos/gsfc/9103296900
6 https://www.pexels.com/photo/photo-of-moon-47367/
7 https://pixabay.com/es/illustrations/mercurio-planeta-espacio-universo-5556108/
8 https://pixabay.com/es/illustrations/venus-planeta-espacio-universo-5556107/
9 https://pixabay.com/es/illustrations/marte-espacio-planeta-planetas-7723123/
10 https://pixabay.com/es/photos/j%c3%bapiter-planeta-espacio-6938302/
11 https://pixabay.com/es/illustrations/saturno-planeta-espacio-universo-5550180/
12 https://pixabay.com/es/illustrations/urano-planeta-espacio-5559037/
13 https://pixabay.com/es/photos/neptuno-planeta-sistema-solar-67537/
14 https://pixabay.com/es/photos/plut%c3%b3n-planeta-espacio-astronom%c3%ada-6595130/
15 https://astrology8.livejournal.com/1513.html
16 Morn, CC BY-SA 3.0 <https://creativecommons.org/licenses/by-sa/3.0>, vía Wikimedia Commons https://upload.wikimedia.org/wikipedia/commons/4/43/Natal_Chart_--_Adam.svg
17 https://www.pexels.com/photo/sun-fire-hot-research-87611/

18 ESCRITURA CC BY-SA 3.0 < https://creativecommons.org/licenses/by-sa/3.0/deed.en> a través de Wikimedia Commons https://commons.wikimedia.org/wiki/File:Cardinal_directions.svg

19 https://freesvg.org/sun-and-fish-ancient-symbol

20 https://freesvg.org/holy-egyptian-sign-of-crescent-and-sun

21 Lucis, CC BY-SA 3.0 <https://creativecommons.org/licenses/by-sa/3.0>, a través de Wikimedia Commons https://commons.wikimedia.org/wiki/File:Southnode-symbol.svg

22 Lucis, CC BY-SA 3.0 <https://creativecommons.org/licenses/by-sa/3.0>, a través de Wikimedia Commons https://upload.wikimedia.org/wikipedia/commons/e/e8/Northnode-symbol.svg

23 https://www.needpix.com/photo/download/30682/planet-symbols-mercury-astronomical-planetary-astrological-astrology-free-vector-graphics-free-pictures

24 Sebastian Lönnlöv, CC BY-SA 4.0 <https://creativecommons.org/licenses/by-sa/4.0>, a través de Wikimedia Commons https://commons.wikimedia.org/wiki/File:Venus_symbol_(painted).jpg

25 IZN1TEN, CC BY-SA 4.0 <https://creativecommons.org/licenses/by-sa/4.0>, a través de Wikimedia Commons https://commons.wikimedia.org/wiki/File:Mars_symbol.jpg

26 Thyj, CC0, a través de Wikimedia Commons https://commons.wikimedia.org/wiki/File:Rma_-_lh.svg

27 https://upload.wikimedia.org/wikipedia/commons/archive/7/74/20061003140009%21Saturn_symbol.svg

28 https://www.needpix.com/photo/30817/neptune-planet-symbols-zodiac-western-astrology

29 https://creazilla.com/nodes/2000075-pluto-clipart

30 https://commons.wikimedia.org/wiki/File:Chiron_symbol_%28fixed_width%29.svg

31 Kwamikagami, CC BY-SA 4.0 <https://creativecommons.org/licenses/by-sa/4.0>, via Wikimedia Commons https://commons.wikimedia.org/wiki/File:Ceres_symbol_(bold).svg

32 Horse power (H.P.), CC BY-SA 4.0 <https://creativecommons.org/licenses/by-sa/4.0>, a través de Wikimedia Commons https://commons.wikimedia.org/wiki/File:Planets2013.svg_and_the_sun.png

33 Morn, CC BY-SA 3.0 <https://creativecommons.org/licenses/by-sa/3.0>, a través de Wikimedia Commons https://upload.wikimedia.org/wikipedia/commons/4/43/Natal_Chart_--_Adam.svg

www.ingramcontent.com/pod-product-compliance
Lightning Source LLC
Chambersburg PA
CBHW051856160426
43209CB00006B/1317